D1986723

Antonin Ralis

Parapsychologie — Brücke zwischen Wissenschaft und Glauben

Antonin Ralis

PARAPSYCHOLOGIE – BRÜCKE ZWISCHEN WISSENSCHAFT UND GLAUBEN

ARISTON VERLAG · GENF

Andere Werke aus unserem Verlagsprogramm
finden Sie am Schluß dieses Buches verzeichnet.

Aus dem Amerikanischen übertragen
von Karlheinz Brandt

Gesamtherstellung: Druck- und Verlagsanstalt Gutenberg, Linz

Copyright © by Dr. Antonin Ralis
Weltweite exklusive Agenturrechte für diesen Titel
beim Ariston Verlag, Genf 1977

Copyright © der deutschen Ausgabe Ariston Verlag, Genf

Alle Rechte, insbesondere des auszugsweisen Nachdrucks,
der Übersetzung und jeglicher Wiedergabe, vorbehalten

Printed in Austria 1977

ISBN 3 7205 1165 0

Inhaltsverzeichnis

Vorwort

Von Dr. rer. nat. Milan Ryzl

Ich bin fest davon überzeugt, daß jeder Leser mit dem vorliegenden Buch von Professor Ralis sein Vergnügen haben wird.

Es enthält bei knappem Umfang eine Fülle von Material, von Zitaten und eigenen Gedanken, die sowohl dem an der Parapsychologie, der Philosophie und Religionswissenschaft Interessierten wie auch dem Laien neue Einblicke in die vorliegende Thematik und viele Anregungen vermitteln wird. Im ersten Teil des Buches faßt der Autor in wenigen Worten die wichtigsten Ergebnisse parapsychologischer Forschung zusammen, wobei er nicht in trockenen Beschreibungen steckenbleibt, sondern die einzelnen Themenkreise durch Fallbeispiele belebt und diese erläutert.

Dieser erste Teil stellt aber nur die Grundvoraussetzung für die weiteren Überlegungen des Autors dar. In den folgenden Kapiteln stellt er seine eigenen philosophischen Anschauungen dar, die er einem lebenslangen Studium abgewonnen hat. Dieses Studium galt der Untersuchung der Grundaussagen der westlichen und östlichen Religionen und Religionsphilosophien auf ihre Gemeinsamkeiten und Unterschiede hin.

Die rationale Religionsphilosophie des Autors, die sich nicht auf ethisch-moralische, sondern menschliche Postulate gründet, wird den Leser bestimmt stark ansprechen. Außerdem zeigt er, wie der Leser selbst zu einer sinnvollen Religions- und Lebensphilosophie gelangen kann.

Das vorliegende Buch hat freilich mehr zu bieten als nur eine Darstellung der persönlichen Philosophie des Verfassers. Man könnte es als ein verkürztes Handbuch der religiösen Erleuchtung bezeichnen, da die wichtigsten Grundgedanken der großen Religionen in ihm zusammengetragen sind.

Ein Werk so tiefgreifender Thematik und großer Weisheit kann man natürlich nicht einfach überfliegen. Ich empfehle dem Leser daher, das Buch langsam durchzugehen und immer wieder zurückzublättern, um auf diese Weise die Zusammenhänge, die der Autor aufzeigen will, zu begreifen und dadurch neue Ideen und Einsichten zu gewinnen. Konzeption und Stil des Buches sind geeignet, beim Leser Assoziationen und kreative Gedanken aufkommen zu lassen, mit denen er für sich die Überlegungen des Verfassers fortführen kann. Gerade auch deshalb wird der persönliche Gewinn dieses Buches für den Leser groß sein.

Der Autor untermauert seine Aussagen durch zahlreiche Zitate berühmter Philosophen, Mystiker, Heiliger und bedeutsamer religiöser Schriften aus West und Ost. Leser, die sich mit Meditation befassen, werden in diesen Zitaten – die durchaus auch als Anregung zur konzentrativen Versenkung aufzufassen sind – viel Aufschlußreiches für sich entdecken können.

Wenn ich also dem interessierten Leser dieses Buch lebhaft empfehle, so heißt das nicht, daß ich deswegen (als Parapsychologe) in allen Punkten dem Autor zustimme. Ich frage mich beispielsweise, ob es notwendig war, die Psyche in mehrere Bereiche aufzuteilen, und bezweifle, daß man beim derzeitigen Stand der Erkenntnisse schon hinreichende Anhaltspunkte hat, um eine derartige Aufteilung wirklich rechtfertigen zu können. Aus rein didaktischen Gründen ist sie allerdings sinnvoll. (Der Autor hat sich in dieser Beziehung offenbar mehr an die Vorstellungen östlicher Religionen als an die Ergebnisse der modernen Neurophysiologie gehalten.)

Ich sehe auch keinen zwingenden Grund für seine prinzipielle Unterscheidung paranormaler und mystischer Erfahrung, die sich nach Professor Ralis als Erfahrungen völlig gegensätzlicher Art darstellen. (Ich möchte an dieser Stelle anmerken, daß ich zwar die Berechtigung der Vorgehensweise des Autors in bestimmten Punkten bezweifle, sein Vorgehen damit aber nicht als falsch bezeichne. Das ist beim heutigen, noch recht begrenzten Wissen auf diesem Gebiet einfach nicht möglich; keine der vertretenen Ansichten kann als bewiesen und endgültig angesehen werden! Die unterschiedlichen Ansichten sind vielmehr ein Anreiz, nach einer endgültigen Antwort zu forschen.)

In einem anderen Punkt stimme ich hingegen mit dem Autor völlig überein und möchte seine Aussage vielleicht noch deutlicher unterstreichen: Durch Drogen herbeigeführte ekstatische Zustände führen nicht zu echten religiösen Erlebnissen. Psychotrope Drogen und Medikamente können Euphorie hervorrufen, die Wahrnehmung des Betreffenden verändern und sein Denken beschleunigen. Ein derartiger Zustand erhöhter Aufmerksamkeit mag Leuten mit ungenügenden psychologischen Kenntnissen als Ekstase erscheinen. (Übrigens wurde im Altertum auch der Alkoholrausch zu religiösem Kult erhoben. Dem Alkohol wurden mangels wissenschaftlicher Erklärungen für seine psychophysische Wirkungsweise göttliche Kräfte zugeschrieben.) Demgegenüber muß ich aber mit Nachdruck betonen, daß keines der bekannten Rauschmittel eine echte psychische Ekstase – diesen friedlichen, ruhigen, jedoch sehr wachsamen Zustand, der die feierliche Atmosphäre hohen moralischen Wertes ausstrahlt – hervorrufen kann. Alle religiösen Aspekte drogenbedingter Zustände sind nicht tiefgehend und bewirken keinerlei echte Einsicht. Sie zeigen lediglich, wie leicht äußerliche Ähnlichkeiten mißverstanden und daher falsch ausgelegt werden können. Ahnungslose Menschen sind von den

Erlebnissen im Drogenrausch regelmäßig so verwirrt und fasziniert, daß sie sich prompt einbilden, religiöse Erfahrungen gemacht zu haben. Ich glaube aber – im Sinne des Autors ausgedrückt –, daß es auf dem Weg hin zu Atman keine Abkürzungen gibt.

Bedauerlicherweise kann das Buch nicht in der tschechischen Heimat des Autors erscheinen. Einer der Gründe besteht wohl darin, daß er die Parapsychologie in Gegnerschaft zur materialistischen Philosophie dargestellt hat, was in den Ostblockländern gewöhnlich nicht sehr wohlwollend aufgenommen wird. Zwar ist er mit dieser Ansicht nicht allein (viele andere Parapsychologen sehen sich ebenfalls als Gegner des Materialismus, wie z. B. J. B. Rhine, der Begründer der modernen amerikanischen parapsychologischen Forschung; doch ist dies ein weiterer Punkt, in dem ich mit dem Verfasser nicht übereinstimme. Ich glaube, daß *die Ergebnisse der Parapsychologie der materialistischen Weltauffassung nicht widersprechen* und auch mit den Ergebnissen anderer Wissensgebiete vereinbar sind. Natürlich nehmen sich paranormale Phänomene im Blickwinkel anderer Wissenschaften eigenartig und komisch aus; aber muten die Eigenarten radioaktiver Stoffe nicht ebenso an, wenn wir sie vom Standpunkt der Physik des 19. Jahrhunderts aus betrachten? Wir dürfen uns von den äußerlichen Eindrucksqualitäten paranormaler Phänomene nicht verwirren lassen. Tatsächlich besteht kein Gegensatz zwischen der Parapsychologie und anderen Wissenschaften. Die Parapsychologie will und kann unser wissenschaftlich fundiertes Weltbild nicht widerlegen, aber sie vermag es zu *erweitern* und ihm neue Aspekte hinzufügen.

Die Entdeckungen der Parapsychologie beschreiben neue Regelmäßigkeiten, die unter ganz bestimmten Bedingungen gelten. Mit diesen Entdeckungen werden die Erkenntnisse der übrigen Wissenschaften jedoch keineswegs widerlegt –

genauso wie die Einsteinsche Relativitätstheorie die Newtonsche Physik nicht widerlegt hat; sie erweiterte lediglich die Newtonsche Physik, indem sie neue Regelmäßigkeiten entdeckte und formulierte, die unter bestimmten Bedingungen gültig sind. Obwohl sich also Parapsychologie und wissenschaftlicher Materialismus miteinander durchaus vereinbaren lassen, brauchen wir nicht die von den meisten Parapsychologen gehegte Hoffnung aufgeben, daß die parapsychologische Forschung das wissenschaftliche Weltbild eines Tages in entscheidender Weise revolutionieren wird und die Parapsychologie sich als Brücke zwischen Religion und Wissenschaft fest etablieren kann. Ich bin mit dem Autor dieses Buches völlig einig, daß die Parapsychologie das entscheidende Bindeglied zwischen diesen beiden so verschiedenen Erkenntnisbereichen darstellt, und möchte den Leser daher bitten, das Buch sehr sorgfältig durchzulesen und darauf zu achten, wie einfach und natürlich viele mysteriös und übernatürlich scheinende Phänomene aus dem religiösen Bereich parapsychologisch erklärt werden können. Eben durch die Parapsychologie wird der Wissenschaft ein Gebiet erschlossen, in dem bislang der religiöse Glaube die einzige Leitlinie der Erkenntnis war; und gerade durch sie können die Grundaussagen der verschiedenen Religionen wissenschaftlich untersucht werden, so daß das Tatsächliche an diesen Lehren mit den übrigen Erkenntnissen der Wissenschaften vereint werden kann.

Nach dem derzeitigen Stand physikalischen Wissens können wir die paranormalen Phänomene nicht erklären. In dieser Hinsicht liegen also noch viele großartige und bedeutende Entdeckungen vor uns. Durch die parapsychologische Forschung untersuchen wir neue Gesetze über das Verhalten von Materie, Gesetze, die unter bestimmten Bedingungen und in Zusammenhang mit Bewußtseinsaktivitäten zutreffen. Durch die Untersuchung paranormaler Phänomene können wir die Grenzen des physikalischen Wissens unserer Epoche überschreiten, ja in höhere Dimensionen jenseits der dreidimensionalen Welt der Physik vorstoßen. Wir untersuchen dabei eine objektiv existierende Realität mit ihren Gesetzmäßigkeiten innerhalb unseres gesetzmäßigen und objektiven Universums, und dies ist bestimmt ein gerechtfertigtes wissenschaftliches Bemühen!

Wir entdecken dann, daß das Universum nicht nur aus Festkörperpartikeln (wie die alten materialistischen Philosophen behaupteten), nicht nur aus Atomen und Molekülen (wie die Chemiker glauben), nicht nur aus Protonen, Neutronen und Elektronen (wie dies dem Weltbild der klassischen Physik nach scheint), und nicht nur das Elementarteilchen, Photonen, Mesonen und Kräftefeldern besteht (die von der modernen Physik entdeckt wurden); dieses Universum enthält auch neue, nichtphysikalische Kanäle für die Informationsübertragung und neue Kanäle geistiger Einwirkung auf materielle und biologische Prozesse (wie sie die Parapsychologie entdeckt hat); und es enthält auch komplexe wirtschaftliche und soziale Beziehungen und auch ästhetische und ethische Werte, die sich im Lauf der Entwicklung des Menschen und der menschlichen Gesellschaft gebildet haben. Die Regeln und Normen für diese Werte und Beziehungen werden in der heutigen Gesellschaft weitgehend von bestimmten Schlüsselpersonen für die breiten Bevölkerungsmassen festgelegt (im Namen der Religion, Tradition, des Fortschritts, der Gleichheit, Gerechtigkeit und Freiheit oder auch im Namen irgendeines anderen politischen Schlagworts der jeweiligen Epoche). Unsere Einstellungen diesen Werten gegenüber sind infolge des kulturellen und sozialen Einflusses unseres Standpunktes und unserer Umgebung häufig subjektiv verschieden. Wenn wir uns aber die strenge Gesetzmäßigkeit des Universums vergegenwärtigen (wie sie von der Wissenschaft entdeckt wurde), so sind die subjektiven Ansichten und die Wertvorstellungen zweifellos Auswirkungen irgendwelcher objektiver Gesetze – von Gesetzen, die dort gelten, wo die objektive Realität die dreidimensionalen Grenzen der Physik überschreitet, in dem Bereich also, in den wir durch die parapsychologische Forschung vorzudringen hoffen. Wie auf anderen wissenschaftlichen Gebieten nähern wir uns auch hier in unserem Wissen allmählich der Wahrheit, somit dem Ziel vollkommenen Wissens.

Bislang haben wir uns diesem Wissen nur dank den Eingebungen und Visionen privilegierter Führer der Menschheit genähert – religiösen Führern, Philosophen, Wissenschaftlern, Politikern usw. Jetzt aber ist die Parapsychologie meiner Ansicht nach soweit, daß sie objektive wissenschaftliche Methoden für die Untersuchung dieser Gesetze entwickeln und dadurch die uralte Frage beantworten helfen kann, welche Rolle die Menschheit im Kosmos eigentlich spielt und welches das höchste kosmische Prinzip ist.

Ich glaube, daß die Suche danach das wichtigste Ziel der Parapsychologie ist. Auf dieser Suche vermag uns das vorliegende Buch wertvolle Anhaltspunkte zu bieten.

Aus diesem Grund freue ich mich, den Lesern dieses Buch meines tschechischen Landsmannes vorzustellen. Auch glaube ich, daß die Leser meiner eigenen Veröffentlichungen (die ebenfalls im Ariston-Verlag erschienen sind) darin eine Reihe frischer und plausibler Gedanken wie auch anregender Einsichten finden werden.

Milan Ryzl

San José, Kalifornien, im März 1977

Einführung

Religiöser Glaube – wie kann man sich dafür noch interessieren? Auf den ersten Blick scheint es doch, daß nur eine kleine Gefolgschaft abergläubischer alter Leutchen noch daran hängt, etwa wie an einem verschlissenen Tuch. Ist Religion überhaupt ein abgelegter alter Hut?

Die ältere Generation ist noch immer gläubig. Es gibt aber auch eine ganze Reihe moderner Wissenschaftler, die ebenfalls ihren festen Glauben haben oder hatten. Der Arzt und Menschenfreund Albert Schweitzer oder der eminente Physiker Albert Einstein – beide übrigens Nobelpreisträger – mögen als Beispiele gelten. Auch steigt die Zahl der Kirchenbesucher heute wieder, und verschiedene mystische Gemeinschaften verzeichnen einen erstaunlichen Zuwachs glaubensbedürftiger Menschen.

Für manche Zeitgenossen mag es sehr verwunderlich erscheinen, daß der religiöse Glaube in unserer Zeit nicht einfach untergegangen ist. Eher ist das Gegenteil der Fall; die Menschen verlangen stärker denn je nach Antworten auf die Fragen des psychisch Unterbewußten, ihrer geheimnisvollen inneren Kräfte und der Unsterblichkeit. Typische Anzeichen für dieses Verlangen sind überfüllte Vorlesungen und rasch vergriffene Bücher zu diesen und ähnlichen Themen. Allenthalben spürt man ein starkes Bedürfnis nach einer glaubwürdigen Erkenntnis der Dinge „zwischen Himmel und Erde“.

Die Einstellung zur Religion wird weniger von Geist und Körper als vielmehr von der Seele her bestimmt. Daher müßte man erwarten können, daß gerade die dem Wort nach am Seelischen interessierte Psychologie sich insbesondere auch religiöser Fragen annähme. Die positivistische Auffassung dieser Wissenschaft verhinderte dies aber weitgehend; man beschäftigte sich mit anderen Fragestellungen, so daß dieses Feld der Tiefenschicht der Psyche für lange Zeit unerforscht blieb. Erst die Psychoanalyse begann, tiefer und umfassender in die Erlebniswelt des Unterbewußten vorzudringen. Weiter noch führen aber die Untersuchungen der parapsychologischen Forschung. Ihre Ergebnisse erlauben – auch bei kritischen Ansätzen – einen Einstieg in die Untersuchung der Grundzüge des religiösen Glaubens.

Ich gehöre nicht zu den professionellen Parapsychologen; von Jugend an galt aber mein Interesse den Ergebnissen dieser jungen Wissenschaft und dabei besonders ihren Beziehungen zum religiösen Glauben. In diesem Buch möchte ich, den Wünschen meiner Freunde folgend, die von mir gefundenen Erkenntnisse veröffentlichen. Dabei ging es mir um die Frage, ob religiöse Erfahrungen in der Realität verankert sind und, wenn dies so wäre, inwiefern, inwieweit, wie stark.

Ich möchte mich so leicht wie möglich verständlich machen; also ist kein ausgefeiltes oder hochgestochenes Lehrbuch, keine neue Philosophie und schon gar keine religiöse Abhandlung zu erwarten. Ich versuche meine Überlegungen zur Beleuchtung des Themas in einer Art vorzutragen, die wohl ungewöhnlich sein mag, aber doch wissenschaftlich begründet ist. Ich bin fest davon überzeugt, daß uns die Parapsychologie helfen kann, auch diejenigen Grundzüge des Glaubens an Gott zu untersuchen, die nach allgemeiner Ansicht bislang als einer objektiven Untersuchung unzugänglich galten.

Wenn wir alle Einzelheiten und alle abgeleiteten (sekundären) Glaubenssätze (die allerdings oft sehr interessant sind) weglassen, so finden wir das reine Wesen eines jeden religiösen Systems in wenigen Punkten: Die menschliche Seele birgt in sich nicht nur immense, geradezu wunderhafte Fähigkeiten, sondern weist auch großartige Tiefen auf, in denen wir des Göttlichen gewahr werden können. Die menschliche Seele ist unsterblich; sie überlebt die Zerstörung des Körperlichen. Über dieser unserer wahrnehmbaren Welt erhebt sich eine höhere Welt, eine weitreichende und jenseitige Dimension des Geistes. Schließlich: Gott, der Schöpfer und oberste Herr, existiert und waltet über allem.

1. Parapsychologie

Streiflichter auf die Geschichte

Die Parapsychologie beschäftigt sich mit parapsychisch oder paranormal genannten Phänomenen. Diese Bezeichnung für reale Ereignisse hat die früher landläufige Erklärung als Wunder abgelöst. Als Wunder wurden solche paranormale Phänomene früher nur deshalb angesehen, weil sie gleichsam den Naturgesetzen zu widersprechen schienen. Auf Grund des heute erweiterten Weltbildes stellen sich diese paranormalen Phänomene als völlig natürliche Abläufe dar. Weise Menschen, wie z. B. der heilige Augustinus, der große Kirchenlehrer, wußten allerdings schon lange vor unserer Zeit, daß diese scheinbaren Wunder dem Wesen der Natur überhaupt nicht widersprachen, vielmehr nur den unvollständigen Kenntnissen des Menschen von der Natur.

Paranormale Phänomene sind schon seit uralter Zeit bekannt; sie sind bei allen Völkern anzutreffen, ungeachtet ihrer unterschiedlichen kulturellen Entwicklungsstufe. Manche Phänomene treten nur selten auf, andere dagegen häufig, ja geradezu tagtäglich. Viele Parapsychologen wiesen darauf hin, daß es kaum eine Familie gibt, in der nicht hie und da paranormale Phänomene aufgetreten sind. Vielfach beachten die Menschen sie aber nicht, oder sie haben sie rasch wieder vergessen.

Als Ursache der wunderhaften Phänomene wurden in alter Zeit Götter und Geister, insbesondere böse Geister, und okkulte, meist diabolische Mächte angenommen; man erklärte parapsychisches Geschehen als „höheren Eingriff“ in unsere Welt. Aus der Sicht der in der zweiten Hälfte des vergangenen Jahrhunderts sich ausbreitenden Strömung des Spiritismus wurde das Auftreten paranormaler Phänomene dem Geist eines Verstorbenen zugeschrieben.

Aber schon in den siebziger Jahren des vergangenen Jahrhunderts erkannte man richtigerweise, daß die Phänomene im Grunde die Äußerungen verborgener innerer Kräfte der menschlichen Seele seien. Auch Wissenschaftler wandten sich diesen Phänomenen zu, wodurch diese Erkenntnis bedeutenden Aufschwung und entsprechendes Gewicht erhielt. Zu ihnen zählten weltberühmte Nobelpreisträger wie der englische Physiker William Crookes und der Chemiker Oliver Lodge, der französische Physiologe Charles Richet von der Sorbonne und der deutsche Biologe Hans Driesch. In London (und später auch in New York) wurde eine Gesellschaft für parapsychische Forschung gegründet, und wesentlich ihrer gründlichen und tiefschürfenden Forschungsarbeit verdankt die Wissenschaft der Parapsychologie ihren Anfang und Aufschwung. Heute wird sie an vielen Hochschulen gelehrt und von eigens für parapsychologische Forschung geschaffenen Institutionen gepflegt und weiterentwickelt.

Die junge Wissenschaft konnte nicht weiterhin die traditionelle Bezeichnung als „Okkultismus" führen; dieser Name hatte primitiv-mystische Beiklänge und wurde mit Spuk und Aberglauben assoziiert. Ihr Streben fand ihren Niederschlag in der zwar auch nicht ganz glücklichen, aber doch neutraleren und wissenschaftlicheren Bezeichnung als Metapsychologie, später Parapsychologie, eine Wissenschaft also, die den Grenzbereich psychischer Phänomene erfaßt und ergründet.

Im folgenden möchte ich den Leser mit den wichtigsten Grundzügen dieser Wissenschaft bekannt machen. Für den Laien der Parapsychologie ist dies für das Verständnis des besonderen Anliegens dieses Buches unerläßlich, den Fachmann mag die persönliche Darstellung interessieren. Dabei möchte ich mich auf das Wesentliche beschränken, also nicht auf Detailprobleme eingehen oder mich auf Polemiken einlassen, die bisweilen noch immer gegen diese Wissenschaft geführt werden. Ich möchte mich auf diejenigen Erkenntnisse und Ergebnisse konzentrieren, die fruchtbar für die weiteren Überlegungen der in diesem Buch aufgeworfenen Fragen verwendet werden können. All diejenigen, die Interesse an detaillierterer Darstellung haben, darf ich auf die mittlerweile reichlich vorhandene Literatur auf diesem Gebiet verweisen. Besonders empfehlenswert erscheinen mir dabei *Parapsychologie* von Milan Ryzl (Genf 1972) und *Psi-Resümee* von Paul Uccusic (Genf 1975). Beide Werke verschaffen eine gültige Übersicht über Wesen und Stand moderner Parapsychologie.

Von den zahlreichen in der Literatur nachgewiesenen Fällen parapsychischer Phänomene möchte ich jedoch im folgenden nur einige wenige zur Verdeutlichung meiner Darstellungen zitieren.

Die Grundeinteilung der Phänomene

Paranormales Geschehen läßt sich den Phänomenen nach unterschiedlich einteilen. Ich stelle hier die nach heutigem Stand der Parapsychologie übliche und eingebürgerte Grundeinteilung der Phänomene allen weiteren Erörterungen und den uns im besonderen interessierenden Phänomenen voran. (Auf die Frage, ob die Bezeichnungen der Grundphänomene sehr glücklich und treffend sind, werde ich später noch eingehen.)

Die meisten Forscher unterscheiden heutzutage an den paranormalen Phänomenen – die auch als parapsychische oder Psi-Phänomene bezeichnet werden – die *außersinnliche*

Wahrnehmung (ASW) oder auch *Paragnosie* als paranormalen Informationsempfang, wozu Telepathie und Hellsehen zu rechnen sind, und die *Psychokinese* (PK) oder auch die *physikalischen Phänomene,* worunter die rein psychische Beeinflussung der Materie und materieller, also auch körperlich-biologischer Abläufe zu verstehen ist. An diese Grundeinteilung der Phänomene hält sich (mit weiteren Differenzierungen) etwa auch der amerikanische Pionier der Parapsychologie Joseph Banks Rhine oder der schon zitierte naturwissenschaftlich inspirierte Forscher Milan Ryzl. Andere Parapsychologen unterscheiden noch weitere qualitativ verschiedene Gruppen; beispielsweise sieht der Parapsychologe und Astronaut Edgar D. Mitchell als dritte Gruppe eigener Art die *Überlebensphänomene* an, die auch unter dem Namen Theta-Phänomene bekannt sind (vom griechischen *thanatos* = Tod).

In der hier vorgelegten Untersuchung sollen jedoch im Hinblick auf die Thematik des Buches alle psychokinetischen oder (früher) „physikalisch“ genannten Phänomene wie beispielsweise die psychische Heilung, Fernbewegung, Levitation, Materialisation, Leben ohne Nahrungsaufnahme, Giftresistenz weitgehend außer Betracht bleiben. Wir werden diese Phänomene nur dort, wo es das Thema erfordert, am Rande streifen. Unsere Aufmerksamkeit wird sich hauptsächlich auf die geistigen oder (früher) „intellektuell“ genannten Phänomene konzentrieren, also auf die Phänomene der außersinnlichen Wahrnehmung oder Paragnosie, die echte und verifizierbare Informationen auf paranormalem Weg vermitteln, somit ohne die Mithilfe der Sinnesorgane und des Verstandes.

Diese Phänomene sind für unsere Themenstellung besonders interessant sowie allerdings auch einige ausgewählte Themen aus dem Bereich der Überlebensphänomene.

Die Phänomene paranormalen Informationsempfanges

Telepathie und Hellsehen

Die Phänomene der Telepathie und des Hellsehens fassen manche Forscher unter dem Begriff Paragnosie lieber zusammen als unter jenem der außersinnlichen Wahrnehmung, so zum Beispiel der holländische Vorkämpfer der Parapsychologie W. H. C. Tenhaeff und auch ich selbst. Auf die Gründe dieser natürlich nicht unbegründeten Vorliebe werde ich noch später zurückkommen.

Die volkstümliche Bezeichnung für Telepathie lautet: Gedankenlesen. Das Paranormale bei der Telepathie besteht darin, daß ohne Mithilfe der Sinne und des Verstandes Informationen von einem anderen Menschen abgezapft oder, andersherum, diesem Menschen auf dem gleichen Weg die eigenen Gedanken übertragen werden. Es handelt sich um Informationsübermittlung von Psyche zu Psyche. „Eines Menschen Geist wirkt auf den anderen", dies war ein gängiger Ausspruch schon des Frühpioniers parapsychologischer Forschung in England Professor F. W. H. Myers.

Bei der Telepathie muß Senden und Empfangen unterschieden werden. Ebenso ist spontane und experimentelle Telepathie auseinanderzuhalten. Während Spontanfälle eine unbeabsichtigte Verbindung darstellen, stellt sich das telepathische Erlebnis im Experiment als Folge eines gegenseitigen Bemühens ein. Schon seit langer Zeit werden solche Experimente unternommen; dabei wurden selbst auf große Entfernungen hin positive Resultate erzielt, z. B. zwischen London und Bristol 1910, Paris und New York 1927, Leningrad und Sewastopol 1959, Los Angeles und New York 1967 u. a. m.

Im folgenden ein Beispiel aus der Vielzahl der Experimente: Der Physiologe Professor E. Babak (Universität

Brünn) führte über viele Monate hinweg Versuche mit einem Soldaten durch. Er saß hinter ihm und befahl ihm dabei in Gedanken, gewisse Bewegungen auszuführen. Der Soldat wurde nicht unter Hypnose gesetzt, es wurden ihm lediglich die Augen fest verbunden. Er führte die ihm befohlenen Bewegungen exakt aus.

Eine erstaunliche Fülle geglückter Experimente hat in seinem umfangreichen Schrifttum Dr. Milan Ryzl genau beschrieben, z. B. in seiner *Parapsychologie* jene mit Pavel Stepanek, einem hervorragenden Paragnosten. Diese Versuche zogen sich über mehrere Jahre hinweg und kamen unter strengsten wissenschaftlichen Kontrollbedingungen zustande.

Die Art der telepathischen Kommunikation ändert sich mit den Personen und den Umständen. Die Botschaften dringen entweder vollständig ins Bewußtsein des Empfängers oder, wie dies in den meisten Fällen zutrifft, nur bruchstückhaft, so daß sie sich erst allmählich zu einer einheitlichen Aussage zusammenfügen lassen. Häufig ist die Botschaft auch symbolisch verschlüsselt. Zuweilen tut sich die übertragene Gedankenbotschaft dem Bewußtsein des Empfängers erst nach einer gewissen Verzögerung kund, gerade, als ob sie im Unterbewußtsein auf einen günstigen Moment warte, um Gestalt anzunehmen (diese sogenannte „Latenz“ ist für die Erklärung von paranormalen Phänomenen besonders wichtig).

Ich möchte in diesem Zusammenhang den Leser nicht mit dem technischen Vorgang der telepathischen Kommunikation belasten. Die überwiegende Mehrheit der Forscher auf diesem Gebiet neigt zu der Hypothese, daß eine Übertragung materieller Art nicht stattfindet. (Die Möglichkeit, daß elektromagnetische Wellen das Übertragungsvehikel seien, wurde nach vielen erfindungsreichen Experimenten, u. a.

auch des bekannten sowjetischen Forschers Professor Leonid L. Wassiliew, wieder fallengelassen.) Dafür sprechen viele Gründe: Die räumliche Entfernung scheint keine Rolle zu spielen. Eingebaute Hindernisse, selbst Bleiwände, sogar Faraday-Käfige, stellen keine Beeinträchtigung dar. Der Empfang der Botschaft entspricht nicht immer genau den gesendeten (obwohl sie oft recht genau ist), wogegen bei materieller Übertragung regelmäßig ein deckungsgleicher Vorgang erzielt werden müßte.

Die Telepathie ist von alters her bekannt. Sie wurde von den alten Kulturvölkern, besonders aber im Orient gepflegt. An der Wende zur Neuzeit bediente sich ihrer Paracelsus. Er war davon überzeugt, daß sie einst als kommunikativer Behelf über die Ozeane hinweg dienen könne (dies erinnert heute an die Möglichkeit telepathischer Kommunikation zwischen Astronauten und Erdenbewohnern). In unserer Zeit, nach so vielen erfolgreichen Experimenten – deren Ergebnisse weit jenseits der Zufallserwartung liegen –, gilt die Telepathie als erwiesen, auch die hartnäckigsten Positivisten sehen sich allmählich gezwungen, sie als unleugbaren Teil der Realität zu akzeptieren.

Wenden wir uns nun aber im besonderen dem Phänomen des Hellsehens zu.

> Emanuel Swedenborg, der bekannte schwedische Gelehrte und „Geisterseher" mit beachtlicher hellseherischer Begabung, besuchte auf seiner Heimreise von England im September 1759 seinen Freund Chastel in Göteborg. Bleich vor Aufregung verkündete er am Abend, daß in Stockholm (mehrere hundert Kilometer von Göteborg entfernt) ein fürchterliches Feuer wüte. Er konnte schließlich seine Fassung wiedererlangen und beruhigte sich: das Feuer sei unter Kontrolle gebracht worden. Bereits nach zwei Tagen aber erfuhren

> Swedenborg und seine Freunde durch einen Sonderkurier, daß sich der Vorfall in genauer Übereinstimmung mit Swedenborgs Vision zugetragen hatte (Immanuel Kant in einem Brief an Fräulein von Knobloch im Jahre 1763, der auf den Brand der Stockholmer Oper Bezug nimmt).

Ein Fall von Hellsehen? Oder war eher Telepathie im Spiel? Nun, sicher ist, daß ganz Stockholm von dem Feuer wußte. Solches Wissen auf Telepathie zurückzuführen wird dann noch schwieriger, wenn der Mittler der Botschaft eine bereits verstorbene Person ist, wie etwa im folgenden Beispiel:

> Ein junger Mann verläßt seine Wohnung und ist nirgends mehr aufzufinden. Der hervorragende tschechische Parapsychologe B. Kafka hypnotisiert seinen Paragnosten K. und gibt ihm den Auftrag, Nachforschungen anzustellen. Nach einer Weile berichtet der Paragnost: „Der Vermißte rennt um einen Teich herum, er springt ins Wasser und ertrinkt." Bei weiterer Befragung gibt er die genaue Lage des Körpers und die Stelle an, an der die Leiche später tatsächlich gefunden wurde.

Wie aber sollen wir uns diese Fälle erklären, in denen niemand von einem bestimmten Vorfall weiß, Fälle also, die jeglichen Senders entbehren? Besonders augenfällig wird das Problem angesichts von Informationen über Zukünftiges; denn niemand auf der Welt kann wissen, was in der Zukunft geschieht – also auch keine derartigen Informationen jemandem telepathisch übertragen!

Wir können daraus schließen, daß zur Erklärung derartiger Phänomene weder das normale Erkenntnisvermögen noch Telepathie ausreicht, geschweige denn befriedigen könnte. Es ist, als ob der Hellseher sein Wissen direkt, ohne Mittler, bezöge. (Professor Myers prägte hiezu die Formel: „Geist wirkt auf Materie.") Unsere Vorfahren sagten, solche Menschen sehen „hell", eine Ausdrucksweise, die nicht jedem einleuchtet. Man bemühte sich daher unter Parapsychologen, eine klarere und prägnantere Bezeichnung zu finden, z. B. Kryptästhesie (Richet) oder Telästhesie (Myers), neuerdings werden Telepathie und Hellsehen als außersinnliche Wahrnehmung (ASW) zusammengefaßt; doch erweist sich die volkstümliche Bezeichnung als äußerst hartnäckig und hat bis heute auch in der wissenschaftlichen Literatur überlebt.

Hellsehen in den Zeitraum der Vergangenheit (Retrokognition) vermittelt uns Informationen über Geschehnisse, die sich bereits abgespielt haben. Dabei ist noch unklar, bis zu welcher Zeitschranke diese Art von Rückschau ausgedehnt werden kann. Von dem bekannten polnischen Hellseher Ing. Stephan Ossowiecki, der im Zeitraum zwischen den beiden Weltkriegen von sich reden machte, ist berichtet worden, daß er von einem Geschehnis im Mittelalter genaue Schilderungen geben konnte. Noch weiter zurück in den Raum der Vergangenheit stieß Croiset vor (er ist heutzutage – nach dem 1945 verstorbenen Edgar Cayce – der wohl bekannteste Paragnost der Welt); stimuliert durch einen kleinen Knochen, der in einer Kannibalenhöhle in Basutsko gefunden worden war, „sah" der Holländer zurück bis in die Urzeit des afrikanischen Kontinents.

Hellsehen im Zeitraum der Gegenwart bringt uns Informationen über entfernte, verborgene oder unsichtbare Dinge und Sachverhalte in der jeweiligen Gegenwart. Dazu einige Beispiele.

Beliebt ist das Lesen verschlossener Briefe. Professor O. Fischer, ein Prager Neurologe, machte viele überzeugende Versuche mit Rafael Scherman. Dabei hielt

Scherman einen Brief mit seinen Fingern oder legte ihn sich auf die Stirn. Auf diesem Weg gelangte er nicht nur zu zutreffenden Beschreibungen der Handschrift und des Briefinhaltes, sondern auch zu Aussagen über das Aussehen des Schreibers sowie über einige Erlebnisse aus dessen Leben.

Ebenfalls werden sogenannte Büchertests durchgeführt. Schon William Crookes, der große Physiker und Forscher, war auf die Idee gekommen, Teile einer Zeitung zu verdecken und den Hellseher D. D. Home damit auf die Probe zu stellen; diesem gelang es aber, den Inhalt dieser Teile zu „sehen" und korrekt wiederzugeben. Mit Büchern versuchte sich dann beispielsweise auch Frau Mary Craig-Sinclair, die Frau von Upton Sinclair, dem bekannten Schriftsteller. Sie griff nach reinem Zufallsprinzip ein Werk aus der sehr umfangreichen Bibliothek ihres Mannes, legte es sich aufs Sonnengeflecht und konnte korrekt den Namen des Autors, den Buchtitel und kurze Auszüge des Buchinhalts wiedergeben.

Hellsehen in den Zeitraum der Zukunft (Präkognition) bezieht sich auf zukünftige Geschehnisse verschiedener Art. Manchmal handelt es sich um ernste, manchmal um triviale Ereignisse des alltäglichen Lebens. Auch hiezu einige Beispiele:

Tacitus, der berühmte Geschichtsschreiber im alten Rom, vermerkt in seinen Annalen einen gewissen Rufus. Dieser Mann war zunächst ein unbedeutender Offizier, dem jedoch geweissagt worden war, daß er in wenigen Jahren zum Prokonsul von Afrika avancieren würde, eine Vorhersage, die um so unwahrscheinlicher wirkte, als er nur einen niedrigen Rang bekleidete. Die Weissagung erfüllte sich nichtsdestoweniger.

Charles Linné, der weltbekannte schwedische Botaniker, teilt uns aus seinem Leben mit, daß ihm ein armer Wahrsager erzählt habe, nicht sein Bruder Samuel werde Professor (wie von der ganzen Familie immer angenommen worden war), sondern er selbst werde diesen Titel erwerben; er werde außerdem die ganze Welt bereisen und zum berühmtesten Mann seines Landes werden. Diesen Fall hat Charles Richet der Nachwelt überliefert.

Eugène Osty wurde seinem eigenen Bericht zufolge von einem Hellseher eine Wohnung mit all ihren Räumen genau beschrieben, die dem Hellseher gänzlich unbekannt war und die Osty werde mieten können. Er gab außerdem Einzelheiten über die Umgebung dieser Wohnung an und erwähnte Details aus dem Mietvertrag.

Sehr überzeugend sind besonders auch die bekannten Stuhltests mit Croiset, die unter strenger Kontrolle stattfanden. In der Mehrzahl wurden sie von Professor W. H. C. Tenhaeff, dem bekannten niederländischen Parapsychologen, durchgeführt; doch haben auch schon andere Wissenschaftler dabei mitgewirkt. Bisher sind schon etliche Hunderte dieser Tests zur Durchführung gelangt. Im folgenden sei ihr Ablauf kurz beschrieben.

Auf dem Plan des Vorlesungsraums, in dem die Veranstaltung stattfinden wird, bestimmen entweder die Veranstalter, das Publikum oder Croiset selbst einen bestimmten Stuhl oder Sitzplatz. Sodann trifft Croiset eine Vorhersage über den zu erwartenden Inhaber dieses Platzes; zwischen Vorhersage und Veranstaltung verstreichen gewöhnlich etliche Tage oder gar Wochen. Hiezu ein Beispiel:

Auf diesem Platz (Stuhl) wird eine ältere Dame sitzen. Sie trägt ihr graues Haar zurückgekämmt, hat ein schwarzes Seidenkleid an, und es drückt sie ihr rechter

> Schuh. Ihr linker Strumpf hat ein großes Loch. Ihre Tochter ist eine ausgezeichnete Pianistin. In Bälde wird die Dame mit ihrer Enkelin zu einem Zahnarzt gehen; dabei wird das kleine Mädchen einen großen Wirbel veranstalten, doch der Zahnarzt wird es mit einem netten, blauäugigen Püppchen mit rosa Band im Haar wieder beruhigen.

Croiset macht immer derlei konkrete, in Einzelheiten gehende Angaben. Die genaue Überprüfung derselben ergibt meist deren weitgehende Übereinstimmung mit der Realität.

Besondere Wichtigkeit kommt beim Hellsehen in die Zukunft (Präkognition) den *Kollektivprophezeiungen* zu, die ganze Länder und Nationen betreffen. Auch hiezu Beispiele; das erste wurde von Ch. Richet, das zweite von F. Moser berichtet.

> Eine Provinzzeitung in Frankreich veröffentlichte im März 1914 eine Vision einer jungen Bäuerin: bald werde eine Feindesmacht in Frankreich eindringen, von Norden und Osten einfallend; es werde brutal zugehen, und der Feind werde siegreich sein; der Feind werde sogar neutrales Territorium besetzen und Zerstörungen anrichten; schließlich jedoch werde die Armee der Alliierten sich durchsetzen und die Gerechtigkeit wiederherstellen.

> Der preußische Major Gillhausen faßte im August 1914 seine Visionen zusammen und übermittelte sie dem Kronprinzen. Sie hatten folgenden Inhalt: Der Krieg werde sich über Jahre hinweg erstrecken, neue Feinde würden aufmarschieren und die englische Rasse sich überall ausbreiten; er sehe, wie der Kaiser die Füße seines Thrones absäge, wie der Thron fiele, des Kaisers Hermelinpelz bleiche und die Krone von seinem Kopf falle.

Kollektivprophezeiungen werden wesentlich seltener als individuelle gemacht. E. Osty erklärt dies damit, daß jeder Mensch seine Zukunft schon in sich trage und sie daher für den Paragnosten leichter erspürbar sei, indem er sie nämlich aus dem Unterbewußten ablese.

Die häufigste Form hellseherischer Erkenntnis ist das Sehen (von daher auch die Bezeichnung!), das Wahrnehmen von Bildern *, und zwar so, als ob sie im Hellseher selbst drin wären oder als ob sie, falls er sich einer Kristallkugel bedient, in dieser entstünden. Es gibt auch Fälle, in denen akustische Eindrücke wahrgenommen werden (Worte oder Geräusche und Klänge). Der Paragnost ist sich dabei ganz gewiß, daß etwas geschehen wird, und er erfährt dieses Gefühl der Gewißheit sehr intensiv. Bei vielen Paragnosten zeigt sich nicht nur die eine oder die andere Form des „Sehens“, sondern alle Formen treten miteinander auf.

Hellseherische Fähigkeiten sind von alters her bekannt, und zwar nicht nur bei primitiven Völkern, sondern auch bei Hochkulturen. Auch in neuerer Zeit sind hinreichend Fälle bekanntgeworden, die außerdem noch gewissenhaft untersucht werden konnten. Daher steht für uns zweifellos fest, daß das Hellsehen eines der am besten nachgewiesenen paranormalen Phänomene ist (was übrigens schon Richet mit Nachdruck betont hatte).

Hellseherische Leistungen sind allerdings vergleichsweise seltener als telepathische. Den deutlichsten Beweis liefert der Umstand, daß nicht wenige der professionellen Wahrsager zwar unbekannte, dem Unterbewußtsein ihrer Klienten tele-

* Diese werden am ehesten durch die archaische Welt des Unterbewußten bereitgestellt. Unsere Wahrnehmung arbeitet nachweislich dann mit Bildern, wenn wir träumen oder die Bewußtseinsfunktionen sonstwie ausgestrahlt sind. Primitive Völker denken auch in Bildern, die überhaupt ein primäres Ausdrucksmittel der menschlichen Seele zu sein scheinen.

pathisch abgezapfte Tatsachen wahrnehmen können, bei Vorhersagen in die Zukunft aber völlig versagen.

Wahrträume

Das Wachbewußtsein des Menschen wird im Traum seiner Kontrollfunktion teilweise enthoben, d. h. die logischen Verstandesfunktionen lassen den phantastischen, unerschöpflich veränderbaren Bildern des Unterbewußten fast uneingeschränkten Entfaltungsraum. Bis heute liegen keine verläßlichen Kenntnisse und Daten über all die verschiedenen, am Traumgeschehen beteiligten Einflußfaktoren vor. Zu einem Teil sind es physiologische Faktoren (wie Gesundheitszustand, Lage des Körpers usw.), zum anderen unterbewußte Spannungen, die nach einem Entlastungsventil suchen, und zum dritten Teil ist das Bedürfnis vorhanden, Tageserlebnisse so zu verarbeiten, daß sie in die Archive der Psyche unterhalb der Bewußtseinsschwelle Eingang finden können. Der Traum erscheint daher häufig als Mischung aus persönlichkeitsspezifischen und -geschichtlichen Faktoren und erlebten Tagesereignissen.

Anders beim Wahrtraum: hier stimmt der Trauminhalt mit einem bestimmten Ereignis in der Realität genau überein. Es braucht sich hierbei nicht um die Arbeit eines schöpferischen Unterbewußtseins zu handeln; denn ein Wahrtraum ergibt sich weder aus den Sinnesfunktionen noch aus den Bildern des persönlichen Unterbewußtseins.

> Rufen wir uns zur Verdeutlichung Cäsars Gattin Calpurnia ins Gedächtnis: sie träumte, ihr Haus falle zusammen und sie umarme ihren erdolchten Mann. Am darauffolgenden Morgen erzählte sie ihrem Mann diesen Traum, warnte ihn jedoch vergebens; er ging außer Haus, und der Traum bewahrheitete sich.
>
> Ein weiterer bekannter Fall der Weltgeschichte handelt von Präsident Lincoln. Einige Tage vor dem auf ihn

verübten Attentat träumte er von einem üppig dekorierten Sarg, der von Soldaten bewacht wurde. In diesem Sarg sah er einen Toten, und zwar keinen anderen als sich selbst!

Ein verheirateter Mann träumte, er sei unter einen von Paris kommenden Zug gefallen und sei von diesem überrollt worden. Er erzählte den Bahnhofsbeamten davon, als er auf dem Bahnsteig seine Frau erwartete, denn er hatte Angst, der Traum könne mit ihr zusammenhängen. Nachdem aber der Zug schon eingetroffen war, tat er selbst einen verkehrten Schritt, kam unter die Räder und wurde getötet.

Es gäbe noch Hunderte solcher Beispiele zu berichten, denn dieses paranormale Phänomen – der Wahrtraum – kommt sehr häufig vor. (J. W. Dunne behauptete sogar, daß ein Bild der nächsten Zukunft in jedem Traum enthalten sei, besonders kurz vor dem Morgen.)

Die in Wahrträumen enthaltenen Informationen beziehen sich nicht nur auf wichtige und bedeutsame Ereignisse, wie Tod, Unfall, Geburt u. ä., sondern auch auf weniger entscheidende, eher alltägliche Vorgänge, wie die Ankunft eines Briefes oder daß Vater mit Tinte begossen werden wird. Die Botschaft des Wahrtraumes betrifft zumeist den Träumer selbst oder ihm Nahestehende. Sie kann von unterschiedlichen Zeiträumen handeln, d. h. Informationen über Gegenwärtiges, Vergangenes oder Zukünftiges gleichermaßen bieten; doch dürfte die überwiegende Mehrzahl der Wahrträume von der unmittelbar bevorstehenden Zukunft handeln. Die Informationen stimmen zuweilen präzise mit der Wirklichkeit überein, in anderen Fällen dagegen nur teilweise. Viele Träume nehmen symbolische Formen an, was zu Fehldeutungen seitens des Interpretierenden führen kann; Symbole sind nämlich keine Kriterien für paranormale Phänomene, wie sich am Beispiel von Freuds sexuell determinierter Traumsymbolik zeigt.

Visionen

Zunächst wenden wir uns den halluzinatorischen Visionen zu. Sie entstehen bei Anfällen von Geisteskrankheit, Benommenheitszuständen, Delirium, Fieber, Vergiftungen und machen sich vor allem im Alkoholrausch oder nach Einnahme von Drogen bemerkbar. Der Betreffende glaubt dann, in seiner Umwelt etwas zu sehen, das der Wirklichkeit aber nicht entspricht.

Wie wollen wir aber demgegenüber Kriterien für echte paranormale Visionen aufstellen? Eindeutig klar ist, daß nicht die innere Überzeugung des Betreffenden maßgebend sein kann. Die Parapsychologie kann es sich nicht leisten, unter willkürlichen und unzuverlässigen Kontrollbedingungen zu arbeiten. Wiederum müssen wir daher als Maßstab die Übereinstimmung des visionär Gesehenen mit der Realität hernehmen, denn nur so können wir Visionen überzeugend als paranormale Vorgänge identifizieren. Da die Visionen einen bestimmten Ausschnitt der Realität zum Gegenstand haben, der von örtlichen und zeitlichen Modalitäten sowie von einem bestimmten Bedingungsgefüge gekennzeichnet ist, muß es, zumindest nachträglich, möglich sein, für den Inhalt einer Vision eine Entsprechung in der Realität ausfindig zu machen. Dazu wiederum Beispiele:

> Jemand hat die Vision (am Tag und bei ungetrübtem Bewußtsein), daß er fröhlich auf seinen Vater zugehe und ihn umarme, während der Vater traurig blinzle und sich auflöse. Nach kurzer Zeit erreicht diesen Menschen ein Telegramm, in dem ihm der unerwartete Tod seines Vaters mitgeteilt wird.
>
> Eine kranke Frau liegt im Bett und schreit plötzlich schreckerfüllt auf, worauf ihr Gatte und einer ihrer

> Söhne herbeigeeilt kommen. Sie erzählt ihnen, sie habe gerade „gesehen“, wie Albert (ihr zweiter Sohn, der zu jener Zeit weit entfernt in den USA lebt) bei ihr gewesen sei: an der Tür sei er zusammengebrochen, wobei sich ein Blutstrom aus seiner Schläfe ergossen habe. Einige Tage später ereichte diese Familie die Nachricht, daß jener Albert sich genau zu der Zeit der Vision durch einen Schuß in den Kopf umgebracht hatte (Bericht von Kuchynka).

Die Inhalte der Visionen sind gewöhnlich geprägt von Gegenständen, Tieren und Ereignissen, am häufigsten aber von Menschen, besonders von nahestehenden Angehörigen. Nur selten kommt es vor, daß der Perzipient sich selbst in seinen Visionen sieht (wie dies z. B. Goethe auf seiner Fahrt nach Drüsenheim widerfuhr), meist sind es Drittpersonen, die darin auftauchen. Sie brauchen aber durchaus nicht immer tot zu sein (obwohl dramatische Vorgänge wie Unglücks- oder Todesfälle die außersinnliche Wahrnehmung zu begünstigen scheinen); manchmal leben sie noch, wie der nachfolgende Fall zeigt.

> General Twinings Gattin erwachte in einer verregneten Nacht durch einen ohrenbetäubenden Krach; schon zu vollem Bewußtsein gelangt, „sah“ sie ihren Mann am Fußende des Bettes stehen. Sein Gesicht mit den Augen, seine Hände und Finger, der Ehering, all dies war für sie deutlich erkennbar. In ebenjener Nacht war vielhundert Kilometer entfernt das Flugzeug des Generals im Pazifik abgestürzt. Der General selbst wurde jedoch einige Tage später gerettet (Bericht von R. Montgomery).

Das Verhalten der in Visionen auftauchenden Menschen (Phantome) ist sehr unterschiedlich: es reicht von steifer Unbeweglichkeit bis zu großer Lebhaftigkeit. Die Dauer einer Vision ist gewöhnlich sehr kurz, sie tritt meist in zeitlicher Übereinstimmung mit dem tatsächlichen Ereignis auf. Es gibt aber auch Fälle, in denen das Phantom wiederholt auftaucht, d. h. der Perzipient hat immer wieder dieselbe Vision, bis den Betreffenden die Botschaft vom Eintritt des visionär gesehenen Ereignisses erreicht, so wie in dem folgenden Beispiel:

> Eine Mutter hat sehr lebhafte Visionen: ihr Sohn kommt zu ihr, um Abschied zu nehmen. Tatsächlich kommt er am 15. April des betreffenden Jahres um. Sie aber hat bis zum 25. April, an dessen Morgen sie die Todesnachricht erhält, immer wieder diese Vision vom Abschiednehmen.

Wie bei allen Phänomenen außersinnlicher Wahrnehmung treffen wir auch bei den Visionen solche an, die symbolisch verschlüsselt sind:

> Ein Offizier schreibt einen Brief. Plötzlich sind Blutflecken auf dem Papier. Von einer schicksalshaften Vorahnung gepackt, eilt er nach Hause und findet dort seine Frau ermordet auf.
>
> Ein Perzipient sieht seinen Freund: dieser steht mit totenbleichem Gesicht unter einem Baum, dessen Blätter traurig welk scheinen. Nach kurzer Zeit erreicht den Perzipienten die Nachricht vom plötzlichen Tod dieses Freundes (F. Moser).

In der einschlägigen Literatur finden wir allenthalben Berichte über echte, also als paranormale Erlebnisse gewertete Visionen. Wenn wir auch mit größter Zurückhaltung und Umsicht urteilen, so können wir uns der Tatsache nicht verschließen, daß viele dieser Fälle gewissenhaft untersucht und glaubwürdig nachgewiesen worden sind, so daß an der Echtheit eines paranormalen Erlebnisses in Form von Visionen grundsätzlich nicht mehr gezweifelt werden kann. Besonders überzeugend fällt der Nachweis dann aus, wenn der

Inhalt einer Vision schriftlich festgehalten und noch vor Eintritt des in Form der Vision prognostizierten Ereignisses veröffentlicht wurde. Zahlreiche Beispiele dieser Art finden sich in Jess Stearns Buch über das Leben und Wirken des Edgar Cayce *Der schlafende Prophet* (Genf 1970) gesammelt.

Psychometrie

Unter Psychometrie versteht man einen paranormalen Wissenserwerb anhand eines „psychometrischen“ Objektes, wobei dieser Gegenstand (ein Kleidungsstück, eine Photographie usw.), der als „Induktor“ bezeichnet wird, die außersinnliche Wahrnehmung eines Sensitiven stimuliert. Beispielen dieser Art sind wir in diesem Buch bereits begegnet, allerdings ohne ausdrückliche Erwähnung dieser besonderen Form des Hellsehens. Im folgenden zwei typische Fälle, die von E. Osty und O. Fischer bezeugt wurden.

> Der Vater eines Pariser Angestellten ging eines Morgens zu einem Spaziergang weg und kam nicht mehr nach Hause. Die ganze Umgebung wurde vergeblich nach ihm abgesucht. Schließlich wandte sich der Sohn an E. Osty, den anerkannten parapsychologischen Forscher. Dieser hypnotisierte Madame Morelle und gab ihr ein Taschentuch des Vermißten. Die Hellseherin beschrieb den alten Herrn zutreffend, machte richtige Angaben darüber, wie er zu Tode gekommen war, und bezeichnete den Ort – einen Steinbruch im Wald –, wo sein Leichnam tatsächlich gefunden wurde.
>
> Professor O. Fischer experimentierte in Prag oft mit dem Paragnosten O. Reiman. Einmal gab er ihm, ohne jegliches eigenes Wissen um den Fall, einen Stock, den er aus dem kriminalistischen Museum geliehen hatte. Der Hellseher berichtete daraufhin, daß eine Frau mit diesem Stock umgebracht worden sei; ein grober, hinkender Bursche habe sie mit diesem Stock

geschlagen, er habe Geld von ihr gewollt. Er (Reiman) rieche den Geruch von Landwirtschaft, die Gegend sei durch wellige Hügel geprägt, die Straße verlaufe bergauf und in der Nähe stehe ein großes, altes Haus ... Tatsächlich war vor einigen Jahren in dem beschriebenen Landstrich und in jenem Haus ein Mord begangen worden, wobei eine alte Frau durch die Schläge mit ebenjenem Stock, der später im Museum aufbewahrt wurde, umgekommen war.

Aus diesen Beispielen erhellt sich das Typische an der sogenannten Psychometrie: Der Paragnost bedient sich eines Gegenstandes, der mit einem Ereignis oder mit einer Person verknüpft ist, um besser zu „sehen". Professor J. R. Buchanan aus den USA ersann diese Bezeichnung, die zwar in Fachkreisen allgemein abgelehnt wird, sich aber bis heute zäh behauptet hat.

Am besten eignet sich als Induktor ein Gegenstand, mit dem ein Mensch in Berührung gewesen war oder – vielleicht am allerbesten – ein Gegenstand seines persönlichen Besitzes: Kleidungsstücke, Haare, Blutflecken, Taschentücher, Messer, Uhren, Brillen, Briefe, Photos usw. Die Ergebnisse psychometrischer Leistungen waren erwiesenermaßen jeweils dann besser, wenn sich der Paragnost selbst den betreffenden Gegenstand aussuchen konnte. Dies hängt vermutlich mit der Welt seines eigenen Unterbewußten zusammen, denn je näher der von ihm zu untersuchende Vorfall oder der Induktor mit eigenem traumatischem Erleben zusammenhängt (so lautet die Erklärungshypothese), desto genauer und ausführlicher fallen die Angaben des Hellsehers aus. Es gibt mannigfache Arten, mit dem Induktor umzugehen; man kann ihn in den Händen halten, ihn glätten, reiben, ihn auf die Stirn oder das Sonnengeflecht legen u. a. m.

Immer schon fragte man sich, was denn an dem Induktor dran sei, was an einem solchen Gegenstand auf paranormalem Weg eine Erkenntnis vermitteln könne. Im alten Orient nahm man an, der Induktor sei mit einer visionenfördernden Flüssigkeit imprägniert. Dr. Gustav Pagenstecher, deutscher Arzt und Forscher der Parapsychologie, der in Mexiko lebte, hat eine ähnliche, wenn auch wissenschaftlich gereiftere Hypothese aufgestellt: Der Induktor sei mit psychischen Impulsen gesättigt, die ihm als Potential innewohnten. Hiezu ein Beispiel, das uns von G. Pagenstecher überliefert wurde.

> Er nahm einen Bimsstein und teilte ihn dreifach: einen Teil beließ er unberührt, einen zweiten versteckte er in einer Standuhr, den dritten vergrub er in Zucker. Madame Reys wurde von ihm hypnotisiert und beschrieb zunächst das Leben auf dem Meeresgrund, hörte sodann klar das Ticken einer Uhr und hatte im Anschluß daran intensive Empfindungen von Süße.

Mittlerweile ist jedoch klar, daß der jeweilige Vorfall sicherlich keine Engramme, d. h. Erinnerungsbilder, im Sinn bleibender Spuren auf dem Objekt (Induktor) hinterläßt. Die „Spurentheorie" ist schon allein deswegen unsinnig, weil der Paragnost viel mehr Informationen zutage fördert, als der Induktor als solcher enthalten kann; außerdem steht ja fest, daß der Induktor oftmals in den betreffenden Vorfall überhaupt nicht verwickelt oder einfach nur zugegen war. Besonders einsichtig wird diese Argumentation gegen Spuren auf dem Induktor bei Fällen von Hellsehen in die Zukunft: schließlich kann ein Induktor doch nicht Spuren eines Ereignisses tragen, das noch gar nicht stattgefunden hat!

Es kann also nicht „auf dem Induktor stehen", was hellseherisch Begabte bei Berührung mit diesen Gegenständen zu berichten wissen; sie müssen ihre Informationen anderswoher beziehen. In dieses „Anderswo" führen aber die Induktoren ein (daher auch ihr Name!), weswegen man sie in der neueren Forschung auch als Katalysatoren bezeichnet. Zweifellos sind die Induktoren ein recht nützliches Hilfsmittel (sie werden von professionellen Hellsehern wie auch von spiritistischen Medien gerne verwendet); durch sie werden die Informationen, die wir von diesen Menschen erhalten, genauer und fülliger.

Die Psychometrie ist ein sehr häufig vorkommendes paranormales Phänomen. Eine Unzahl von Fällen ist bekannt und auch beweiskräftig nachgewiesen worden. Ihrem Wesen nach ist die Psychometrie eine abgewandelte Form des Hellsehens – so spricht denn auch Professor Hans Bender, der Freiburger Parapsychologe, von ihr als „induktivem Hellsehen“ –, und dieses Hellsehen ist zumeist Retrokognition (Hellsehen in den Raum der Vergangenheit).

Automatisches Schreiben und ähnliche Phänomene

Automatisches Schreiben stellt sich ein, wenn ein Sensitiver unabsichtlich schreibt oder malt; die Schrift bzw. Malerei fällt aus, als ob sie unter Zwang entstände, als ob eine unsichtbare Macht die Hand und deren Bewegungen lenke.

Im technischen Ablauf des automatischen Schreibens fällt oft die große Geschwindigkeit auf, mit der die Aufzeichnung vonstatten geht; auch das Malen läuft in einem Bruchteil der normalerweise benötigten Zeit ab. E. Osty, der schon erwähnte französische Arzt und bedeutende parapsychologische Forscher aus der Zeit vor dem Zweiten Weltkrieg, glaubt herausgefunden zu haben, daß die Informationen in dem Maß an Verläßlichkeit und Glaubwürdigkeit gewinnen, als die Geschwindigkeit der Aufzeichnung steigt. Es gibt auch Aufzeichnungen, bei denen die Buchstaben auf dem Kopf stehend oder spiegelbildlich aufscheinen; weiters gibt es Fälle, in denen mit beiden Händen gleichzeitig geschrieben wurde, wobei jede Hand etwas anderes aufschrieb, und auch solche, in denen fremdartige Buchstaben bzw. Schriftzeichen verwendet wurden oder die Aufzeichnungen in einer fremden Sprache gemacht wurden.

Die Inhalte der Aufzeichnungen sind durchaus nicht immer sehr bemerkenswert oder gar aufsehenerregend; oft handelt es sich um bloße Kritzeleien oder um ein ziemlich wirres Durcheinander von Aufzeichnungen. Wenn aber die Botschaft doch logisch verständlich ist, so übersteigt sie gewöhnlich das Bildungsniveau des Schreibers nicht. Im folgenden ein Beispiel für automatisches Schreiben:

> Jeden Tag, zur Abendzeit, informiert ein verstorbener Mann seine Ehefrau von seinen Eindrücken in der „äußeren Welt", und zwar eben durch ihre eigene Hand. Er läßt sie beispielsweise schreiben: „Gestern haben wir eine Reise zur Sonne unternommen. Welcher Glanz, welche Pracht das war! Leider nicht mit Worten zu beschreiben . . ." Das erscheint uns leicht verständlich, denn wie sollte auch seine Frau in ihrem Unterbewußten mehr als nur einen mageren Begriff von dem Glanz und der Pracht haben, die einem auf einer solchen Reise blenden müßten!

Aus der Aufzeichnung ergibt sich die Meinung, der verstorbene Mann habe die Hand seiner Frau geführt. Dessenungeachtet aber sei vermerkt, daß das automatische Schreiben grundsätzlich nur als Äußerung des persönlichen Unterbewußtseins gilt, was schon in der oft chaotischen Art der Darbietung deutlich wird, die an den Charakter von Träumen erinnert. In Ausnahmefällen tritt aber das Unterbewußtsein durchaus kreativ in Erscheinung, vor allem in den sehr interessanten Fällen von sogenannter Kryptomnesie. Hierbei wird das Bewußtsein plötzlich von Informationen überflutet, die ansonsten der Erinnerung unzugänglich sind. Das folgende von F. Moser berichtete Beispiel zeigt einen derartigen Fall der Kryptomnesie.

> Der Student A. H. aus Prag hat durch automatisches Schreiben notiert, daß der Choral *„od Husiti"* vier Zeilen gehabt habe. Bei einer genauen Untersuchung wurde die Behauptung als zutreffend bestätigt. Der Student mühte sich aber vergeblich ab, ausfindig zu machen, woher er diese Information hätte erhalten können. Erst nach längerer Zeit fand er heraus, daß eine kleinformatige Abhandlung über diese Choralart an einer Kirchenwand hing. Irgendwann einmal, vor langer Zeit auf jeden Fall, mußte er diese Abhandlung gelesen haben, was er jedoch schon längst vergessen hatte. Erst jetzt hatte sich diese Kenntnis aus dem Unterbewußtsein heraus einen Weg gebahnt, indem sie sich im automatischen Schreiben äußerte.

Anders verhält es sich aber in Fällen, in denen eine vorherige sinnesgebundene Aufnahme von Information nicht stattfand; da handelt es sich dann um echte paranormale Phänomene, wie aus dem folgenden Beispiel erhellt:

> Fräulein W. schrieb häufig automatisch. Eines Tages notierte sie, inmitten religiöser Gespräche, folgende Worte: „Das nächste Derby gewinnt das Pferd Frigo." Und so war es dann auch: dieses Pferd, ihr völlig unbekannt und darüber hinaus ein Außenseiter, machte das Rennen (Lyttelton).

Das *Tischrücken* ist schon seit Urzeiten bekannt. Zwar gab es bei den Druidenpriestern auch sogenannte „sprechende Steine", die befragt wurden, doch galten seit jeher Tische und Tischchen als eindeutig bevorzugte „Vermittler" geisterhafter Botschaften. Die alten Juden glaubten beispielsweise, der Tisch werde von dem Geist Schedim bewegt. Die Magie des alten Orients war undenkbar ohne klopfende dreibeinige Tischchen, und die tibetischen Lamas benützten bis unlängst ihre Tische, um Dieben auf die Spur zu kommen.

In unserer Zeit kamen sie nach der Gründung der spiritistischen Bewegung in Mode. Man entdeckte dabei, daß ein Tisch sich bewegen und antworten könne (vorausgesetzt, alle Teilnehmer haben die Hände auf dem Tisch und keiner mogelt). Die Antwort erfolgt durch Klopfen mit einem erhobenen Tischbein oder durch knackende Geräusche im Tisch; sie ist relativ leicht hervorzurufen, ist aber meist bedeutungslos und unsinnig. Deswegen hat es auch die gestrenge Gesellschaft für parapsychische Forschung in London rundherum abgelehnt, auf solcherlei „Phänomene" einzugehen und sie womöglich noch zu untersuchen.

Eine ähnliche Vorgehensweise wie beim Tischrücken finden wir im Zuge spiritistischer Sitzungen am *Alphabettisch*, also bei Séancen, die an Tischen mit Alphabettäfelchen an deren Rand stattfinden: Die Teilnehmer legen ihre Finger an ein umgestürztes Glas in Tischmitte, das sich sodann auf die Alphabettäfelchen zuzubewegen beginnt und so Wörter bildet, also „Antworten" gibt. Um eventuellen Tricks vorzubeugen, werden den jeweiligen Teilnehmern die Augen verbunden, das Alphabet wird auf den Kopf gestellt und ähnliches mehr getan. Diese Art spiritistischer Sitzungen stellt dem einfachen Tischrücken oder der Hantierung des *Ouija-Brettchens* gegenüber freilich einen Fortschritt dar, da am Alphabettisch nicht nur Ja- oder Nein-Antworten zustande kommen, sondern differenzierte Antworten möglich sind. Grundsätzlich wirkt hier als Informationsquelle das Unterbewußtsein der Teilnehmer, in all seiner bildhaften, ungeordneten Vielfalt. Echte paranormale Informationen sind selten. Im folgenden sei ein von Ch. Richet berichtetes Beispiel angeführt:

> Der französische Autor Paul Adam erfuhr am Alphabettisch, daß sein Freund, ein eingeschworener Junggeselle, binnen vier Jahren mit einem Mädchen ver-

heiratet sein werde, das in einem Haus mit einer bestimmten Nummer in der Avenue Marceau in Paris wohne. Adam ging der Sache nach, fand aber an Stelle eines Hauses bei der betreffenden Nummer nur eine Ruine. Damit war dieser Fall für ihn erledigt. Nach geraumer Zeit wurde jedoch an genau dieser Stelle in der Avenue Marceau ein Hotel errichtet. In diesem lernte sein Freund eine junge Dame kennen, mit der er sich auch prompt bis zum Ablauf der genannten Zeitspanne verehelicht hatte.

Ansätze in Richtung einer Erklärung der Phänomene

Nach dieser ziemlich gerafften Darstellung paranormaler Phänomene, die aber doch einen gewissen Einblick in die Materie gewähren, wollen wir uns von ihrer Grundlage aus der komplizierten Frage zuwenden, was wir als Quelle paranormaler Phänomene annehmen können.

Zuallererst müssen wir davon ausgehen, daß die von uns betrachteten Phänomene keine betrügerischen Machenschaften sind, wie Uninformierte und Besserwisser immer wieder behaupten. Mit dieser Feststellung möchte ich nicht die Parapsychologie gegen kritische Einwände verteidigen. Dies ist heute nicht mehr notwendig, da ihre Ergebnisse, so überzeugend sie auch sind, schon hinreichend oft und gründlich genug angezweifelt wurden, ohne dabei widerlegt worden zu sein. Im Gegenteil – die Position der Parapsychologie ist heutzutage, dank stichhaltiger Forschungsergebnisse, gesicherter und gefestigter denn je zuvor. Ihre Grundprinzipien finden heute allenthalben Anerkennung und werden immer stärker und weitgehend als Bestandteile der Realität akzeptiert. Dies kommt nicht zuletzt daher, daß sich parapsychologische Forscher darum bemüht haben, durch kritische Ansätze und ständig verbesserte Kontrollmethoden – die sich an Scharfsinn und Originalität ständig überbieten – jegliche Betrugsmanöver von vornherein auszuschalten. (E. Osty arbeitete in seinem Forschungslabor für paranormale Phänomene beispielsweise immer mit Infrarotstrahlen.) Jedermann, der die Gelegenheit hat, mit der Arbeit von Parapsychologen näher vertraut zu werden, wird sich davon überzeugen lassen müssen, daß diese Forscher, unter deren Schrittmachern man heute immer mehr Physiker findet, sorgfältig, kritisch und objektiv an ihre Arbeit herangehen. Schon Schopenhauer ersann einen Namen für all jene, die von vornherein und hartnäckig die Existenz paranormaler Phänomene verneinen; er nannte sie Ignoranten: sie wollen etwas, das sie nur ganz ungenügend kennen oder nicht in ihr Weltbild paßt, kurzerhand nicht wahrhaben.

Ein typischer Einwand der Gegner der Parapsychologie sei hier der Deutlichkeit halber genannt: mit einem müden Schulterzucken tun sie die zeitliche Koinzidenz einer Vision mit einem aktuellen Todesfall als rein zufälliges Ereignis ab. Natürlich kann in bestimmten Einzelfällen der Zufall als Erklärungsgrund angebracht sein und zutreffen, dessen sind sich alle parapsychologisch Forschenden sehr wohl bewußt! Bei echten paranormalen Phänomenen beobachten wir jedoch eine Fülle nachweisbarer Einzelinformationen, so daß der Zufall, nach der Wahrscheinlichkeitsrechnung ermittelt, als Erklärungsgrund ausgeschaltet werden kann.

Ein verzweifelter Versuch, das materialistische Weltbild unserer Gegenwart um jeden Preis – also auch ohne die von moderner Physik und Parapsychologie nahegelegte Erweiterung – zu retten, zeigte sich beispielsweise in dem Bemühen um die Hypothese über die Hyperästhesie der Sinne beziehungsweise deren Auswechselbarkeit.

Schon um 1898 herum hatte Dr. Chowrin in der Irrenanstalt von Tambow (Rußland) eine schwer hysterische Patientin gesehen, die ein Buch lesen konnte, indem sie es sich auf den Bauch legte und mit den Fingern abtastete. Auch Lombroso, Boirac, Haddock und Townshend wußten von Personen zu berichten, die mit Hilfe ihrer Finger lesen konnten. (Das dabei auftretende Gefühl muß bisweilen äußerst intensiv sein. Haddocks berühmte Schlafwandlerin Emma warf beispielsweise ein Bild einer Wespe, das sie in einem Buch gerade berührte, plötzlich fort, weil sie glaubte, gestochen worden zu sein.) Im übrigen hatten französische Magnetiseure lange vor diesen modernen Forschern die Erfahrung gemacht, daß Menschen im „magnetischen Schlaf" mit den Fingern, dem Knie, dem Schädel und anderen Körperpartien lesen konnten.

Als nun aber vor ein paar Jahren sowjetische Ärzte mit Rosa Kuleschowa verschiedene Versuche anstellten – sie konnte nämlich mit Hilfe ihrer Finger lesen –, erklärten die positivistischen Wissenschaftler das Phänomen jedoch damit, daß sich bei der Versuchsperson den Augen analoge Zellen in den Fingerspitzen gebildet hätten!

Sehr rasch folgte diesen kühnen Spekulationen jedoch die zu erwartende Ernüchterung – dann nämlich, als die Phänomene auch unter schwierigeren Bedingungen auftraten. Die Versuchsperson konnte auch dann noch lesen, als eine Glasscheibe zwischen ihre Finger und das Buch geschoben wurde, auch als das Buch so weit entfernt wurde, daß sie es nicht mehr erreichen konnte, und auch als es in ein anliegendes Zimmer gebracht wurde. So war denn die abstruse Hypothese freilich ad absurdum geführt. Der Fall zeigt aber, daß man, um nicht wahrzuhaben, was nicht wahr sein darf, bei den ausgefallensten Erklärungsversuchen lieber Zuflucht sucht als bei den naheliegenden – jenen, die die Parapsychologie heute anzubieten hat!

Das Unterbewußtsein

Die Parapsychologie ist auf dem richtigen Weg, indem sie, ausgehend von der nachgewiesenen Tatsache der Existenz paranormaler Phänomene, nach gültigen Erklärungen sucht, die natürlich von der üblichen Argumentation aus materialistischer Sicht abweichen müssen.

Bemerkenswert ist übrigens, daß die Parapsychologie von ganz unerwarteter Seite praktische Bestätigung erfährt, nämlich von der Polizei. In Holland ist die Zusammenarbeit zwischen der Kriminalpolizei und dem Paragnosten Gerard Croiset bereits zur Alltäglichkeit geworden. Croiset wird offenbar dort am wirkungsvollsten eingeschaltet, wo jemand plötzlich verschwunden ist (er scheint auf Unfälle durch Ertrinken besonders gut und zuverlässig zu reagieren), wird aber auch bei anderen Fällen herangezogen, in denen seine Aussagen oft nur den Stellenwert eines Indizes haben, aber im ganzen doch von großem Wert sind.

Zurück zu den paranormalen Phänomenen: Auf der Suche nach Erklärungen stoßen wir zunächst auf die Tiefenschichten der menschlichen Psyche. Kaum jemand bestreitet, daß unserer Psyche immense Fähigkeiten und Kräfte innewohnen, die sich auf für uns rätselhafte Weise äußern können. Diese Kräfte bilden allerdings nicht einen Teil des meiner Ansicht nach durch Lernprozesse erworbenen Bewußtseins, sondern sind in einem anderen Bereich der Psyche zu suchen: im Unterbewußtsein, das ungleich breitfächriger und vielfältiger als das relativ begrenzte Bewußtsein ist. Das Unterbewußtsein bietet ein breites Spektrum verschiedenster Aspekte des Menschen: Es vereint Auffassungsvermögen, Empfindsamkeit und Geisteskraft; es birgt in sich Instinkt und Urängste, Liebe und Haß; es speichert die vielfältigen Erfahrungen unseres eigenen Lebens wie auch die schon vorgegebenen, erblich festgelegten Komponenten des Menschen, persönliche Geschichte (ontogenetisches Material) wie auch Artgeschichte des Menschen (phylogenetisches Material – von C. G. Jung als Archetypen der menschlichen Erfahrung beschrieben); in ihm sind Temperament und Charakter, die der individuellen Persönlichkeit Gepräge und Beständigkeit verleihen, verankert. Wie in einem großen Magazin oder Archiv werden hier alle gesammelten Erfahrungen aufbewahrt und behütet, alles Gesehene, Gehörte, alles irgendwie Wahrgenommene und Gefühlte, jeder Inhalt menschlicher Erfahrung. Jedoch kommt dem Unterbewußtsein nicht nur eine passive Funktion zu. Sehr aktiv erweist es sich als Antriebsinstanz menschlichen Handelns, was aber nicht so zu verstehen ist, als habe es dabei nur eine *ent*hemmende Funktion. Im Gegenteil – im Zusammenspiel mit dem Bewußtsein kann es durchaus auch bremsend und hemmend wirken (Selbstkontrolle des Menschen). Es birgt in sich eine Reihe dynamischer und unentwegt aktiv tätiger Kräfte, die auch während des Schlafes nicht ruhen und beispielsweise bewirken, daß wir zu einer bestimmten Zeit erwachen. Schließlich stellt es die Quelle der Phantasie und auch der menschlichen Kreativität dar; es erschließt uns eine wundersame Welt des Bild- und Märchenhaften.

Schon Heraklit pflegte zu behaupten, daß sich unsere Gedanken automatisch, d. h. ohne unsere bewußte Einflußnahme, vervielfältigen. Diese Behauptung wird uns verständlicher, wenn wir uns der vielen Dichter erinnern, die des Morgens mit einem fertigen Gedicht im Kopf erwachten; vom Unterbewußtsein war es während des Schlafes gestaltet worden! Der berühmte Mathematiker Carl Friedrich Gauß, Erfinder des Logarithmus, war gewöhnlich des Morgens fähig, viele der Probleme rasch zu lösen, die ihn abends zuvor noch gequält hatten und sich scheinbar nicht lösen lassen wollten.

Arbeits- und Funktionsweise von Bewußtsein und Unterbewußtsein unterscheiden sich beträchtlich. Das Unterbewußtsein arbeitet weitgehend unabhängig von anderen Einflußgrößen, es erfaßt Eindrücke, die vom Bewußtsein nicht einmal bemerkt oder die verdrängt oder vergessen wurden, und ihm wohnt das Prinzip der Latenz inne, d. h. es verschafft sich nicht sofort Ausdruck, sondern wartet sozusagen auf eine günstige Ausgangskonstellation, um dies zu tun. Befehle des Bewußtseins haben häufig keinen Einfluß auf das weitgehend autonom agierende Unterbewußtsein. Dies wird deutlich, wenn ein unerwünschtes Verhalten eines Menschen unterdrückt werden soll, diesem aber trotz bewußter Anstrengung nicht gelingt, seine unterbewußt gesteuerte Verhaltensweise abzustellen oder auch nur zeitweise zu unterdrücken. Besteht ein Mangel an verinnerlichter, im Unterbewußtsein verankerter Hemmung, so fegen die Impulse des Unterbewußtseins die vom Bewußtsein mühsam aufgebauten Schranken einfach weg.

Im Rahmen dieser Studie kann nicht weiter auf diese psychologischen Sachverhalte eingegangen werden. Es ging mir hier nur darum, in Kürze das Wesentliche darüber zu sagen; denn es ist wichtig festzustellen, daß das Unterbewußtsein trotz seines Bilderreichtums und seines kreativen Potentials nicht die eigentliche Quelle der paranormalen Fähigkeiten darstellt. Im Unterbewußtsein kristallisiert sich lediglich – allerdings, wie schon erklärt, im weitesten Sinn – persönliche Erfahrung des Individuums; paranormale Phänomene aber beruhen nicht auf der Grundlage persönlicher Erfahrung und sind dieser deswegen überlegen. Daher sind diejenigen Fälle, in denen das persönliche Unterbewußtsein als Ursprung der Information wirkte (wie bei den im Abschnitt „Automatisches Schreiben“ angeführten Fällen von Kryptomnesie), keine paranormalen Phänomene, auch dann nicht, wenn sie durch die Art oder den Wahrheitsgehalt der Angaben zu überraschen vermögen (wie beim Wahrtraum, bei dem automatischen Schreiben, den Visionen u. a. m.). Zwei von F. Moser berichtete Beispiele hiezu seien zur Verdeutlichung angefügt:

> Professor Lamberton von der Pennsylvania University in den USA erwachte eines Morgens und erschrak, als er eine geometrische Lösung desjenigen Problems sah, das er vergebens hatte auf mathematische Weise lösen wollen; es war auf der Wand aufgezeichnet.
>
> Der Altertumsforscher Professor Hilprecht, mit der Epoche des Assyrerreiches beschäftigt, versuchte vergeblich, eine babylonische Inschrift am Bels-Tempel bei Nippur zu entziffern. In einem sehr lebhaften Traum zeigte ihm ein babylonischer Priester, wie die untersuchten Fragmente zusammenzusetzen seien, damit sie einen Sinn bekämen und erklärte ihm die Bedeutung der Inschrift. Am darauffolgenden Morgen verfuhr der Professor so, wie es ihm im Traum geraten worden war, und fand auf diese Weise die richtige Lösung.

Der paranormale Bereich der Psyche

Welche unbekannten psychischen Kräfte sollen also nun als Träger und Ursache paranormaler Phänomene angesehen werden? Eines an ihnen scheint gewiß: sie sind wesentlich weniger auffällig und dementsprechend für die Erforschung unzugänglicher als das persönliche Unterbewußtsein eines Individuums; Sie sind verborgener als jenes und entzogen sich deswegen jahrhundertelang der systematischen Beobachtung und Erfassung – so wurden solche Phänomene für Wunder aus dem Bereich des Übernatürlichen gehalten. Verschiedene Bezeichnungen wurden zur Kennzeichnung dieser Kräfte ersonnen: J. R. Buchanan spricht inbrünstig von einer mächtigen, fast göttlichen Sphäre; andere wiederum legten sich auf den Begriff einer „transzendentalen Kraft", mit göttlichen Attributen bestückt, fest; selbst Charles Richet erwähnte diese Kräfte unter unbestimmter Bezeichnung („geheimnisvolles Wissen").

Bis heute liegt für diese Kräfte, diesen rätselhaften Bereich, noch keine einheitliche Bezeichnung vor. Zwar fehlt an den neueren Benennungen das Mythisch-Göttliche weitgehend, doch an deren Vielfalt hat sich nichts geändert. Gemeinsam ist allerdings allen Bezeichnungen, daß sie einen bestimmten, jedoch noch unerforschten Teil der menschlichen Psyche ins Spiel zu bringen versuchen. So sprechen einige Autoren von einem „tiefen Unterbewußtsein", was meiner Meinung nach aber irreführend ist, da in den Tiefen des Unterbewußtseins auch tierische Instinkte schlummern, die mit dem von uns anvisierten Bereich gar nichts zu tun haben. Andere Autoren wenden sich eher in die Höhe, indem sie vom „Überbewußtsein" sprechen oder ähnliche Bezeichnungen erfinden. Hier besteht jedoch wiederum die Gefahr einer Begriffsverwirrung, weil solche Bezeichnungen an das mystische Überselbst erinnern.

In der Bibel wie auch in den Kulturen des alten Orients wird dagegen mit Vorliebe von inneren, seelischen Sinnen gesprochen. Moderne Forscher haben diese Vorstellung wieder aufgegriffen. Sie stellten dann den sogenannten „sechsten Sinn" als einen den anderen Sinnen überlegenen Entdecker der Realität dar. Der Begriff „Sinn" scheint mir jedoch unangemessen und daher entbehrlich; denn wie ich zu zeigen versucht habe, sind paranormale Phänomene nicht auf der Grundlage von Sinnesempfindungen zu erklären.

Durch den Einfluß der amerikanischen Forschung und Literatur ist in jüngster Zeit sehr gebräuchlich geworden, bei paranormalen Phänomenen einerseits die „außersinnliche Wahrnehmung" (ASW) als Empfang von Informationen über die Umwelt und andererseits die „Psychokinese" (PK) als Beeinflussung der Umwelt – beides allein kraft Geistes – zu unterscheiden. Diese Begriffe haben sich geradezu als gebräuchliche Terminologie eingebürgert und werden von den führenden Forschern so verwendet (z. B. von J. B. Rhine, J. G. Pratt, M. Ryzl, H. Bender u. a. m.). Selbst bei der ASW als einem paranormalen Informationsempfang sind aber auch aktive Geisteskräfte im Spiel. So erscheint mir der Ausdruck ASW, selbst in der neutraler anmutenden Form der Abkürzung, nicht ideal – eben weil durch die einseitige Betonung des Wahrnehmungselementes die aktiven, kreativen Aspekte dieser psychischen Kräfte nicht in die Bezeichnung miteingebracht sind.

Allgemein spricht man heute, und zwar in der amerikanischen, deutschen und sowjetischen Literatur, vom Psi-Faktor. J. B. Rhine definiert ihn als psychische Kraft, die undeutlich im Inneren des Unterbewußtseins wirkt. Ich möchte daher vereinfachend von einem Paraunterbewußtsein sprechen, von einem paranormalen Bereich der Psyche, wobei ich wohl nicht zu betonen brauche, daß ich damit nicht mehr als nur eine Behelfsbezeichnung, die jedermann versteht, einführen möchte.

Aus den bisherigen Erörterungen folgt schlüssig, daß neben dem Bewußtsein und dem Unterbewußtsein, die zusammen die uns (einigermaßen) bekannte Psyche des Menschen ausmachen, in unserem Inneren ein weiterer, dritter, wie immer zu bezeichnender Bereich existieren muß, der anscheinend auch als Quelle paranormaler Phänomene in Frage kommt.

Diese Dreiteilung wird von vielen Autoren anerkannt: so schreibt F. Moser von einem übernormalen Unterbewußtsein als dritter psychischer Instanz; E. Osty behauptet, die Bereiche des Bewußtseins und des Unterbewußtseins seien für das von Materie bestimmte, irdische Leben geschaffen, es gebe jedoch einen dritten Bereich, in dem wir, unbeschränkt von Zeit und Raum, mit der Realität in Berührung kommen können; und M. Craig-Sinclair äußert dazu, daß das normale Unterbewußtsein ein Phantast und Lügner sei, die Quelle paranormaler Phänomene aber ein dritter Bereich und eine tiefe geistige Instanz sei, nur sie sei imstande, echte paranormale Informationen zu liefern und paranormale Bewirkungen herbeizuführen.

Wo aber ist dieser Bereich zu finden? Diese Frage kann nur lakonisch beantwortet werden: irgendwo jenseits des Unterbewußtseins, entweder über oder unter ihm. Die meisten Forscher zeigen nach unten, in die tiefsten Tiefenschichten der Seele, und nur ausnahmsweise entscheiden sich Autoren für die andere Richtung, also nach oben. Jedenfalls dürfte klar sein, daß das Paraunterbewußtsein viel versteckter und schwerer zugänglich als das normale Unterbewußtsein ist. Hierfür gibt es auch physiologische Annahmen: Schon E. von Hartmann äußerte, eine Aktivität subkortikaler Zentren sei für paranormale Phänomene verantwortlich. J. B. Rhine meinte, das Dienzephalon spiele eine wichtige Rolle, besonders bei Psychokinese. Die Mehrzahl der Forscher wählt allgemeinere Formulierungen, denen zufolge die subkortikalen Partien des Gehirns einen Speicher immenser Kräfte darstellen, doch wurde diese Annahme bislang noch nicht weiter untersucht.

Die qualitative Beschreibung eines paranormalen Bereiches der Psyche muß beim derzeitigen Wissensstand notgedrungen dürftig ausfallen. Sinnvoll scheint jedoch die Annahme, daß dieser Bereich aus verschiedenen Subzentren besteht, die für die unterschiedlichen Arten von paranormalen Phänomenen stehen. Ein für alle Phänomene einheitlicher Bereich liefe in der Konsequenz auf eine Universalfähigkeit sensitiver Menschen hinaus, und das hieße, daß ein Sensitiver in allen Bereichen (der Telepathie, Präkognition, Psychometrie, Psychokinese usw.) gleich erfolgreich sein müßte – etwas, das jeglicher bisheriger Erfahrung widerspricht.

Verglichen mit dem Unterbewußtsein scheint das Paraunterbewußtsein allerdings ein universelleres Potential des Menschen darzustellen, und zwar weil es seine Energie aus einem Bereich bezieht, der dem bewußten Zugriff entzogen ist, wogegen das Unterbewußtsein durch wiederholte Prägungen (Gedanken, Vorstellungsbilder) bewußt beeinflußt werden kann. Es ist indessen unmöglich, die genaue Grenze zwischen Unterbewußtsein und Paraunterbewußtsein zu bestimmen.

Wir sind nicht einmal imstande, die Inspiration von der Intuition genau zu trennen, sondern wir unterscheiden sie bloß danach, daß die Inspiration den oberflächlichen Schichten entstammen soll, während die Intuition im Gegensatz dazu eine Botschaft tieferer Schichten der Seele sein soll und dementsprechend glaubwürdiger und echter als die Inspiration sei. Zu diesem Thema seien hier einige Zitate berühmter Künstler und Wissenschaftler zu ihren eigenen Werken angeführt:

Beethoven behauptete, er wisse, daß seine Musik gut sei, denn er kenne die Quellen, denen sie entstamme. Goethe berichtete, er habe seine Werke wie ein Schlafwandler geschrieben. J. B. Foerster meinte, der Künstler sei nur ein Sekretär, der das niederschreibe, was ihm eine höhere Macht diktiere. K. Capek bekannte, ein Autor sei das Werkzeug eines unbekannten Etwas – er sei oft selbst verwundert, woher seine Gedanken kämen. Auch Bergsons Definition der Intuition zielt in dieselbe Richtung. Nach ihm ist sie ein Wissen, das den Wesenskern einer Sache trifft, ein absolutes

Wissen also, das sich vom normalen Wissen dadurch unterscheide, daß jenes immer nur relativ, indirekt und das Wesentliche umschreibend, doch nicht erfassend sei. Dem bekannten amerikanischen Psychologen William James zufolge kommen intuitive Eingebungen aus den Tiefenschichten der Seele, die völlig unberührt von der durch Sprache und Logik geprägten Oberfläche der Psyche sind; sie werden auch nicht von der Vernunft geleitet, sind daher nicht abwägbar, sondern treten uns als innere Gewißheit entgegen.

Wenn auch die Intuition als Eingebung unserer tieferen und unverfälschteren seelischen Schichten angesehen werden kann, so sind diese dennoch nicht mit dem paranormalen Bereich der Psyche gleichzusetzen, da die Inhalte beider Bereiche ganz verschieden sind.

Wenn wir die verschiedenen Bereiche der menschlichen Psyche, Bewußtsein, Unterbewußtsein und Paraunterbewußtsein, in ihrem Funktionieren betrachten, so fällt auf, daß Beziehungen im Sinne von Wechselwirkungen zwischen ihnen bestehen. Sie arbeiten anscheinend zusammen; das Paraunterbewußtsein benützt beim Informationsempfang die anderen Persönlichkeitsbereiche nicht nur als Impulsleiter, sondern auch als Sprachorgan, durch das es die ihm eingegebenen Informationen verständlich machen kann. Bevor wir weiter darauf eingehen, sei anhand eines von J. H. Hyslop berichteten Beispiels auf die sehr häufige Vermischung von Informationen aus unterbewußter und paranormaler Quelle verwiesen:

> Die Hellseherin G. Freer sieht in ihrer Kristallkugel den kleinen Friedhof, den sie in ihrer Kindheit oft besuchte (Quelle: Unterbewußtsein), aber mit Veränderungen, die erst später vorgenommen wurden und von denen sie nichts wußte (Quelle: paranormaler Bereich der Psyche).

> Bei weiterer Betrachtung ihrer Kristallkugel hörte sie wieder ein Gespräch, das sie eine Stunde zuvor mit einem Freund geführt hatte (Quelle: Unterbewußtsein), jedoch tauchte darin plötzlich der Satz auf: „Du bist also Vegetarier geworden!" Die nachfolgende Untersuchung zeigte, daß dieser Freund nach Verlassen ihres Hauses einen seiner Schulkameraden getroffen hatte, der diesen Satz sagte (Quelle: paranormal).

Wir müssen uns im klaren darüber sein, daß das Bewußtsein das Vorhandensein schon kaum des Unterbewußtseins, geschweige denn eines paranormalen Bereiches registriert, weswegen ja auch dessen Aktivitäten so völlig mysteriös erscheinen. Der Dichter und Seelenforscher M. Maeterlinck schrieb deshalb von einem „unbekannten Gast in uns".

Das „zweite Ich"

Eine weitere bemerkenswerte Eigenschaft des paranormalen Bereiches ist seine Unabhängigkeit vom menschlichen Bewußtsein: er kann von ihm nicht erreicht und daher auch in keiner Weise gesteuert oder gar beherrscht werden. Mehr noch: wir können geradezu von einem Antagonismus zwischen Bewußtsein und Paraunterbewußtsein sprechen. Deutlich wird dies, wenn wir uns vergegenwärtigen, daß gerade in Zuständen herabgesetzten Bewußtseins, wie in Trance oder Hypnose, der paranormale Bereich zu Äußerungen neigt, während er bei vollem Wachbewußtsein zu schweigen pflegt.

Aus all diesen Betrachtungen läßt sich eine reizvolle, wenn auch rein spekulative Hypothese ableiten: daß sich nämlich in paranormalen Phänomenen eine Art zweites Selbst äußert, eine verborgene zweite Persönlichkeit.

Die Okkultisten sprachen schon seit langem von einem zweiten Selbst im Menschen; es soll ein eigenes Bewußtsein und einen eigenen Willen haben und die Quelle aller „magischen“ Kräfte darstellen. F. W. H. Myers sprach schon von einer „subliminalen“, also unterschwelligen Persönlichkeit. E. Osty behauptete, wir könnten jenseits der normalen Gefühls- und Gedankenwelt des Individuums eine verborgene Persönlichkeit entdecken, die vom Ich verschieden und unabhängig sei. Sogar der skeptische Max Dessoir fand, daß es ein zweites Ich (Selbst) gebe, das, mit einem besonderen Bewußtsein ausgestattet, in uns Menschen hause.

Diese zweite Persönlichkeit verhält sich ihrem „Gastgeber“ gegenüber recht verschieden, und zwar meist so, als hätte sie gar kein Interesse an ihm. Manchmal jedoch wirkt sie zu seinen Gunsten: sie informiert und berät (wie Sokrates’ „Daimon“!), ermahnt und beschützt ihn. Am nachfolgenden, von Kuchynka überlieferten Beispiel soll die Beschützerfunktion verdeutlicht werden:

> Schauplatz der Handlung: Schützengräben im Ersten Weltkrieg. Die Aufmerksamkeit eines Offiziers wird plötzlich auf den Glanz eines am Boden liegenden Ringes gelenkt. Er bückt sich, und in genau diesem Augenblick fetzt eine Kugel durch seine Mütze. Hätte er sich nicht gebückt, so hätte sie voll seinen Kopf getroffen. Er hatte in diesem Moment das sichere Gefühl, seine geliebte, verstorbene Mutter sei anwesend. Im übrigen lag natürlich kein Ring am Boden des Schützengrabens.

Solche Fälle des Auftretens „unterbewußter Persönlichkeiten“ sind für die Erkenntnis der psychischen Tiefenfelder des Menschen von großer Bedeutung. (Ich meine mit den „unterbewußten Persönlichkeiten“ natürlich nicht pathologische Äußerungsformen, wie sie bei Hysterie oder Schizophrenie auftreten [Spaltpersönlichkeiten], hier ist von psychisch gesunden Personen die Rede.) Die Unabhängigkeit dieser unterbewußten Persönlichkeiten von ihren Trägern ist unterschiedlich groß. Oft erscheinen diese zweiten Ich mit einem einzigen Namen, der für ein (zweites) Ich mit eigenem Fühlen und Wollen steht – ganz so, als ob es sich wirklich um eine andere Person handelte (wie auch das vorstehende Beispiel zeigt). Die zweite Persönlichkeit verneint die Identität mit ihrem „Gastgeber", der sie seinerseits als etwas Fremdes wahrnimmt.

Bis heute tappt man völlig im dunkeln, wenn man zu erklären versucht, welche Faktoren solche „Zweitpersönlichkeiten" zutage fördern. Eines jedoch scheint sicher, nämlich daß durch das Auftreten dieser unterbewußten Persönlichkeiten paranormale Phänomene bei den Betreffenden begünstigt werden.

Die berühmten Gebrüder Schneider, beide „Materialisationsmedien", arbeiteten nur in Gegenwart ihrer „Olga" erfolgreich; Mrs. Silbert nur dann, wenn „Nell" bei ihr war. Auch wenn nur „intellektuelle Phänomene" produziert wurden, wie bei den Demonstrationen von Mrs. Piper, scheinen die unterbewußten Persönlichkeiten wichtige, wenn nicht gar unerläßliche Hilfskräfte zu sein.

Eine ganz andere Erklärung für das Auftreten unterbewußter Persönlichkeiten – die sie als „Führungsgeister" bezeichneten – wählten freilich die Spiritisten. Sie behaupten, diese Persönlichkeiten kämen tatsächlich von außen – es handle sich jeweils um den aktiven Geist eines Verstorbenen. Ich möchte diesen Erklärungsansatz im Moment nicht weiterverfolgen, sondern ihn später wieder aufgreifen.

Die paranormale Fähigkeit

Voraussetzungen und Bedingungen

Bei der Erörterung paranormaler Phänomene stellt sich immer wieder die Frage, warum sie nicht ganz allgemein bei jedem Menschen auftreten.

Mit unserem Erklärungsmodell eines paranormalen Bereiches der Psyche drängt sich die Antwort auf, daß bei den meisten Menschen dieser Bereich als Fähigkeit nur sehr schwach entwickelt ist und sich daher nur äußerst selten äußert. Jedenfalls zeigen sich nur wenige Menschen befähigt, paranormale Aktivitäten zu entfalten. Bei diesen wenigen Menschen dürften keinerlei Hindernisse den paranormalen Bereich der Psyche blockieren; hingegen müssen wir eine solche Blockade für all diejenigen annehmen, die keinerlei paranormale Erlebnisse aufzuweisen haben.

Das Wesen solcher blockierender Elemente innerhalb der Psyche ist bislang nicht genau zu bestimmen gewesen; wir sind auf Vermutungen angewiesen. So wurde gesagt, es könnte für die Betreffenden schwierig sein, sich auf neue „Schwingungen“ einzustimmen; bestimmte Inhalte des Unterbewußtseins könnten für paranormale Impulse blok-kierend wirken; ausgeprägte intellektuelle oder egozentrische Haltung dürfte den Regungen aus dem paranormalen Bereich abträglich sein. Innerhalb der Psyche könnte tatsächlich zur Selbsterhaltung der Persönlichkeit ein Schutzwall gegen paranormale Impulse errichtet sein, der, im Grunde undurchdringbar, nur ausnahmsweise – kleinere oder größere – Lücken freiläßt, durch welche die paranormalen Impulse, wenn sie genügend Stärke erreicht haben, hindurch sich geltend machen können. Der Verdeutlichung mag die folgende schematische Darstellung dienen.

○ *Keinerlei paranormale Impulse dringen durch.*

Ein junger Mann geht abends aus und amüsiert sich. Am darauffolgenden Morgen bekommt er ein Telegramm, das ihm den plötzlichen Tod seines geliebten Vaters mitteilt.

○ *Ein schwächerer Schutzwall zeigt eine kleine Lücke: es entsteht Beunruhigung.*	Ein junger Mann ist mehrere Tage lang zutiefst deprimiert und in Vorahnung von etwas Schlimmem. Als er die Todesnachricht erhält, überrascht sie ihn nicht.
○ *Eine größere Lücke: ein Wahrtraum.*	Ein junger Mann träumt nachts, sein Vater komme zu ihm, um Abschied zu nehmen. Zur selben Zeit stirbt der Vater.
○ *Der Schutzwall fällt: eine Vision am Tag kommt durch.*	Ein junger Mann hat am hellichten Tag eine Vision: sein Vater steht im Zimmer, bleich und traurig sieht er drein, und verabschiedet sich von seinem Sohn.

Das Wesen der parapsychischen Fähigkeit besteht also darin, daß die betreffende Person relativ leicht eine Verbindung mit dem paranormalen Bereich der Psyche herstellen kann. So begabte Menschen werden volkstümlich Medien genannt. Diese Bezeichnung hat allerdings stark okkultistisch-spiritistischen Beigeschmack und wird deshalb heutzutage nicht gern gebraucht. Die Parapsychologen sprechen lieber von Versuchspersonen, Sensitiven, Psi-Begabten oder parapsychisch oder paranormal Befähigten – dies mag wohl das treffendste und unverfänglichste Fachwort sein. Sie werden heutzutage bei Laborexperimenten oder im Anschluß an Spontanfälle medizinisch und psychologisch genau untersucht. Im folgenden seien einige Ergebnisse der diesbezüglichen Forschungen wiedergegeben.

Die Vererbung spielt anscheinend eine bedeutende Rolle, wobei nicht nur deckungsgleiche Fähigkeiten vererbt werden sollen (Eltern und auch Kinder sind hellseherisch veranlagt), sondern auch ungleiche (der Vater ist Hellseher, das Kind psychokinetisch, z. B. als Heiler, begabt). Davon ausgehend wollen einige Autoren den derzeitigen Mangel an „guten Medien" in Europa damit begründen, daß im Mittelalter absurderweise viele sogenannte Hexen umgebracht wurden (Frauen also, die meist paranormale Fähigkeiten besaßen und damit potentielle Erbträger, im Sinne der Theorie, waren). Bereits im alten Orient, doch auch später in der okkultistischen und spiritistischen Bewegung, wurden die gesteigerten paranormalen Fähigkeiten kleiner Kinder betont; sie seien besonders dem Empfang von Visionen sehr zugänglich. Diese Behauptung scheint zwar nicht hinreichend bewiesen worden zu sein, doch klingt sie insofern akzeptabel, als daß eine noch unfertige geistige, insbesondere intellektuelle Entwicklung und ein Unterbewußtsein, das noch nicht von eindrücklicher Lebenserfahrung überschwemmt und geprägt ist, eine gute Ausgangsbasis für die Kommunikation mit dem paranormalen Bereich der Psyche bieten. Am anderen Pol des menschlichen Lebens, im Alter, lassen die paranormalen Fähigkeiten zumeist stark nach.

Paranormale Fähigkeiten zeigen sich bei Frauen gewöhnlich häufiger als bei Männern, was wohl auf ihre gesteigerte Suggestibilität zurückzuführen sein dürfte. In der Pubertät, wenn aus dem Unterbewußtsein Konflikte aufbrechen und die seelische Organisation des Menschen sehr unstabil ist, entfalten sich oft spontan paranormale Fähigkeiten. Diesen Umstand hat man sich seit Urzeiten schon zunutze gemacht, indem im Orient, im alten Ägypten und später auch im Mittelalter keusche Jünglinge zu hellseherischen Experimenten und Jungfrauen zum Wahrsagen aus magischen Spiegeln ausgewählt und herangezogen wurden.

Die parapsychischen Fähigkeiten scheinen bisweilen nach dem Beginn des aktiven Geschlechtslebens zu versiegen. Die

Gründe dafür sind nicht ganz geklärt. In Indien, wo man an die „Schlangenkraft“ glaubt, hält man es für notwendig, die Sexualität zu unterdrücken und entsprechend zu sublimieren, damit sie nicht im Geschlechtsverkehr vergeudet werde. Dieser Glaube wird sogar von modernen wissenschaftlichen Erkenntnissen gestützt. Die Forschungsarbeiten des bekannten Psychiaters E. Kretschmer auf dem Gebiet der Endokrinologie haben einen starken Einfluß der menschlichen Sexualdrüsen auf die kreative Tätigkeit des Gehirns und der gesamten Psyche bestätigt. Auch Freuds Definition der Genialität zielt in diese Richtung. Sie ist zwar wegen ihrer Einseitigkeit und ihres engen Blickwinkels umstritten (geistige Aktivität als direkter Ersatz unbefriedigten Sexualtriebes), stellt aber im Kern doch einen brauchbaren Ansatz dar. Schocks, Unfälle, fieberhafte oder hypomanische Zustände sowie längere Krankheiten wirken sich nicht günstig auf die Entwicklung paranormaler Fähigkeiten aus. (Die Burjaci waren dagegen überzeugt, daß ein Mensch lange Zeit krank sein muß, bevor der Schamanengeist in ihn fährt.) Liegt ein Mensch im Sterben, so kommt es, eher ausnahmsweise, vor, daß sich paranormale Fähigkeiten in ihm äußern.

In Laienkreisen wird übrigens häufig angenommen, paranormale Befähigung sei mit Hysterie gleichzusetzen, was natürlich vollkommen falsch ist. Zweifellos tragen einige Sensitive Zeichen dieser immer noch nicht völlig verstandenen Krankheit; echte Hysteriker sind jedoch paranormaler Erlebnisse unfähig. Umgekehrt findet man bei der überwiegenden Mehrheit der paranormal Begabten – bei den weltberühmten wie Ossowiecki, Moyses, Home, Silbert, Cayce, Croiset u. a. m. – keinerlei Anzeichen von Hysterie. Mrs. Piper, um nur ein Beispiel zu nennen, lebte neunzig Jahre lang bei bester geistiger Gesundheit.

Das psychische Profil von paranormal Befähigten weist

etwa folgende Eigenarten auf: Sie sind zumeist recht labil, unstet und kapriziös. Oft sind sie unausgeglichen; sie erweisen sich als überdurchschnittlich sensibel (daher auch der Name „Sensitive"). Paragnosten, also im besonderen Hellseh- und Telepathiebegabte, scheinen ein sehr begieriges „Wahrnehmungsorgan" zu besitzen, etwa wie eine Antenne; W. H. C. Tenhaeff sieht dies als die bezeichnendste Eigenschaft von Paragnosten an. Sie erfahren das, was sie erzählen, äußerst intensiv am eigenen Leibe, indem sie seufzen, erzittern, weinen usw. (Madame Reyes beispielsweise mußte der Induktor gewaltsam aus den Händen gerissen werden, weil sie bei einer hellseherischen Beschreibung eines aztekischen Opferrituals, von Entsetzen gepackt, einen Krampfanfall bekam.)

Diese überdurchschnittliche Sensibilität und ein leicht zu erschütterndes Seelenleben ergeben zusammen eine für alle paranormal Befähigten sehr bezeichnende Eigenschaft – erhöhte Suggestibilität. Natürlich hat dieses Charakteristikum auch seine Schattenseiten; denn es besteht die Gefahr, daß auf Grund dieser erhöhten Suggestibilität auch andere Einflüsse – die dem Unterbewußtsein, dem Bewußtsein oder der Umwelt entstammen – wirksam werden und der Betreffende sich ihnen ausliefert. Auf diese Weise stellen sich dann statt paranormaler Leistungen leicht Verirrungen und Phantastereien ein.

Im ganzen gesehen zeigt das psychische Profil paranormal Begabter, daß deren Psyche ziemlich frei von Barrieren ist; dadurch können parapsychische Impulse die internen Wälle leicht durchbrechen und sich in paranormalen Leistungen geltend machen.

Jedermann weiß, daß Ruhe eine notwendige Voraussetzung ist, um sich konzentrieren zu können. Dies ist beim Sensitiven nicht anders. Er braucht eine noch vertieftere

Ruhe, da er sich auf den Kontakt mit sehr unzugänglichen Bereichen einstellen muß. Deswegen darf er weder von außen gestört werden noch von innen heraus von Sorgen, Aufregung und Ängsten geplagt sein, wenn er seine Gabe zur Geltung bringen soll. Sogar die zu intensive geistige Aktivität anderer Anwesender kann für ihn schon ein Hindernis darstellen. Dazu einige Beispiele:

> „Ich kann heute nicht richtig arbeiten“, klagte häufig Ostys Paragnost, „ich bin innerlich zu sehr mit meinen Sorgen beschäftigt und kann daher nicht deutlich ‚sehen‘.“ Oder Ossowiecki: „Nein, es klappt heute nicht, ich bin zu aufgeregt.“ Der Soldat von A. Babak: „Denken Sie nicht so intensiv nach, Herr Professor, es stört mich, und ich kann dann nicht deutlich ‚sehen‘.“ Auch die spiritistischen Medien fühlen sich bei Séancen oft aus dem gleichen Grund gestört; manche fordern daher die anderen Teilnehmer auf, nicht intensiv nachzudenken, sondern lieber schweigend zu singen.

Die Beziehung zwischen der Versuchsperson und anderen Teilnehmern sollte im allgemeinen freundlich und entspannt sein; dies gilt im besonderen für die Beziehung zum Versuchsleiter. Skeptische Haltungen seitens der anderen wirken sich auf die Leistungen ungünstig aus. Die Versuchsperson will sich aufgehoben wissen. Bringt man ihr Vertrauen entgegen, so kann sie um so erfolgreicher arbeiten.

Zustände herabgesetzten Bewußtseins

Die *Trance* ist wohl derjenige Zustand, in dem das Bewußtsein am stärksten ausgeschaltet ist. Sie wird speziell von spiritistischen Medien bevorzugt, um sich auf ihre Arbeit einzustimmen. Meist fällt danach das Medium in Schlaf. Nach dem Wiedererwachen erinnert es sich an nichts.

Die physiologische Begleiterscheinung des mit Bewußtlosigkeit verbundenen Trancezustands ist gewöhnlich völlige Schmerzunempfindlichkeit. Beispielsweise reagierte Mrs. Piper weder auf den starken Geruch von Ammoniak noch auf Nadelstiche, noch auf Verbrennungen mit einer Kerze und Schnitte in den Daumen. Erst nach dem Erwachen begannen die Wunden zu bluten und Schmerzen einzusetzen.

Unserem Modell folgend, nämlich daß der Zugang zum parapsychischen Bereich der Psyche gefunden und dieser aktiviert werden muß, müssen wir die Trance als sehr günstigen Zustand werten. Die Erfahrungen auf diesem Gebiet bestätigen dies voll und ganz. Manche Forscher drücken sich sogar mathematisch aus; nach ihnen verhalten sich Bewußtsein und paranormale Fähigkeit umgekehrt proportional zueinander – das Optimum paranormaler Leistung fällt mit dem Minimum an Bewußtseinsaktivität zusammen. Im übrigen hatte auch schon Thomas von Aquin geschrieben, daß ein Mensch, um hellsehen zu können, von seinen fünf Sinnen befreit sein müsse.

Die Tiefe des Trancezustandes ist unterschiedlich: sie reicht vom Tiefschlaf mit vollständiger nachheriger Amnesie bis hinauf zu einem Zustand nur dösigen Halbschlafs mit zweifacher Wahrnehmung, in dem sowohl Signale der äußeren wie auch der inneren Welt aufgenommen werden. Hiezu einige Beispiele:

> „Mein Bewußtsein wird nebelhaft, und ich fühle mich so, als glitte ich hinweg" (G. Croiset). „Die Sinne dösen nur mehr, das Bewußtsein verengt sich, doch das Unterbewußtsein öffnet sich allmählich, und eine zweite Persönlichkeit taucht auf" (P. Forthuny), „Ich warte, mein Kopf wird sehr warm, die Hände dagegen werden kalt, und dann verliere ich fast jegliches Bewußtsein meiner Umgebung" (Ossowiecki). „Sicherlich er-

halte ich mir mein Bewußtsein, doch kann ich diesen andersartigen inneren Vorgang in mir, der mich nach und nach erfaßt, nicht erklären" (Schermann). „Um mich ist Frieden, in mir ist Ruhe; alles steht still" (E. Cayce).

Manche Paragnosten erreichen den Trancezustand recht leicht. Sie brauchen bloß die aktive, bewußt gesteuerte Gedankentätigkeit einzustellen und sich zu entspannen. Anderen hingegen fällt es schwerer; sie benützen oft der Versenkung dienliche Hilfsmittel, wie wohlriechende Stoffe (Weihrauch), oder sie entspannen sich beim Anblick von Kaffeesatz, aufgeworfenem Sand, Flammen, Wasser oder der heutzutage gängigeren Kristallkugel. Viele Paragnosten arbeiten aber auch ohne besonderen Versenkungszustand, wie im Zustand normalen Wachbewußtseins also. Etwa bei einem seiner berühmten Telephongespräche G. Croiset (er sei hier nur als einer von vielen genannt):

> „Hier spricht Croiset. Wen vermissen Sie, bitte? Ihre kleine Tochter? Wie alt ist sie und wie sieht sie aus? – Ah ja, ich sehe sie ... Etwa hundert Meter auf der anderen Seite Ihres Hauses befindet sich ein Stauwasserkanal mit starker Strömung; eine sechsstufige Leiter führt ins Wasser, sie ist altersschwach und schlüpfrig; von dort aus etwa zehn Meter nach links liegt sie – tot ..."

Der Trance ähnlich ist der Hypnosezustand. Trance ist ja nichts anderes als ein selbstinduzierter, sehr tiefer Hypnosezustand (Autohypnose). Spricht man aber allgemein von Hypnose, so ist in der Regel die Fremdhypnose gemeint. Auch der Hypnosezustand ist gekennzeichnet durch ein vorübergehend herabgesetztes Bewußtsein und gleichzeitig eine besondere Empfänglichkeit für Suggestionen, sei es der Person selbst (Autohypnose), sei es des Hypnotiseurs (Fremdhypnose). Auch der Hypnosezustand begünstigt paranormale Leistungen.

Dies wußten in Europa bereits die Schüler des berühmten österreichischen Heilmagnetiseurs F. A. Mesmer. So hypnotisierte beispielsweise Puységur mit „magnetischen Gesten" einen Bauer, der dann hellseherisch zutreffende Beschreibungen von in Diebstählen verwickelten Missetätern abgab.

Viele parapsychologische Forscher arbeiten mit Hypnose. Der französische Psychologe Pierre Janet und der schon wiederholt erwähnte Physiologe Charles Richet sind durch ihre Versuche, paranormale Phänomene in Hypnose hervorzurufen, in die Geschichte eingegangen. Auch Forscher wie E. Osty oder B. Kafka arbeiteten mit Hypnose.

Die Akzente haben sich mittlerweile aber etwas verschoben. Die Hypnose wird heutzutage eher vernachlässigt, weil einerseits nicht alle Parapsychologen auch zu hypnotisieren verstehen und da man andererseits auch herausgefunden hat, daß man in Hypnose paranormale Kräfte auch nur im Rahmen der latent vorhandenen Fähigkeiten und soweit sich psychische Blockierungen im Hypnosezustand abbauen lassen, freisetzen kann. Daher wird heute die Hypnose eher zur Entdeckung parapsychischer Fähigkeiten und, wie wir später noch hören werden, zur Kultivierung derselben eingesetzt.

Der führende Forscher auf diesem Gebiet – der Parapsychologie in Verbindung mit der Hypnose – ist gegenwärtig ohne Zweifel der schon erwähnte Dr. Ryzl. Neben anderen Werken der Parapsychologie hat er eigens ein Werk zu diesem Thema veröffentlicht unter dem Titel *Hellsehen und andere parapsychische Phänomene in Hypnose* (Genf, 1971). Darin werden der Entwicklungsweg und die erstaunlichen Leistungen des Hellsehers Pavel Stepanek nebst vielen anderen parapsychologischen Experimenten beschrieben.

Sehr oft wurden tatsächlich paranormale Fähigkeiten einer Person geradezu zufällig im Zuge hypnotherapeutischer Behandlung von Kranken entdeckt.

> Als beispielsweise Dr. Pagenstecher versuchte, die hartnäckige Schlaflosigkeit einer seiner Patientinnen, Madame Reyes, durch Hypnotherapie zu heilen und sie sich in Hypnose befand, gab sie an, ihre Tochter lausche an der Tür, was auch zutraf. Der Forscher griff dieses Anzeichen paranormaler Begabung sofort auf und schulte sie im Verlauf der Zeit so, daß sie ausgezeichnete hellseherische Fähigkeiten entwickelte.
>
> Ein Beispiel berichtete uns auch E. Osty. Als Madame Morell, die gewöhnlich sehr leicht einschlafen konnte, einmal schlief, stellten Familienmitglieder Fragen an sie, die bestimmte Ereignisse betrafen. Dabei fanden sie zu ihrer größten Überraschung heraus, daß Madame Morell hellsichtig war. In der Folge wurde sie eine der besten parapsychischen Begabungen, mit denen Dr. Osty je gearbeitet hatte.

Die Hypnose ist aber auch, wie schon angedeutet, ein geeignetes Mittel zur Kultivierung paranormaler Gaben. Gerade dies hat Dr. Ryzl in Hunderten von Fällen im Rahmen seiner Universitätskurse demonstriert.

Etwas ganz Ungewöhnliches stellt die „*Übertragung*“ parapsychischer Fähigkeiten dar: eine stark paranormal begabte Persönlichkeit überträgt parapsychische Fähigkeiten auf einen anderen Menschen, der sich vielleicht in dieser Hinsicht selbst nicht im geringsten für begabt einschätzt. Ob hier möglicherweise das aus der Hypnosepraxis bekannte Phänomen des Rapports mit im Spiel ist oder völlig andere Phänomene die Ursache solcher „Übertragung“ darstellen, läßt sich schwer entscheiden. Jedenfalls liegen gut bezeugte Berichte vor, denen zufolge eine solche Übertragung insbesondere durch körperliche Berührung stattfindet; solche Fälle sollen aber oft auch schon aufgrund bloßer Anwesenheit vonstatten gegangen sein.

> So berichteten Spiritisten wiederholt von Menschen, die mediale Kräfte durch langfristige Teilnahme an spiritistischen Sitzungen erwarben. Goethes Großvater, selbst hellseherisch begabt, versicherte, daß in seiner Gegenwart die Anwesenden vorübergehend hellseherische Anwandlungen bekamen. Schopenhauer sprach den Medien zu, andere Menschen mit ihren Fähigkeiten anstecken zu können. Perovsky beobachtete, wie das bekannte parapsychische Phänomen D. D. Home rotglühende Kohle, deren Wirkung er an sich selbst erproben wollte, in die Hände anderer Menschen legte, ohne daß diese sich nur im geringsten verbrannten. Aus seiner eigenen Erfahrung berichtete der parapsychologische Forscher H. Carrington, daß er, als die Hände des Mediums auf ihm lagen, erfolgreich bescheidene psychokinetische Versuche machen konnte. Im übrigen brauchen wir nur an Jesus zu denken. Er versammelte seine Jünger um sich und gab ihnen die Kraft, die bösen Geister zu vertreiben und alle Krankheiten zu heilen.

Natürlich sind diese Ereignisse völlig ungenügend untersucht, jedenfalls nicht stichhaltig nachgewiesen. Aber abgesehen von streng wissenschaftlichen Kriterien mag man auch hier die Möglichkeit gelten lassen, daß in solchen Fällen der „Übertragung“ einfach ein latent vorhandenes Potential geweckt wird. Diese Hypothese könnte z. B. durch den Fall von Mrs. Piper untermauert werden: als kleines Mädchen fiel sie in Gegenwart eines blinden Hellsehers in ihre erste Trance, und damit begann ihre glanzvolle Karriere als Paragnostin.

Drogen und *Narkotika* stellen sozusagen eine dritte Kategorie von „Einstiegsbedingungen" dar. Sie sind schon seit Urzeiten im Gebrauch, im alten Orient, bei primitiven Volksstämmen, bei den sibirischen Schamanen, den südamerikanischen Indianern und bei anderen.

Nach dem Genuß von Haschisch und Opium beispielsweise erscheinen den Betreffenden farbenprächtige, überwältigende Visionen. Banistera, eine südamerikanische Droge, ruft angeblich hellseherische Eingebungen hervor, während Peyotl die Betreffenden „verborgene Schätze sehen" läßt. Aconitum und Amanita (Mescalin) „wecken die magischen Kräfte" des Menschen. In anderen Kulturen läßt man den Geruch stark duftender Kräuter auf sich wirken. Mit „lasterhaften" Fetten schmierte man im Mittelalter den Körper ein, um den Hexensabbat zu begehen. Wie in verschiedenen Experimenten moderner Forscher nachgewiesen wurde, kann Alkohol für paranormale Leistungen förderlich sein.

J. B. Rhine, der berühmte Forscherpionier moderner Parapsychologie, kam zu der Erkenntnis, daß Narkotika die paranormale Leistungsfähigkeit verringerten, Reizmittel sie dagegen erhöhten.

Zweifellos können bestimmte Drogen die Psyche intensiv anregen und richtige Wirbel traumhafter, bisweilen grauenvoller Bilder erzeugen. Solche Erfahrungen sind aber für das seelische Gleichgewicht sehr gefährlich. In diesem Zusammenhang möchte ich ganz ausdrücklich darauf hinweisen, daß es völlig irreführend und unsinnig ist zu behaupten, Drogen würden „geheime Kräfte" im Menschen wachrufen. Nur wenn die Verbindung zum paranormalen Bereich der Psyche bereits entdeckt wäre, könnte sich Drogeneinnahme allenfalls begünstigend auf die Erbringung paranormaler Leistungen auswirken. Allerdings spielen dabei auch andere begünstigende Faktoren und bislang nur unklar definierte Umstände ebenfalls eine Rolle.

Die Entwicklung der paranormalen Fähigkeit

Daß paranormale Fähigkeiten entwicklungsfähig sind, unterliegt heute keinem Zweifel mehr. Sie folgen darin einem mit anderen Lebensfunktionen vergleichbaren Ablauf. Aus ersten Anfängen entwickeln sie sich, wachsen und nehmen nach Erreichung ihres Höhepunktes allmählich wieder ab. Wie andere menschliche Fähigkeiten sind auch sie bei verschiedenen Personen unterschiedlich stark ausgeprägt und in differenzierten Abstufungen zu beobachten. Es gibt Paragnosten, die verhältnismäßig zuverlässige und präzise paranormale Informationen vermitteln – Gerard Croiset gehört genannt, aber Kapazitäten seiner Art sind dünn gestreut –, und es gibt Menschen, die sich vielleicht nur ein einziges Mal in ihrem Leben einer einzigen paranormalen Information bewußt wurden. Die parapsychische Gabe ist keine konstante Eigenschaft, sondern sie variiert ständig. Auch die besten Paragnosten kennen Zeiten, in denen ihre paranormalen Fähigkeiten „nicht funktionieren". Sie verändern sich im Einklang mit ihren Stimmungen, mit ihrer körperlichen Verfassung, mit dem Wetter, dem Klima usw.

Seit langem ist auch bekannt, daß die paranormalen Fähigkeiten, wie andere geistige Qualitäten des Menschen, gepflegt und entwickelt werden können. Dies taten bereits die Magier im Altertum.

Schon E. Osty sagte, durch Training könne man Intensität und Präzision der paranormalen Fähigkeiten steigern, so daß beispielsweise beim automatischen Schreiben Gekritzel zu Schriftwerk werde und sich das Niveau der Zeichnungen verbessere oder Visionen klarer und schärfer würden, so daß Induktoren und Trancezustände zur erfolgreichen Arbeit nicht mehr benötigt würden und auf die „Mithilfe" unterbewußter Persönlichkeiten – der Führungsgeister der Spiritisten – verzichtet werden könne.

Erfolgreiche Trainingsmethoden hat Dr. Ryzl erarbeitet und in der Praxis erprobt. In seinem Buch *ASW-Training – Psi-Methoden zur Aktivierung des sechsten Sinnes* (Genf, 1975) gibt er dem Interessierten einen regelrechten Lehrgang an die Hand, der zur Selbstentwicklung der im Menschen schlummernden parapsychischen Fähigkeiten geeignet ist. Professor Leonid Wassiliew nannte Ryzls Methode als „eine der vielversprechendsten Entwicklungen auf dem Gebiet der Psi-Forschung".

Ungeachtet solcher Möglichkeiten sind, wie schon erwähnt, nur wenige Menschen anzutreffen, die über paranormale Kräfte verfügen. Bei denjenigen, die diese latenten Fähigkeiten entdeckt, geweckt und entwickelt haben, treten diese aber keineswegs in ein und derselben Form auf, sondern sie haben regelmäßig ihren jeweils individuellen Zuschnitt. Dies hängt mit der Individualität der Psyche eines jeden Menschen zusammen, wobei die internen psychischen Barrieren in ihrer unendlichen Vielfalt und unterschiedlichen Stärke nicht jeden Impuls durchlassen. So sind die Fähigkeiten und damit auch die Möglichkeiten paranormaler Leistungen bei jedem einzelnen verschieden. Auf diese Weise entsteht aber auch eine Spezialisierung befähigter Personen auf ganz bestimmte Phänomene. Dem einen liegt eher die Telepathie, dem anderen das Hellsehen, dem dritten eine andere Form parapsychischer Leistung. Ebenfalls individuell ausgeprägt ist die Arbeitsweise eines jeden Sensitiven – ob mit oder ohne Trance, mit oder ohne irgendwelche andere förderliche Hilfsmittel; und kommen solche zur Anwendung, so sind sie bei jedem wieder verschieden. Es kommt sogar vor, daß ein bestimmter Induktor dem einen sehr hilfreich sein kann, während ein anderer gar nichts damit ausrichtet!

Daher sieht es so aus, als bestünde ein jeweils individueller „Raster" in der psychischen Organisation jedes Menschen, der nur solche Impulse zu- und durchläßt, die eben jener Organisation entsprechen und von ihr verkraftet werden können. Dieser „Raster" wird entscheidend mitbestimmt von der eigenen Gefühlswelt (die Amerikaner sprechen in diesem Zusammenhang vom „affektiven Feld" als unerläßlichem Faktor zur Auslösung der Psi-Fähigkeiten), weswegen z. B. Ereignisse aus dem Leben befreundeter und nahestehender Personen leichter paranormal wahrgenommen werden können – genauso wie Erlebnisinhalte, die im eigenen Leben des Sensitiven eine bedeutende Rolle gespielt haben, von ihm bei anderen, ihm fremden Personen, besonders rasch und präzise „gesehen" werden.

> Croiset beispielsweise wäre als Kind fast in einem Kanal ertrunken; seine paragnostische Spezialität ist es, dem ähnliche Vorfälle mit enormer Schnelle und Genauigkeit zu „sehen", wenn bei ihm eine Vermißtenmeldung eingeht.
>
> Schermann spielte als Kind häufig mit dem Papierkorb seines Vaters, wobei er sich an den verschiedenen Handschriften auf den Zetteln stark begeisterte. Dies scheint der Grund für seine ausgezeichnete Fähigkeit zu sein, verschlossene Briefe lesen zu können.

Solche affektiv besetzten Erlebnisinhalte werden also gewöhnlich leichter und besser als irgendwelche anderen paranormal wahrgenommen; es ist, als ob sie mit größerer Energie und Wucht in den „Wahrnehmungsapparat" des Perzipienten drängen als andere paranormale Informationen. Dies ist auch der Hauptgrund dafür, daß die Paragnosten immer einen Induktor ihrer eigenen Wahl einem von einem Dritten bestimmten gegenüber bevorzugen.

Viele Forscher sind davon überzeugt, daß in früheren Zeiten paranormale Fähigkeiten vielen Menschen zu eigen waren, daß sie aber infolge der rationalistisch orientierten Entwicklung und der Überbewertung des Intellekts allmählich immer stärker verkümmert sind. Der allein vom rationalen Denken gesteuerte „intellektuelle" Mensch ist also dieser paranormalen Fähigkeit weitgehend verlustig gegangen. Der Mensch müsse daher, so meinen die meisten Forscher, wieder zu einer unverbildeten ursprünglichen Art zurückfinden, die den Menschen im Vollbesitz seiner seelischen und geistigen Fähigkeiten und im Gleichgewicht seiner psychischen und intellektuellen Kräfte beläßt.

Manche Forscher – so auch J. B. Rhine, M. Ryzl, H. Bender – sind, was die Zukunftsaussichten der paranormalen Fähigkeiten bei uns Menschen angeht, sehr optimistisch. Sie glauben, wir fänden erneut den Schlüssel, der uns den Zugang zu der von noch reichlich unbekannten Gesetzmäßigkeiten bestimmten Welt des Paranormalen eröffnet. Sie glauben auch, wir würden unsere neugewonnenen Fähigkeiten zum Wohle der Menschheit einsetzen. Dies erscheint mir nicht gesichert. In unserem ethisch verarmten Zeitalter steht eher zu befürchten, daß eine möglicherweise dereinst kontrollierbare Anwendung paranormaler Kräfte neue Gefahren für den Menschen, wenn nicht für die Menschheit mit sich brächte.

Die paranormale Dimension

Es erhebt sich für uns nunmehr die Frage, in welcher Dimension sich die Vorgänge paranormalen Geschehens abspielen. Finden sie im Rahmen unserer „alltäglichen" Realität statt? Darauf wäre angesichts paranormaler Leistungen der Art zu schließen, daß die richtige Anzahl von Streichhölzern, die im dunklen Raum verstreut wurden, erraten werden, daß der Inhalt eines verschlossenen Umschlages oder einer Brieftasche korrekt beschrieben oder ein Ereignis mit verschiedenen unverwechselbaren Einzelheiten richtig vorausgesagt wird.

Doch trägt es sich ja nicht immer so einfach zu; oft belassen es die paranormal Begabten bei sehr eigenartigen Informationen, vor allem solchen allegorischen und symbolischen Inhalts. Außerdem ist ihre Symbolik häufig höchst individuell und wird erst nach einiger Zusammenarbeit mit ihnen verständlich. Ihre Formulierungen entstammen dabei wohl dem persönlichen Unterbewußtsein.

Diese individuelle Symbolik ist von einem zum anderen Sensitiven durchaus verschieden. Sie ist auch nicht von Anfang an einheitlich, sondern braucht eine gewisse Zeit, bis sie beständigere Formen annimmt, die dann auch verläßlicher deutbar sind.

Andererseits gibt es aber auch Symbole, die so unzweideutig und allgemein sind, daß sie von jedermann klar verstanden werden können: Ein Skelett legt seine Hand auf jemanden, oder Schlangen ringeln sich auf dem Teller, oder ein blühender Zweig bricht plötzlich ab u. a. m.

Die menschliche Psyche arbeitet sehr häufig mit Symbolen und fühlt sich dabei geradezu in ihrem Element. Dies haben auch die Ergebnisse psychoanalytischer Forschung gezeigt. Wir dürfen uns also nicht wundern, wenn gerade auch die paranormal Befähigten sich symbolischer Ausdrucksformen bedienen, doch klärt sich damit noch nicht, warum sie gerade auf Symbole ausweichen, wenn wir doch annehmen müssen, daß sie sich auch „normal“ ausdrücken könnten. Einige Beispiele sollen zur näheren Beleuchtung dienen.

> Ein Hellseher hat eine Vision der Person A und empfindet starken Schmerz; A hat zu dieser Zeit aber keine Schmerzen, sondern ist lediglich krank.

Ein Hellseher berichtet: „Auf dem Gesicht Ihrer Schwester sehe ich einen dunklen Schatten.“ In Wirklichkeit starb die Schwester nicht etwa, sondern hatte Kummer wegen der unerwarteten ehelichen Untreue ihres Gatten.

Richets Hellseherin Leonie wurde in Hypnose der Auftrag erteilt, im Geiste von Le Havre nach Paris (zu des Professors Labor) zu reisen. Plötzlich rief sie: „Es brennt!“ Dies stimmte in der Tat, doch war bei dem Brand niemand verletzt worden oder gar umgekommen.

Ein Franzose kommunizierte seine Gedanken einem Deutschen – keiner von beiden konnte die Sprache des anderen –, und die telepathische Übertragung gelang tatsächlich.

Unser Kommentar zu diesen Beispielen fällt im Einklang mit den Folgerungen anderer Wissenschaftler aus: Übertragen werden nicht Worte (welche eigentlich ja auch Bestandteile des rationalen Bewußtseins sind), sondern Empfindungen, die wie „Überworte“ wirken, die eine dem Geschehen wesentliche Qualität ausdrükken und von daher auch nicht an das Medium einer bestimmten Sprache gebunden sind. Man könnte von Empfindungsarchetypen sprechen, die allen Menschen verständlich sind.

Kommen wir zurück auf die Frage: In welchen Dimensionen spielen sich paranormale Vorgänge ab? Oder – im Anschluß an unsere Beispiele – wie „sieht“ z. B. ein Hellseher? Es scheint, als sehe er nicht die Realität und deren raumzeitlich bedingte Bilder, sondern einen anderen Raum, der mit den uns zur Verfügung stehenden Mitteln nicht begriffen werden kann – der so übersetzt und verständlich gemacht werden muß, daß er in unsere gewohnte, sinnengebundene

Auffassung der materiellen Welt paßt. Osty nennt diesen Übersetzungsvorgang „Rekonstruktion“; ihr Sinn sei, die Realität zu enthüllen und zu erklären. Eine weitere Besonderheit aber ist die, daß der Hellseher nicht nur Zugang zu diesem unbegreiflichen Raum hat, sondern in der Kommunikation mit ihm auch das Wichtige vom Nebensächlichen (das meist gar nicht erst durchkommt) zu unterscheiden weiß, als ob er mit einem intelligenten Transformator ausgestattet wäre, der diese Leistung vollbringt. Aber damit nicht genug: der Hellseher weiß außerdem noch genau, wem die Information gilt und wem er sie daher weitergeben soll.

Und so erhebt sich für uns die Frage, wohin sich ein Paragnost – Hellseher oder Telepath – zur Erhebung seiner Informationen wendet. Diese Frage berührt natürlich eines der wichtigsten Probleme der Parapsychologie überhaupt, und ihre wenn auch nur hypothetische Beantwortung wird sich sehr fruchtbar und anregend auf unsere weiteren Überlegungen auswirken.

Ein „kosmisches Bewußtsein“ als Informant?

Gehen wir zunächst von der Telepathie aus. Hier kommuniziert eine Psyche mit einer anderen. Mit Hilfe welcher Materie aber? Sind vielleicht Gehirnströme die Überträger telepathischer Botschaften? Wie wir schon früher gesehen haben, dürfte diese Erklärungsmöglichkeit wegfallen. Tatsächlich hat sich die überwiegende Mehrheit parapsychologischer Forscher gegen die Annahme einer Übertragungsmaterie ausgesprochen.

Driesch versuchte, das Problem durch die Annahme eines „Seelenfeldes“ zu lösen, einer übergeordneten Sphäre also, in welcher paranormale Kommunikation stattfinde. Osty behauptete, jenseits unserer Sinneswelt befinde sich eine riesige unsichtbare Welt, eine geistige Sphäre, in welcher die

Individuen durch die Kollektivpsyche miteinander kommunizieren. Tenhaeff meinte dazu, daß die ganze menschliche Psyche als ein Element einer Totalität angesehen werden müsse, die man „Super-Seele" nennen könnte und von der jeder Mensch einen Teil darstelle. Wassiljewski spricht von einem gewaltigen psychischen Ganzen, Moser von einem übermenschlichen Unterbewußtsein, das alles, was die Menschen bewegt, enthalte und in welchem alle Menschen mit untereinander unsichtbaren Verbindungen einbeschlossen seien. Österreich glaubte, es gebe eine Art Metamnesis, ein Netz telepathischer Verbindungen und Zusammenhänge, das auch durch den Tod eines Menschen nicht zerrissen werden kann. Carrington schließlich sprach von universeller, überpersönlicher Seelengemeinschaft.

So weit, so gut. Wie aber steht es mit dem Hellsehen? Bei Fällen, in denen verdunkelte oder versteckte Gegenstände richtig erkannt werden, könnte die Strom- oder Strahlenhypothese unter Umständen zutreffen; wie aber sollen Informationen erklärt werden, die nicht aus der Verbindung mit Lebenden stammen können? Als Beispiele wären hier Informationen aus geschichtlich weit zurückliegender Zeit, besonders aber diejenigen über zukünftiges Geschehen zu nennen, die ja im Zeitpunkt der Prognose noch gar keine Verankerung in unserer Welt haben können. Und doch müssen sie mit all ihren Begleitumständen irgendwo festgehalten sein! Diese Annahme erscheint mir einfach zwingend. Wie anders und auf welchem anderen Weg oder Kanal sollten sie sonst von Paragnosten „gesehen" bzw. „wahrgenommen" werden können?

Gibt es wirklich universelle Archive, wie man im alten Orient glaubte, in denen alle Geschehnisse, Taten, Worte und sogar Gedanken festgehalten sind? Archive, die alle möglichen Informationen überhaupt enthalten – individuelle, kollektive, menschliche, tierische, pflanzliche und mineralische, sogar solche, die das Leben nicht nur hier auf der Erde, sondern im gesamten Universum betreffen? Gibt es sie, diese allgemeine, universelle Chronik, die ohne jegliche Auslassungen oder Verluste alles bis ins kleinste Detail hinein festhält – alles, was war, ist und sein wird? Die Akasha-Chronik der Inder, das Yesop in der Kabbala der Juden oder die Astralebene der Okkultisten, Theosophen und Spiritisten?

Was sagt die Parapsychologie zu derlei Überlegungen? E. Bozzano, einer der Pioniere auf diesem Gebiet, schrieb, es müsse tatsächlich eine Art kosmisches Gedächtnis geben. Derselben Meinung war E. Cayce. B. Kafka sprach von einem universellen geistigen Speicher, der alles beinhaltet, was im Universum geschieht. Craig-Sinclair und Piper waren von der Existenz eines astralen kosmischen Bewußtseins überzeugt. Andere Autoren sprachen sich in religiös eingekleideten Stellungnahmen für das Gedächtnis Gottes aus, für den universellen Schöpfergeist usw. Sie folgten damit E. von Hartmann, der die Arbeit der Paragnosten als Verbindung zwischen dem Menschlichen und dem Absoluten ansah. W. James versuchte, mit seiner These vom kosmischen Universalbewußtsein eine Erklärung dieses Gedankengutes zu geben: *

„Über die Seelen der Individuen erstreckt sich eine unendliche kosmische Geistigkeit, ein ewig währendes Reservoir

---

* James war paranormalen Phänomenen gegenüber anfangs sehr skeptisch. Durch seine Bekanntschaft mit der jungen Mrs. Piper, deren Ruhm er eigentlich begründet hat, änderte er seine Einstellung aber grundlegend; er anerkannte die paranormalen Phänomene als echt. Er lehnte sich nicht nur an die westliche Philosophie an (z. B. bei Kant: die immateriellen Geister haben gewisse physikalisch nicht erklärbare Verbindungen außerhalb von Raum und Zeit), sondern bezog auch indische Weisheit mit ein, wie z. B. die Lehre von Ramakrishna oder Vivekananda.

des Universums, eine überindividuelle Seele, der Geist der Welt des Überpersonalen (einige Leser dürften sich an dieser Stelle an Goethes und Schillers „Weltgeist" erinnert fühlen); diese kosmische Instanz enthält alles Geschehen in allen drei Zeiträumen, und in ihr ist alles Geschehen vorausgeplant und -bestimmt. In dieser Überseele sind die einzelnen Menschenseelen mit ihrem Unterbewußtsein verankert, kleinen Inseln vergleichbar, die durchs Meer miteinander verbunden sind, oder Bäumen, die in der ihnen allen gemeinsamen, weiten Erde wurzeln, oder schließlich auch vergleichbar einer elektrischen Birne innerhalb eines riesigen elektrischen Netzes. Diejenige Seele nun, die dieses unendliche gemeinsame Seelenmeer erreichen kann, gelangt damit gleichzeitig zu einer Verbindung, die sie zum Kontakt mit jedermann und jedwedem Ding befähigt."

Einige der „klassischen" Forscher konnten sich mit dieser Jamesschen These nicht anfreunden. H. Driesch fand sie beispielsweise zu sehr vom Gedankengut des Übernatürlichen geprägt und hielt sich seinerseits lieber noch an die spiritualistische Theorie. Ch. Richet stellte sich ebenfalls gegen den Anhauch des Übernatürlichen. Obwohl er zwar als hartnäckiger Antispiritist gilt und allem Übernatürlichen ablehnend gegenüberstand, flüchtete auch er sich in eine recht vage Hypothese, jene seiner berühmten „Vibrationen", von denen das Universum voll sein solle. Alles vibriere im Universum; doch der Sensitive könne auch solche Vibrationen aufspüren, die der breiten Masse der Menschen entzogen seien. Bei dieser Auffassung wird jedoch offensichtlich wieder der wichtige Aspekt übergangen, woher dann die Kunde über zukünftige Ereignisse stammen soll bzw., im Sinne Richets, woher Vibrationen über noch Ungeschehenes kommen sollen!

Die höhere Dimension

Die Mehrzahl der zeitgenössischen Forscher bekennt sich eher im Einklang mit den Überlegungen von W. James. So zum Beispiel auch Redjak, den man fast als Positivist einstufen muß. Er meinte, man könne ruhig annehmen, es gebe eine solche übergeordnete Instanz, in der alle Informationen aufbewahrt seien. Zwar höre sich das etwas apokalyptisch an, doch sei es andererseits nicht widersinnig, besonders heutzutage nicht, da wir relativ fortgeschrittene Kenntnisse über den Aufbau von Materie und über die Umwandlung einer Energieform in eine andere besitzen. C. A. Mace behauptete, er könne mit dem guten Gewissen eines Wissenschaftlers sicher annehmen, daß es einen psychischen Äther gebe, in dem Aufzeichnungen aller nur möglichen Ereignisse festgehalten seien. Nach B. Herbert ist Präkognition nur dann erklärbar, wenn wir von der Annahme einer fünften Dimension ausgehen, die auch zur Erklärung psychokinetischer Phänomene unbedingt vorauszusetzen sei. Allgemeiner formuliert schließlich A. C. Burt, wenn er sagt, wir kämen angesichts der nachgewiesenen Existenz paranormaler Phänomene nicht darum herum, eine multidimensionale Auffassung der Realität zu akzeptieren. Derselben Ansicht ist auch M. Ryzl.

Gehen wir also aus von einer andersartigen höheren Dimension. Sehr wahrscheinlich ist dies ein kühnes Unterfangen, doch sehen wir darin die einzige Möglichkeit, um die nachweislich auftretenden Phänomene einleuchtend erklären zu können. Ich bin fest davon überzeugt, daß jedermann, der sich gründlich mit dem Gebiet der Parapsychologie beschäftigt, früher oder später mit mir darin übereinstimmen wird. Denn die paranormalen Phänomene selbst – deren Tatsächlichkeit heute unbestreitbar ist – sind es, welche die Annahme einer solchen höheren Dimension herausfordern, rechtfertigen und eine solche Annahme vom Verdacht des Absurden oder gar Ketzerischen befreien. Hierin liegt auch der Grund, warum die Positivisten so heftig gegen das Hellsehen in den Zeitraum der Zukunft Stellung nehmen: müßten sie nämlich bekennen, daß es dieses paranormale Phänomen tatsächlich gibt, so würde das ihr ganzes Weltbild über den Haufen werfen – eine Gefahr, der sie anscheinend um jeden Preis entgehen möchten!

Im übrigen widerspricht die Annahme einer höheren Dimension keineswegs den Vorstellungen der menschlichen Phantasie, bedient diese sich doch schon seit langem solcher „Dimensionen" bzw. „Welten" in Märchen und Fabeln und, neuerdings, in den sogenannten Zukunftsromanen! Sogar die Naturwissenschaften selbst greifen bisweilen zu einer zusätzlichen Dimension (der vierten gewöhnlich), um bislang unerklärliche Vorgänge begreifbarer zu machen. Die Biologie postuliert beispielsweise eine vierte Dimension, um Abhängigkeiten, die in der Zellmasse von Samen vorherrschen, besser verständlich zu machen; Zweige der höheren Mathematik benützen das Vorstellungsmodell des Überräumlichen, um so gewisse Probleme zu lösen; und jene, die Einsteins Gedanken weiterverfolgt haben, müssen zu dem Schluß kommen, daß eine Geschwindigkeit, die größer als die des Lichtes ist, bereits eine andere Dimension bedeutet.

Nach Kenntnisnahme der verschiedenen Vorschläge zur Benennung dieser höheren Dimension müssen wir uns entscheiden, welche Bezeichnung wir für vertretbar halten. Im Sinne der bisher verfolgten Linie, nämlich mich einfach und verständlich auszudrücken, schlage ich die naheliegende Bezeichnung „Paradimension" vor – als die eigentliche Quelle paranormaler Erkenntnis.

Natürlich kann kaum etwas Bestimmtes über die Eigenschaften dieser Dimension ausgesagt werden, da sie ja nur hypothetisch ist. Einige wenige Überlegungen lassen sich immerhin anstellen.

Zunächst wäre das Problem von Zeit und Raum zu nennen. Bereits in allen Benennungen (einschließlich meiner eigenen) klingt immer wieder der mißverständliche Raumbegriff an (in „Dimension"); im übrigen impliziert bereits die Fragestellung: *Woher* bezieht der Paragnost seine Information? einen Ort bzw. einen Raum. Aus all unseren bisherigen Überlegungen ergibt sich aber unabweisbar, daß es sich hier nicht um einen Raum im üblichen Sinn des Wortes handeln kann. Diese Feststellung wird allgemein und in den verschiedensten Kulturen der Erde durch die Erkenntnis gestützt, daß Raum und Zeit lediglich geistige Hilfskategorien des Menschen zur Erfassung und Erklärung seines Lebensraumes sind – keine absoluten Größen also, sondern Mittel des menschlichen Intellektes, die in ihrer Relativität klar erkannt werden müssen. Dies betonten schon Leibniz, Berkeley, Kant und natürlich auch Einstein. Der Raum scheint ein Erzeugnis der Materie zu sein; verschwände diese daher, so hörte auch der Raum zu bestehen auf. Der Raum unserer Paradimension muß also andersartig beschaffen sein. Im Unterschied zum materiell bestimmten Raum besteht er ohne Materie. Dasselbe muß auch von der Zeit gelten!

In diesem Zusammenhang sei kurz angemerkt, wie Paragnosten das Zeitliche erfassen. Sie werden kaum einmal ein festes Datum angeben oder eine bestimmte Uhrzeit nennen. Statt dessen, und dies führt sehr leicht zu Mißdeutungen, machen sie nur Angaben bezüglich Klarheit und Schärfe einer Vision (wobei näherliegende Ereignisse meist schärfer gesehen werden), bezüglich der Richtung, aus welcher das Bild für sie auftaucht (einige Hellseher Ostys sahen die Zukunft vor sich, die Gegenwart neben sich und die Vergangenheit hinter sich), oder sie geben nur symbolische Formulierungen von sich („bis die Bäume blühen“, „bis die Äpfel rot sein werden“ u. a. m.).

Zusammenfassend läßt sich also sagen, daß die Paradimension eine Realitätsebene darstellt, die von unserer dreidimensionalen Welt völlig verschieden ist; eine Ebene (man bemerke auch in diesem Ausdruck die Verhaftetheit der Sprache an unsere sinnengebundene Auffassung der Welt!), die unserer Welt übergeordnet ist, sie umgibt und durchdringt. Diese speziellen Kennzeichen der Paradimension müssen wir immer im Auge behalten, wenn wir Mißverständnisse vermeiden wollen, was deswegen so wichtig ist, weil wir uns diese Ebene ja gar nicht vorstellen können! (Leider sind wir bislang nur das zu begreifen fähig, was wir mit unseren Sinnen oder dem Verstand erfassen können, und bei allem, was darüber hinausgeht, tappen wir im dunkeln.) Diese Unvorstellbarkeit der Paradimension spiegelt sich bereits in den oft undeutlichen und inhaltlich überzogenen Bezeichnungen, die diese „Sphäre“ bekommen hat, mehr aber noch in der Arbeitsweise der Paragnosten, die ja als „Umformer“ der erhaltenen Informationen fungieren.

Um diese schwerverständliche Materie etwas einleuchtender darzustellen, möchte ich mich einer Analogie bedienen. Wir zeichnen – zweidimensional (Länge und Breite) – auf einem Papier einen Kreis und daneben auf einem zweiten Papier ein Dreieck. Unsere Aufgabe sei nun, das Dreieck in den Kreis zu bringen, und zwar ohne daß beide Figuren einander berühren. Schieben wir nun aber das Dreieck auf den Kreis zu, so werden sie sich immer und notwendigerweise in den Weg kommen. Nehmen wir nun Lebewesen an, deren Sinnen- und Gedankenwelt nur diese zwei Dimensionen umspannt. Eine ihnen unsichtbare Kraft würde plötzlich das Dreieck anheben – das heißt für uns Menschen: die uns vertraute dritte Dimension (Höhe) zur Lösung des Problems einschalten – und es durch das Medium der Luft, ohne gegenseitige Berührung der Figuren, ins Kreisinnere befördern. Natürlich würden diese angenommenen Lebewesen an ein Wunder glauben. Genauso scheint es uns mit dem Übergang von der dritten zur vierten Dimension, der Paradimension, zu gehen. Jedenfalls veranschaulicht das Beispiel für mein Empfinden sehr deutlich, wie scheinbar unlösbare Aufgaben durch Einbezug einer neuen Dimension auf einmal problemlos zu bewältigen sind.

Eine weitere Eigenschaft der postulierten Paradimension liegt wohl darin, daß sie trotz aller Unvorstellbarkeit gewisse materielle Züge trägt, die sich in Beziehungen zu Raum und Zeit ausdrücken. Örtliche oder zeitliche Nähe von Ereignissen löst gesteigerte Aktivität und Reaktionsbereitschaft beim Paragnosten aus (ein Ereignis in seinem eigenen Haus wird beispielsweise leichter von ihm wahrgenommen als ein weit entferntes); Ereignisse, die sich in der unmittelbaren Gegenwart ergeben, werden öfter und besser wahrgenommen als solche, die in der Zukunft liegen; Klarheit und Schärfe von Visionen nehmen mit örtlicher und zeitlicher Nähe zu; die Wiederholung von Impulsen – ebenfalls ein Zeichen von Materie – stärkt und schärft die paranormale Wahrnehmung.

Diese Erkenntnisse haben schon seit langem zu der Annahme geführt, daß die Paradimension aus einer besonders feinen und auf unserer Erde unbekannten Substanz bestehen müsse. Auch heute wird noch an dieser Frage herumspekuliert. F. W. H. Myers nahm beispielsweise einen halbätherischen Stoff an, während B. Kafka äußerte, es handle sich um eine immaterielle, flüssigkeitsartige Substanz, die ewig lebendig und wirksam und im Grunde weder materiell noch geistig sei. M. Craig-Sinclair meinte, eine allgegenwärtige, äußerst feine geistige Substanz durchdringe das ganze Universum.

Daß irgendeine Materie mit im Spiel sein müsse, versuchte schon die altindische Philosophie nachzuweisen. Sie geht davon aus, daß allem, was je geschaffen wurde, etwas Materielles anhaftet, auch Göttern sogar und daher auch der Akasha-Chronik.

Des weiteren erhebt sich die Frage, ob die Paradimension einfach oder kompliziert strukturiert ist. Ich möchte hierauf mit einer Analogie antworten: Betrachten wir eine dunstigblaue Gebirgskette aus der Ferne, so haben wir den Eindruck, sie sei einfach strukturiert, nähern wir uns ihr jedoch, so sehen wir, daß sie von Berghängen und Talläufen durchzogen und reichlich zerklüftet ist. Genauso dürfte es sich auch bei der Paradimension verhalten. Von der Entfernung unseres Standpunktes aus mag sie einförmig und gleichförmig erscheinen, beachtet man aber, daß es immerhin sehr verschiedenartige paranormale Kräfte gibt, so müssen wir auch annehmen, daß die Paradimension wohl auch von verschiedenen Strukturen gekennzeichnet sein wird.

Zugänge zur Paradimension

Bei parapsychologischen Experimenten wird, wie wir bereits gesehen haben, regelmäßig ein Anstoß gegeben, der die paranormalen Fähigkeiten eines Menschen in Bewegung setzt. Dieser Anstoß kann durch eine Suggestion der Versuchsperson selbst (Autosuggestion) oder durch die Fremdsuggestion z. B. des Versuchsleiters (etwa auch eines Hypnotiseurs), durch die Wünsche von Teilnehmern oder auch durch andere auslösende Situationen erfolgen. Manchmal geht aber kein solcher Anstoß voraus; jemand wird ganz spontan zum Paragnosten. Plötzlich erhält jemand eine paranormale Botschaft.

Die Richtung, in der die Versuchsperson ihre paranormalen Fähigkeiten entfalten soll, wird gewöhnlich schon durch den Inhalt der Anstöße festgelegt: Der Leiter des Experiments oder Teilnehmer einer Sitzung wollen dies oder jenes wissen, oder ein Induktor (ein Schal, eine Uhr oder irgendein Gegenstand) wird vorgegeben, und dieser führt dann den Sensitiven hin zu Ereignissen im Zusammenhang mit einer Person, mit der der Gegenstand in Berührung gewesen ist, usw.

Wir müssen uns im klaren darüber sein, daß die Aufnahme der Verbindung zur Paradimension nicht einem breiten Zugang gleicht (etwas, das Ungeduldige schon oft enttäuscht hat!). Die Informationen bleiben bruchstückhaft und immer unvollständig. Vergleichsweise gleicht das Erlangen paranormaler Informationen dem Vortasten auf einem Weg im Dunkeln, der einem kleinen, flackernden Licht entgegenführt, das erst allmählich einen undeutlichen Pfad erkennen läßt und erst nach und nach genauere Konturen zu entdecken erlaubt. So wird eine Vision zunehmend klarer – es wird nicht nur einfach eine Person, es werden auch Ereignisse aus ihrem Leben wahrgenommen. Ein Bruchstück an Information nach dem anderen taucht auf, bis alle zusammen ein mehr oder weniger abgerundetes Bild ergeben. Im folgenden einige Beispiele:

> Der französische Autor, Maler und Paragnost P. Fortuny äußerte in einer Sitzung: „Zola – wieso denke ich ständig an Zola und seine Übertretungen des Abtes Mouret? Ah, jetzt weiß ich's – Ihr Name ist Mouret!“ Und später: „Sie erinnern mich an die Landschaft bei Antwerpen, also sind Sie Belgier. Ich rieche auch Druckerschwärze und sehe Sie am Morgen [französisch: ‚Matin‘] – wieso denn nur? Ah, jetzt ist's mir klar, Sie sind Redakteur beim Matin.“

> Croiset sagte: „Ich sehe Sie in Verbindung mit einer Smyrna-Feige – Sie sind von Smyrna." Oder in einem anderen Fall zu einer ihm unbekannten Dame: „Ich sehe einen Apfel bei Ihnen, das muß etwas mit dem Paradies zu tun haben – ah, ja, Ihr Name ist Eva." Schließlich noch eine Äußerung von ihm bei einem ihm unbekannten Mann: „Ich sehe Sie zusammen mit sechs Glas Bier, das heißt, Sie kommen von Sechsbieren."

An dieser Stelle muß ich anmerken, daß bisweilen auch hervorragende Paragnosten nur Sekundäres, Nebensächliches wahrnehmen (wie es uns bei sinnlichen Wahrnehmungen auch ergehen kann) und am Wesentlichen vorbeigehen, wie am folgenden Beispiel deutlich wird:

> „Morgen nachmittag um drei Uhr wird dieser Herr (in genau beschriebener Kleidung) in den Bois de Boulogne gehen ..." Und so war es dann auch; doch daß er sich dort mit jemandem duelliert und danach verletzt war, das wurde vom Hellseher nicht erkannt!

Die vom Paragnosten wahrgenommenen Bilder sind schwarzweiß oder farbig. Ihre Intensität ist häufig schwächer als diejenige der sinnlichen Wahrnehmung, zuweilen aber auch gleich stark oder gar stärker. Die Wahrnehmungen beschränken sich nicht auf statische Bilder, oft sind sie auch bewegt: Leute gehen z. B. umher und sprechen. Mitunter laufen die Bilder auch derart schnell ab, daß der Paragnost gar nicht alle Szenen erfassen kann.

Vieles spricht für die Annahme, daß die besten Paragnosten sich nicht der Telepathie bedienen, d. h. ihre Informationen nicht aus der paranormalen Kommunikation mit anderen, lebenden Menschen beziehen. Sie haben dies sozusagen nicht nötig. E. Osty war dieser Ansicht, und auch andere Forscher stimmen seiner Erfahrung zu, daß große Medien ihre Informationen direkt der Paradimension entnehmen, weil sie (so formulierte es B. Kafka) dort lebendiger und vollkommener „sehen“ können.

Zusammenfassung

Soviel sei über die Parapsychologie gesagt. Zwar konnte im Rahmen dieses Buches nur ein Abriß der Parapsychologie und ihrer Ergebnisse aufgezeichnet werden, doch dürfte dies als Grundlage für unsere weiteren Überlegungen gleichwohl genügen. Im übrigen seien alle Interessenten nochmals auf seriöse parapsychologische Literatur verwiesen, in der natürlich die einzelnen Phänomene und Theorien gründlicher und ausführlicher behandelt sind.

Fassen wir das bisher Gesagte zusammen: wir kommen nicht darum herum, dieser faszinierenden Wissenschaft drei wichtige Erkenntnisse zuzubilligen.

- ○ Die erste Erkenntnis besteht darin, daß die paranormalen Phänomene, ebenso wie normal wahrnehmbare Phänomene, Teil unserer Wirklichkeit sind und als Realität anerkannt werden müssen, was mit ihrer Nachweislichkeit zu begründen ist.
- ○ Die zweite besagt, daß die paranormalen Phänomene der menschlichen Psyche entstammen, sehr wahrscheinlich einem bestimmten Bereich, dem Paraunterbewußtsein oder dem paranormalen Bereich der Psyche oder wie immer man ihn nennen will.
- ○ Die dritte schließlich postuliert die unausweichliche Annahme einer unserer dreidimensionalen Welt übergeordneten Ebene, wobei diese Annahme als wissenschaftlich sinnvoll und begründet gelten darf. Diese Ebene, die Paradimension, ist unserer dreidimensionalen Welt darin überlegen, daß Zeit und Raum nicht ihre Grundpfeiler, sondern eher ihr Beiwerk sind und damit die Materie als oberstes Prinzip entthront ist. In ihr muß sich die

Materie der Vorherrschaft anderer Prinzipien beugen, die sicherlich universeller sind – die wir aber noch nicht einmal ansatzweise erdenken, geschweige denn beschreiben können.

2. Heilige und Heiligkeit

Kriterien der Heiligkeit

Der Wesenskern einer jeden Religion ist das Seelisch-Geistige. Mit Hilfe der Parapsychologie ist es uns bereits gelungen, den Schleier zwischen unserer materiellen und der geistigen Welt ein wenig zu lüften. Doch müssen wir uns fragen, ob es nicht womöglich noch einen anderen Zugang zur Welt des Geistigen gibt. Selbstverständlich, denn es gibt die Heiligen, wäre die Antwort der Theologie. Die Welt des Seelisch-Geistigen wollen wir im folgenden näher untersuchen.

Der moderne Mensch reagiert im allgemeinen mit einem verlegenen oder spöttischen Lächeln, wenn er etwas von Heiligen hört. Er fragt sich: Was sollen diese veralteten Vorstellungen in unserem technischen Zeitalter? Ich bin diesbezüglich anderer Ansicht; ich meine, daß Heilige als psychische Sonderfälle anzusehen sind. Deswegen scheint es mir verkehrt, den Begriff und Tatbestand der Heiligkeit als überholt abzutun. Vielmehr verspreche ich mir von einer Untersuchung dieses Gegenstandes einen Zugewinn für unsere Kenntnis der menschlichen Psyche. Ich bin überzeugt, daß die Geduld des Lesers durch sinnvolle Ergebnisse belohnt werden wird. Zum Vorgehen sei gesagt, daß ich mich in diesem Kapitel nicht vom Gedankengut der Parapsychologie werde leiten lassen, ihre Ergebnisse aber hie und da mit einzubeziehen gedenke.

Halten wir uns zunächst vor Augen, daß alle bedeutenden Religionen ihre Heiligen hatten: China, Ägypten, Indien und

Persien, die Christen und Mohammedaner, und es gab sie sogar unter heidnischen Philosophen (z. B. Plotinos, der Begründer des Neuplatonismus; er übte großen Einfluß auf die Entwicklung der christlichen Mystik aus). Neben den christlichen Heiligen haben in unserem Zeitalter besonders die indischen Heiligen große Aufmerksamkeit erweckt (zum Beispiel Ramakrishna, der 1886 starb, sein berühmter Nachfolger Vivekananda und später Maharishi, der 1951 verstarb). Man sollte annehmen, es lebten auch in diesen Tagen noch Heilige – wo es sie doch vor so kurzer Zeit noch gab.

Das psycho-physische Profil von Heiligen

Leider sind uns kaum physiologische und psychologische Daten von Heiligen überliefert, was nicht verwundert, denn wer kümmerte sich früher schon um solche Forschung! Erst der hervorragende amerikanische Psychologe William James wirkte hier bahnbrechend und setzte auf diesem Gebiet der allgemeinen Gleichgültigkeit der Wissenschaften ein Ende. Einige Züge und Eigenarten von Heiligen lassen sich den Berichten, die über sie vorliegen, immerhin entnehmen.

Viele Heilige hatten bereits heilige Vorfahren. Es scheint daher die Vererbung eine Rolle zu spielen. Oft hatten Heilige eine angegriffene Gesundheit; mit Sicherheit waren jedenfalls keine Athleten unter ihnen. Die Gründe für ihr eher kränkliches Naturell sind nicht leicht zu bestimmen. Ob es an der körperlichen Konstitution lag oder an ihrer Lebensweise, ist und bleibt unklar. Sicher ist aber, daß sie zumeist den Körper und die Gesundheit geringschätzten.

Große Unterschiede zwischen einzelnen Heiligen zeigen sich im Intelligenzniveau; unter ihnen waren einfache, aber auch exzentrische Menschen wie auch Männer, die durch ihren Scharfsinn und ihre Weisheit ihre Zeitgenossen weit überragten. Einige waren hysterisch (was besonders auf Frauen zuzutreffen scheint – unbefriedigendes Geschlechtsleben mag die Ursache sein), die anderen aber, besonders die Hervorragenden, waren völlig ausgeglichen und diszipliniert; bei ihnen sind keinerlei Zeichen geistiger Gestörtheit zu vermuten, was sich aus ihren Äußerungen und Ideen klar folgern läßt.

Die Heiligen waren meist sehr tugendhafte Menschen. Sie taten sich durch selbstverleugnende Askese, Freundlichkeit und Geduld, Bescheidenheit und aufopfernde Hilfsbereitschaft zum Wohle ihrer Mitmenschen hervor. In diesem Sinne kann man sie als Säulen des Humanismus bezeichnen. Was sie aber ganz besonders von anderen unterschied, war ihre tiefe Verehrung und inbrünstige Liebe ihrem Herrn gegenüber, von dessen Existenz sie schon fast sinnlich überzeugt waren. Diese Verlagerung des Schwerpunktes ihrer Persönlichkeit vom oberflächlichen Egoismus des Individuums hin zu übergeordneten Sphären (oder Tiefen, wenn's beliebt) ist das Besondere und Wesentliche an Heiligen.

Wundertaten

Wie bekannt ist, vollbrachten die Heiligen auch Wunder. Dies trifft allerdings nicht auf alle zu. Einige, wie zum Beispiel Buddha oder Vivekananda, kamen ohne Wunder aus. Wie sollen wir uns nun diese Wunder vorstellen?

Die Legenden, Biographien und auch die vielbändige Sammlung *Acta sanctorum* berichten über Wundertaten, die von der Parapsychologie als geistige Phänomene klassifiziert würden (Wahrträume, Telepathie, Hellsehen, Visionen) oder unter den Begriff physikalischer oder psychokinetischer Phänomene fallen würden (Aussendung von Licht, Fernbewegung, psychische Heilung, Levitation, Überleben ohne Nahrungsmittel und Resistenz gegenüber Giften). Von weiteren Wundertaten, die bislang von der Parapsychologie noch nicht untersucht wurden, liegt ebenfalls Material vor (Gehen auf dem Wasser und durch Wände, Bilokation, d. h. gleichzeitige Anwesenheit einer Person an zwei verschiedenen Orten, Tötung von Tieren oder Bäumen durch das Wort und anderes mehr).

Es besteht wohl kein Zweifel daran, daß einige dieser Geschichten lediglich frommen Wünschen entstammen oder Teil einer gezielten Kirchenpolitik und -propaganda sind. Die Beobachtungen sind ungenau, verzerrt und unrichtig wiedergegeben, wurden völlig unkritisch übernommen, oder es handelt sich gar um absichtliche Täuschungen. Des weiteren ist in Rechnung zu stellen, daß durch sexuelles Verlangen stimulierte, unterbewußte Leistungen häufig als Wunder verkannt wurden (dies trifft besonders auf Visionen zu, die oft nur Ausfluß einer leidenschaftlichen Einbildungskraft sind). Wir müssen uns allerdings davor hüten, bei der Beurteilung von Wundern nunmehr ins andere Extrem zu verfallen; wir können sie nicht unterschiedslos und um jeden Preis als Phantasterei hinstellen. Viele Wunder sind dem wunderbaren Tatbestand nach bestimmt tatsächlich geschehen; die Berichte und Nachweise über solche Fälle erscheinen durchaus glaubwürdig. Im großen ganzen dürften die von Heiligen vollbrachten wunderbaren Geschehnisse zumeist objektiv nachweisbar gewesen sein (sonst hätten sie kaum so viel Aufsehen erregt) und dürften in ihrer Echtheit etwa den heute erforschten paranormalen Phänomenen gleichkommen.

Die Einstellung der Kirche gegenüber Wundertaten war immer grundsätzlich positiv, galten diese doch als Beweis dafür, daß es Heiligkeit überhaupt gibt. Verständlicherweise legte sich die Kirche eine Erklärung der Wunder zurecht, die in ihr sonstiges Konzept paßte: der Heilige hat die Wunderkraft von Gott als Belohnung für seine edle und heilige Lebensführung erhalten. Aber nicht nur gegenüber den Gläubigen und deren anfechtbarer religiöser Lebensweise war diese Auslegung wirksam, sondern darüber hinaus auch gegenüber den Ungläubigen. Man wollte ihnen auf diesem Weg demonstrieren, daß hier Kräfte am Werk sind, die nicht von dieser Welt stammen können, um sie so zum Glauben an Gott zu gewinnen. Diejenigen Menschen, die solcher Wundertaten selbst teilhaftig wurden, waren immer zutiefst beeindruckt und bekräftigt in ihrem Glauben.

> Jesus wußte um diesen Effekt nur zu gut: „Glaubet an mich, indem ihr meine Taten betrachtet ... Ohne die Wunder zu sehen, könnt ihr nicht an sie glauben ... Die Taten, die ich vollbringe, legen von mir ein Zeugnis ab.“ Im gleichen Sinne äußerte der Evangelist Johannes: „Er vollbrachte die Wunder, und sie glaubten an ihn.“

Ein Vergleich zwischen Heiligen und Paragnosten

Heilige und Paragnosten sind sich in vielem ähnlich. Das psycho-physiologische Profil der einen wie der anderen weist vor allem erhöhte Sensibilität und Autosuggestibilität auf. Es fällt ihnen leicht, das Bewußtsein abzuschalten und so durch die inneren „Schutzwälle“ hindurch in die Tiefenschichten der Psyche vorzudringen. Diese Fähigkeiten sind bei den Heiligen – ebenso wie bei den Paragnosten – verschieden stark ausgeprägt, so daß wir auch hier neben großartigen „Kapazitäten“ alle Abstufungen bis hin zu weniger bedeutenden Repräsentanten finden. Das persönliche Unterbewußtsein spielt bei den Heiligen ebenfalls eine große Rolle. Es bestimmt den Inhalt ihrer Erlebnisse. Es hilft ihnen, Vorgänge und Erfahrungen zu deuten, die unbeschreibbar scheinen; allerdings vermischt sich manches mit paranormalen Erkenntnissen und verdirbt damit das Heilige in seiner Echtheit.

Der Heilige sieht denjenigen Gott, den er liebt und verehrt, den Gott also, der im Unterbewußtsein des Heiligen heimisch ist. So erscheint den Moslems der Prophet, den Christen Jesus oder Maria, den Indern die Göttin Kali oder Vishnu usw.

Dr. P. Brunton meint dazu, daß die Überseele – in diesem Fall die Gottheit – zu uns in derjenigen Sprache spricht, die wir am besten verstehen, und zwar indem sie unter Beachtung unserer persönlichen Eigenarten ihre Botschaften so gestaltet, daß sie mit unserer Individualität vereinbar sind.

> Diese Formulierung könnte genausogut von einem Heiligen selbst stammen, wie wir an dem folgenden Ausspruch der heiligen Gertrud sehen können: „Jesus hat zu mir gesagt: ‚Ich gebe einem jeden so, daß es seinem Geist entspreche, und lehre einem jeden so, daß er es begreife. Deshalb wende ich mich an die einfachen Leute mit gröberen und sinnlicheren Gleichnissen, an die Empfindsameren aber mit feinsinnigen und bedeutsamen."

Sehr häufig kommen Vermischungen unterbewußter und paranormaler Inhalte vor. Ich möchte mich aber hier auf ein Beispiel beschränken (die ausgedehnte Lektüre der Heiligenbiographien erbrächte eine Fülle überzeugenden Materials dieser Art):

> Als Katharina von Siena noch ein kleines Kind war, sah sie Jesus häufig auf einem goldenen, mit Juwelen verzierten Thron sitzen. Später dann besuchte er sie oft und steckte an ihre Hand einen Ehering, wobei er sie seine Braut nannte. Zusammen sangen sie fromme Lieder.

Angesichts solcher Beispiele ist nicht immer leicht zu unterscheiden, was ausschließlich vom Unterbewußtsein hervorgebrachte Erlebnisse und was echte paranormale Erfahrungen sind; doch werde ich darauf später zurückkommen.

Trotz gewisser Ähnlichkeiten miteinander sind die Heiligen von den Paragnosten doch in bestimmter Hinsicht grundsätzlich verschieden. Dies nicht nur deswegen, weil sie in der Regel ihre Fähigkeiten erst nach langem Bemühen erreichen (während der Paragnost sie praktisch als natürliche Anlage mitbringt) und auch nicht nur wegen ihrer selbstverleugnenden und bescheidenen Lebensweise (die Paragnosten dagegen leben völlig normal), sondern hauptsächlich deswegen, weil sie den Zustand der Heiligkeit erreicht haben, wogegen dies nun auf Paragnosten absolut nicht zutrifft. Daher stellt auch die Fähigkeit, Wunder zu vollbringen, kein Unterscheidungskriterium dar; sie macht nicht das Wesen der Heiligkeit aus.

Die Heiligkeit ist ein außergewöhnlicher Zustand, durch den sich Heilige von anderen Menschen abheben. Er ist einer Art geistiger Erfülltheit gleichzusetzen und kommt äußerlich – wie Augenzeugen versichern – im Gesicht, in den Augen, den Worten und den Taten des Heiligen zum Ausdruck. Diese Ausstrahlung macht die Heiligen bei anderen Menschen beliebt, wegen dieser Strahlkraft fühlen sich andere zu den Heiligen hingezogen und sind in ihrer Gegenwart von tiefem innerem Frieden erfüllt. Heiligkeit steht über Güte und auch über Weisheit. Ein altes indisches Sprichwort besagt, das Gute vernichte das Böse, die Heiligkeit aber erobere sogar das Gute; poetisch ausgedrückt hört sich das so an: Den Duft der Blume riecht man im Anhauch des Windes, den Duft der Heiligkeit aber auch gegen den Wind.

Doch fragen wir uns einmal anders: Gibt es Heiligkeit denn wirklich? Wenn wir auf die Geschichte menschlicher religiöser Bemühungen zur Erreichung des Geistigen zurückblicken, lautet unsere Antwort: Es muß sie geben. Schon allein die verläßlichen Berichte seitens erfahrener und kritischer Menschen sprechen dafür. Vergleichen wir die Äußerungen von Heiligen, so stellen wir fest, daß sie, völlig unabhängig voneinander und ohne einander gekannt zu haben, grundsätzlich das gleiche berichten und – man staunt – miteinander sogar in Einzelheiten übereinstimmen. Dies trifft über alle Grenzen hinweg zu, unbeschadet nationaler, rassischer und geschichtlicher Schranken, so als ob solche gar nicht bestünden. Alles Religiöse münde in ein und dieselbe Wurzel, sagte der Philosoph Underhill, und auch William James bestätigt, daß Heilige kein Vaterland hätten und ihr Glaube daran, daß der Mensch einen Teil des Göttlichen in sich selbst trage, älter als die menschliche Sprache sei. Romain Rolland äußert übereinstimmend damit, daß offenbar alle Heiligen – aus welcher Religion und welchem Zeitalter immer – gespürt haben, wie ungeheuerlich stark ihr Inneres zum Göttlichen hingezogen war.

Auch von einem anderen Blickwinkel aus lassen sich diese Feststellungen treffen, indem wir nämlich die Beziehungen der Heiligen zu ihrer eigenen Religionsgemeinschaft betrachten. Am Höhepunkt ihrer Erkenntnis auf Grund eigener Erlebnisse begeben sie sich häufig in Widerspruch und Gegnerschaft zur Lehre ihrer eigenen religiösen Institutionen. Über derlei „Ketzer“ (in den Augen der Orthodoxen) findet man in allen Religionen Literatur. Die Sufi erklärten beispielsweise den orthodoxen Islam für unrichtig und wurden daraufhin verfolgt, und Johannes vom Kreuz sah Christus nicht als höchsten Vertreter des Göttlichen an, weswegen er fast verbrannt wurde.

Wie sehen nun Heilige selbst ihre Heiligkeit? Sie betrachten sie als Verbindung mit Gott, und davon sind sie zutiefst überzeugt. Sie fühlen sich „in den Armen des Herrn“ – eine sehr interessante Behauptung, der wir im weiteren gründlich nachgehen werden.

Der Zustand religiöser Verzückung

Zunächst wollen wir uns aber mit dem Seelenzustand beschäftigen, in dem die Heiligen gewöhnlich ihre Erfahrungen mit ihrem Gott machen. Im Bereich des Christentums wird er *Ekstase* genannt, bei den Indern *Samadhi*. In diesem Zustand werden ungewöhnliche religiöse Erfahrungen gemacht. Laut Plotinos handelt es sich um eine vorübergehende Befreiung der Seele, wenn sie mit dem Absoluten in Berührung kommt. W. James meinte dazu, die Heiligen würden in diesem Zustand mit Tatsachen konfrontiert, die mit den normalen Sinnen und dem Verstand nicht wahrgenommen oder erkannt werden könnten. Der Philosoph V. Hoppe beschrieb diesen Zustand als unerläßlich zur Erlangung von Wissen aus dem Bereich des Transzendentalen und Irrationalen.

Rein äußerlich gesehen, drängt sich ein Vergleich mit der Trance der Paragnosten auf, denn auch in der Ekstase sind bewußte Wahrnehmungen anscheinend ausgeschaltet. Weder der Körper noch die Umwelt werden wahrgenommen, und die Schmerzempfindlichkeit ist aufgehoben (Ramakrishna wurde während eines langen Samadhi von Ratten gebissen, verspürte jedoch keinerlei Schmerzen). Viele Heilige sagten, der Körper sei in diesem Zustand wie ein Nichts, während die Seele zum Licht hin schwebe, und Maharishi bestätigte seinerseits, daß die Einheit zwischen Körper und Seele unterbrochen sei.

Der Unterschied zwischen diesem Zustand und der Trance ist grundsätzlicher Art. Zum einen besteht in der Ekstase keine Verbindung zur Paradimension und zum anderen ist das Bewußtsein des Heiligen nicht völlig ausgeschaltet; er weiß nämlich, was er erfährt, auch nach seinem ekstatischen Erlebnis.

Die Ekstase bzw. das Samadhi kann nach verschiedenen Gesichtspunkten differenziert und bewertet werden: nach der

Art des Zustandekommens, der Art der Beendigung (allmählich oder abrupt) und nach den Erlebnisinhalten; außerdem unterscheidet man sie danach, wie stark sich der betreffende Heilige mit Gott eins oder im Universum versunken gefühlt hat. Diese Gesichtspunkte zur Klassifizierung ekstatischer Zustände sind für Theologen und Religionsphilosophen von größtem Interesse. Unseren Absichten bringen sie jedoch wenig, da unser Zugang zu derlei Phänomenen ein anderer ist. Daher möchte ich es bei den vorstehenden Hinweisen belassen.

Wichtig ist dagegen die Feststellung, daß solche ekstatische Zustände zumeist nur nach langwierigem, asketischem Bemühen bzw. nach unverzagtem Kampf mit sich selbst erreicht werden. Nur in Ausnahmefällen „ergreifen" diese Zustände den Heiligen plötzlich und unerwartet und geben womöglich seinem bisherigen Lebenswandel eine völlig neue Richtung (im Sinne eines Wendepunktes, wie Saulus sich zu Paulus wandelte). Der Zustand dauert etwa eine Stunde lang. Der deutsche Mystiker Heinrich Suso meinte gar, er dauere bloß ein Vaterunser lang (dies entsprach zumindest seinen eigenen Erfahrungen). Auch die Untersuchungen von William James deuten darauf hin, daß die ekstatische Begeisterung nach etwa einer Stunde nachläßt. Wahrscheinlich ist dies eine Folge der natürlichen Gravitationskraft des Körpers, die den kraftzehrenden Höhenflug der Psyche allmählich beendet.

Abschließend sei bemerkt, daß die beschriebenen religiösen Verzückungszustände nur sehr selten vorkommen und bloß einer geringen Zahl von Menschen zuteil werden. Sogar bei den großen Heiligen traten sie lediglich ausnahmsweise auf; bei Plotinos beispielsweise bloß viermal in seinem Leben. Bei bestimmten anderen Heiligen dagegen sollen sie recht häufig gewesen sein, wie bei der heiligen Theresia vom

Kinde Jesu, bei Johannes vom Kreuz, bei Ramakrishna, Maharishi, um nur einige Beispiele zu nennen.

Ekstatische Erfahrungen

Religiöse Verzückungszustände sind bis zum Überquellen mit erhebenden Inhalten angereichert. So erleben die Heiligen eine Herrlichkeit, die weit über alles hinausgeht, was normalerweise über die Sinne erfaßbar ist, ein immenses Glücksgefühl, wie es im Alltagsleben nie empfunden werden kann. Manchmal wird das Glück geradezu unerträglich: „Genug, o Herr, ich sterbe sonst vom Wirbelsturm deiner Liebe ..."

Außerdem finden die Heiligen in der Ekstase tiefen inneren Frieden, der mit dem Gefühl vollkommener Geborgenheit einhergeht (Comenius, der tschechische Theologe, sprach vom *„centrum securitatis")*. Die Widersprüchlichkeiten und Sorgen des Alltagslebens sind aufgehoben, der Heilige befindet sich in glücklich-erhabener, hehrer Eintracht mit der Welt.

> „Kein Zufluchtsort ist sicherer als unsere eigene Seele", so sprach schon der weise Kaiser Mark Aurel. Und der heilige Augustinus wies in dieselbe Richtung: „Verzweifelt ist mein Herz, o Gott, bis daß es in dir ruhet ..."

Menschen, die in Ekstase waren, berichten, daß auch die Erkenntnisfähigkeit weit über ihren normalen Umfang hinaus wachse, so daß die Zusammenhänge zwischen Geist und Materie, zwischen dem geistigen und dem körperlichen Leben klar verständlich würden. Geheimnisse entschleiern sich, und die absolute Wahrheit, die hinter der Fata Morgana der Schöpfungsvorstellung verborgen gewesen sei, werde offenkundig.

Damit werde der Zustand echten Lebens erreicht, des reinen und absoluten Lebens, das seinerseits das Wesen des ewigen Lebens sei und die Urform göttlichen Daseins verkörpere. Ähnlich einer festen Achse, um die sich alles dreht, bleibt diese Urform in beständiger Ruhe und bildet die Mitte des ewigen Lebens.

In dem altindischen „Gesang der Glückseligen", der *Bhagavadgita,* heißt es: „Ich bin, und ich erhalte diese Welt durch einen einzelnen Teil meines Daseins aufrecht ..." „Früher lebten Eliah oder Abraham", sagte Jesus, „ich aber *bin!*" (Man beachte die Betonung.) „Wenn ihr den Menschensohn erhebet, so werdet ihr sehen, daß ich *bin.* Wenn ihr aber nicht glaubet, daß ich *bin,* so werdet ihr in Sünde sterben." Auch der heilige Augustinus verkündete, daß er endlich das gefunden habe, was wirklich *ist.*

Gemeint ist damit ein Zustand der Erleuchtung, der, nach Meinung der Mystiker, das eigentliche Wesen Gottes darstellt, wie auch den folgenden Zitaten zu entnehmen ist:

Jesus: „Ich bin das Licht der Welt. Ihr habet Licht in euch, und sollet daran glauben, damit ihr Söhne und Töchter des Lichtes werdet. Und sehet zu, daß das Licht in euch nicht erlösche und Dunkelheit statt seiner in euch sei!" In der Ekstase sei der Mensch von einem heiligen Licht (dem Heiligenschein) umgeben, das ihn weit jenseits der normalen Verstandestätigkeit führe, erklärte der Franziskaner Wilhelm Ruysbroeck (genannt Rubruk). Emanuel Swedenborg schloß sich ihm mit seiner Beschreibung an: „Ich befand mich inmitten eines Lichtes, das mein Gehirn derart erleuchtete, daß sonst Unfaßbares mir plötzlich klarwurde." Und auch Jakob Böhme, der protestantische Mystiker und „Schusterphilosoph", beschrieb den Zustand in ähnlicher

> Weise: „Wie Eisen durch das Feuer seine Schwärze verliert und zu glühen beginnt, so glüht auch eine Seele, wenn Gott der Herr sie in Ekstase erleuchtet hat."

In diesem Zustand findet innerlich eine Verschmelzung mit dem Leben des Universums statt. Aus der Abgeschlossenheit seiner Individualität heraus gelangt der Mensch zum Bewußtsein des Einsseins mit allem Lebenden; nichts ist mehr von ihm verschieden.

> „Ein von Gott ausgesuchtes Herz kann alle Lebewesen in sich selbst sehen und sich selbst in allen Lebewesen wiederfinden", so steht es in der *Bhagavadgita.* Klar kommt dies auch in der Lebensweise bestimmter Heiliger zum Ausdruck, wie z. B. bei Franz von Assisi: Vögel und Blumen, Sonne und Mond – alle nannte er seine Brüder und Schwestern.

Letztlich ist die Ekstase ein Zustand, in dem der Heilige ein erhabenes und hehres Gefühl empfindet, das in der Berührung mit Gott selbst gipfelt.

> So steht in der *Bhagavadgita:* „Die Seele erstrahlt nun wie die Sonne und erschließt das Vollkommene." „Ich sah den Herrn und umarmte ihn mit Ehrfurcht und Ergebenheit", rief Ramakrishna inbrünstig.

Die Erfahrung des Einsseins mit der Gottheit stellt den absoluten Höhepunkt der Ekstase dar. Auf die Einheit mit Gott, das Einswerden mit ihm, die Vereinigung der Seele mit der Gottheit oder wie immer diese Zustände auch genannt werden, verwendet die Theologie größte Aufmerksamkeit, und dem Intensitätsgrad der Verzückung leitet sie entsprechende Einteilungen des Zustandes ab.

Heilige wie auch Religionsphilosophen können nicht genug betonen, daß die Ekstase kein Schlafzustand, kein lethargischer Zustand oder ein solcher verminderten Bewußtseins sei; sie sei im Gegenteil ein Zustand höchster Wachsamkeit (nicht höchsten Bewußtseins; dieser Begriff wird hier offenbar vermieden). Natürlich stellt sich nun für uns die Frage, zu welcher Art der Wahrnehmung wohl das Erfassen der oben beschriebenen Erlebnisinhalte gehört.

Underhill meinte, daß nur das oberflächliche Bewußtdenken ausgeschaltet sei und sich die vom oberflächlichen Bewußtsein abgezogene Energie – bewußt – auf die jenseits unserer Sinne liegende Welt des Göttlichen konzentriere. Vivekananda bestätigte dies auf seine Art: „Von den Fesseln der Materie befreit, trennt sich die Seele von dem engen, individuellen Bewußtsein und wird aufgesogen in die unendliche Vollkommenheit und das vollkommene Bewußtsein."

Auch Plotinos ging davon aus, daß die mystische Wahrnehmung völlig verschieden von der verstandesmäßigen sei. Analoge Ansichten wurden im Mittelalter vertreten: ungeachtet der besonderen Religion, herrschten übereinstimmende Auffassungen. Der Perser Al Ghazali, Vertreter des Islams, sagte im elften Jahrhundert, die ekstatische Wahrnehmung gehe ohne die Sinne und den Verstand vor sich und sei von höherer Ordnung und vollkommener als andere Wahrnehmungsarten, und die Christen sprachen von einem reinen, absoluten und vollkommenen Bewußtsein.

Besonders seit William Blake, dem englischen Dichter und Visionär, hat sich in der modernen Mystik der Ausdruck „Einsicht" eingebürgert. Gemeint ist damit eine vollkommene, unmittelbare innerliche Wahrnehmung, die von den Sinnen unabhängig und von der verstandesmäßigen Erfassung völlig verschieden ist.

Handelt es sich hierbei tatsächlich um eine direkte Art der Wahrnehmung? Bereits im ersten Kapitel dieses Buches sind wir einer besonderen Art gleichsam direkter Wahrnehmung begegnet, derjenigen der Paragnosten nämlich, die, in Verbindung mit der Paradimension, nicht über die Sinne und über den Vorgang verstandesmäßigen Erfassens wahrnehmen, sondern dies unmittelbar und ganzheitlich tun, in einer Art also, die der normalen Wahrnehmung überlegen ist.

Wie bereits aufgezeigt, unterscheidet sich die „Wahrnehmung" des Paragnosten von der des Heiligen dadurch, daß sich der Paragnost nach Erwachen aus dem Trancezustand an nichts erinnern kann, während der Heilige nach der Rückkehr aus der Ekstase sehr wohl weiß, daß er etwas ganz Außergewöhnliches erlebt hat, darüber jedoch keine genauen Angaben machen kann. Daß dies bei Heiligen so ist, wird von Vertretern westlicher und östlicher Religionen in auffallender Übereinstimmung bestätigt, und zwar früher gleich wie heute.

> „Ich wurde ins Paradies geworfen und hörte Worte, die ich nicht wiedergeben kann" (Paulus zu den Korinthern). „Die Offenbarungen bzw. Erkenntnisse können nicht in Worte gefaßt werden; diese hehren Geschehnisse übersteigen allemal unser geistiges Fassungsvermögen" (Katharina von Genua). Angela von Foligno verzweifelte regelrecht, als sie einen Bericht ihrer Erlebnisse niederschreiben lassen wollte; es sei völlig unmöglich, sie wiederzugeben, jeder Versuch bleibe Stückwerk und unbefriedigend. „Was wir jetzt aufgeschrieben haben, ist geradezu eine Gotteslästerung."
>
> Ramakrishna faßte das Geschehen lächelnd in eine Allegorie: „Ein Salzpüppchen hat sich soeben im Ozean aufgelöst – wie aber kann es uns dann etwas über den Ozean erzählen?"

So umfassend und durchdringend ist das Erleben, daß einige Heilige von der Schmucklosigkeit der reinen Erkenntnis sprechen; es gibt nichts daran, was Worte erfassen und beschreiben könnten, alles ist reines Wesen. In diesem Engpaß mangelnder Ausdrucksmöglichkeiten greifen sie deshalb zu Superlativen, wie das Feinste, das Absolute, das Göttliche, oder sie versuchen, mit Parabeln und Symbolen Vorstellungen der Erlebnisse zu vermitteln. Dabei schöpfen sie freilich, wie schon die Paragnosten, aus dem persönlichen Unterbewußtsein, und darin liegt der Grund für die häufig wiederkehrenden erotischen Symbole bei denjenigen, die voll von Liebesdrang waren. Wir können jetzt verstehen, wieso ihre Ausdrucksweise oft übertrieben und gleichzeitig verschwommen klingt, und sollten uns auch im klaren darüber sein, daß sie beim Versuch der Erklärung von Erfahrungen und Inhalten ausgehen, die im Gedächtnis gespeichert sind. Dies alles heißt aber nicht (wie fälschlicherweise viele meinen), daß die Berichte der Heiligen reine Phantasieprodukte seien. Betrachten wir das Leben und die Gedanken großer Heiliger unvoreingenommen, so können wir an der Realität ihrer Erlebnisse nicht zweifeln, auch dann nicht, wenn die Bemühungen, diese Erlebnisse begreifbar zu schildern, nicht von Erfolg gekrönt waren.

Mir scheint es unnötig, über die Ursachen dieser Ausdrucksschwierigkeiten viele Worte zu verlieren; wie schon bei der paranormalen Erkenntnis müssen wir auch bei der religiösen Verzückung eine besondere Art der Wahrnehmung unterstellen. Sie steht mit Dimensionen in Verbindung, die sich unserem an Sinne und Verstand gebundenen Denken und Begreifen entziehen.

Auswirkungen der Ekstase

Die Ekstase verkörpert ein Erlebnis, das durch seine Intensität den Menschen fasziniert und durch seine Erhabenheit alle anderen Höhepunkte des Lebens bei weitem übertrifft.

> Nach Plotinos stellt dieser Zustand den bei weitem erhabensten dieser Welt dar; alles andere sei ihm nach-

> und untergeordnet. Die heilige Theresia berichtete: „Aus den Gefilden der Bescheidenheit kommend, betrat ich die Welt des Reichtums. Das Auge sah nicht und das Ohr hörte nicht, was Gott vorbereitete für die, die er liebt. Alle Herrlichkeit dieser Welt ist dagegen reiner Kehricht." „Alles, was ich je zuvor erlebt oder gelesen habe, ist blaß und wäßrig gegenüber diesem Erleben" (Thomas von Aquin).

Wen sollte es nach diesen Schilderungen noch wundern, daß all diejenigen, die solche ekstatische Erfahrungen gemacht haben, keine Mühe scheuen, sie wieder und wieder zu machen? Sie verlassen Haus und Heimat, verzichten auf ihr Eigentum, geben Stellungen auf und gehen ruhig und ergeben ins Gefängnis oder gar als Märtyrer in den Tod.

Die physiologischen Auswirkungen der religiösen Verzükkung sollen hier nicht weiter untersucht und dargestellt werden. Nur zum Stichwort „Feuer" sei eine kurze Anmerkung erlaubt:

Im Zustand der Ekstase hatten manche Heilige das Gefühl, ihr „Blut glühe" und ihr Körper „habe Feuer gefangen" (besonders im Bereich der Brust, die sich bei Ramakrishna übrigens purpurn verfärbte und so bis zu seinem Lebensende blieb). Ob daher wohl die Feuertaufe stammt?

> Jesus sagte: „Ich taufe euch mit Wasser, aber derjenige, der nach mir kommt, der so viel mächtiger als ich sein wird, er wird euch mit Feuer und Geist taufen." Und Paulus sprach zu den Juden: „Unser Gott ist ein brennendes Feuer." Der heilige Bernard sagte: „Wenn ich Gott in mir fühle, so ist mir, als würde ich von Feuer verbrannt."

An dieser Stelle sei auf eine Übung aus dem Bereich der paranormalen Phänomene verwiesen. Sie heißt „Lungo" und wird in den tibetischen Mönchsklöstern durchgeführt (unter anderen hat die Tibetforscherin Alexandra David-Neel aus ihrer eigenen Erfahrung darüber berichtet). Dabei handelt es sich um eine bewußte Erhöhung der Körpertemperatur, die bis zu dem Punkt durchgeführt wird, an dem die Hitze Eiswasserpackungen zu trocknen vermag. Angesichts solcher Berichte könnte man sich fragen, ob nicht womöglich auch bei der Versetzung in Ekstase ein im Körper vorhandenes „Temperaturzentrum" unbewußt erregt wird.

Die Auswirkungen ekstatischer Erfahrungen sind beachtlich und weitgehend. Eine große Ruhe stellt sich beim Betreffenden ein; Nervosität, Kummer, Angst fallen ab; Selbstbeherrschung und Ausgeglichenheit kennzeichnen den neuen Menschen. Das Interesse an Sexualität und Erotik schwächt sich ab. Verstärkt treten statt dessen altruistische Züge hervor, und nicht selten ist der Betreffende von einem starken Drang ergriffen, anderen Menschen in deren Schwierigkeiten zu helfen. Diese betonte Nächstenliebe gipfelt schließlich in der Liebe zum eigenen Feind:

> Schon Jesus sagte: „Liebet eure Feinde und tuet Gutes all jenen, die euch hassen." Schon Jahrhunderte zuvor wurde dies in der *Bhagavadgita* ähnlich ausgedrückt: „Ein vollkommener Mensch achtet alle anderen gleichermaßen – Freunde und Feinde, Rivalen und Brüder, Schufte und Gerechte . . ."

Je mehr die individuelle Lebensatmosphäre vom Hauch des Universums durchdrungen wird, desto tiefgreifender vollzieht sich der Wandel aller Einstellungen und Ansichten. Alles Weltliche verliert immer mehr an Gewicht, dafür wird das Geistige immer wichtiger. Es ist gerade so, als ob sich das alte in ein neues „Ich" verwandelte.

> Paulus drückte das so aus: „Aus dem alten Adam wird der Mensch des Himmels entstehen, und Gott wird der innerste Sinn seines Lebens werden. In seiner Liebe zu

ihm wird er immer stärker gefesselt, sein Inneres ist voller Begierde, dem geliebten Herrn Verehrung zu erweisen.“ Ähnlich drückt sich die heilige Theresia aus: „Ein immenser Wunsch, Gott zu preisen, erfüllt die Seele und mit ihm auch das starke Verlangen danach, für Gott zu leiden.“ „Und wir spüren dieses Hungergefühl, das nie befriedigt werden kann, auch wenn Gott uns alle Gaben der Welt böte; solange er sich nicht selbst gibt, würden wir dennoch verhungern“ (Wilhelm Ruysbroeck).

Die indische Religionsphilosophie behauptet, der Verstand eines Menschen ändere sich durch das Samadhi; als Narr komme er in diesen Zustand herein, und als Weiser verlasse er ihn.

„Derjenige, der die Einheit mit Atman* voll erreicht hat, wird ein Weiser, und ganze Volksmengen werden sich aufmachen, ihn zu hören. Denn nur er ist ein vollständiger Mensch, ausgestattet mit kosmischem Wissen, das er durch die Betrachtung der eigentlichen Realität gewonnen hat“, so versicherte Vivekananda.

Bekannt ist, daß Ramakrishna zunächst nur ein unbedeutender Priester eines abgelegenen Tempels war. Er machte den Eindruck eines ziemlich verwirrten Menschen, so groß war seine Sehnsucht, mit der Gottesmutter eins zu werden. Schließlich aber erlebte er das Samadhi und wandelte sich völlig. Er strahlte tiefen Frieden aus, und die Menschen begannen, seine Weisheit zu bewundern.

Bei Maharishi trug sich die Wandlung wie folgt zu: Als Student wohnte er einer Begräbnisprozession bei und entschied sich im Verlauf derselben, auf der Stelle und unver-

* Atman (Sanskrit: Atem) bedeutet in der altindischen Philosophie Seele, Weltseele; hier Personifizierung des Göttlichen.

züglich der Frage des ewigen Lebens nachzugehen. Er hörte auf zu atmen und fiel sofort ins Samadhi. Als er gegen Abend zu sich kam, verließ er heimlich sein Elternhaus und erlebte in einem verlassenen Altarraum ein weiteres Samadhi. In Arunatcha wurde er dann seßhaft; viele Besucher strömten dorthin, später sogar auch skeptische Europäer, und alle bewunderten seine Worte.

Mit ekstatischen Zuständen verbunden ist oft die sogenannte *Erleuchtung,* die in allen Religionen von sublimer Bedeutung ist (einer der geläufigsten Beinamen Buddhas hieß „der Erleuchtete"). Es handelt sich dabei um eine Erweiterung nicht nur des Bewußtseins und des Gefühls, sondern des gesamten Ich, der ganzen Persönlichkeit; ein Ausgreifen in höherliegende Bereiche jenseits des Alltagslebens.

Es gab Heilige, die zu einer Lichtquelle wurden, so daß in bestimmten Augenblicken ihre Wangen, ihr ganzes Gesicht und auch ihre Kleidung leuchteten („Seine Kleidung war wie aus frischem Schnee"). Es drängt sich daher an dieser Stelle die Erinnerung auf, daß bisweilen auch Paragnosten Licht ausstrahlten oder daß in ihrer Gegenwart Leuchtphänomene auftraten (Mrs. Silbert zum Beispiel, ein hervorragendes physikalisches Medium, war dafür berühmt).

Ein Mensch, der mit sich so weit gekommen ist und Stufe um Stufe ekstatischer Verzückung durchlebt hat, ist ein echter Heiliger und verdient die höchsten Namen: Aruham bei den Buddhisten und Quatar bei den Anhängern des Vedanta oder, im innersten Sinn des Wortes, Sohn Gottes.

Daß entsprechende Auffassungen im *Neuen Testament* zu finden sind, dürfte nicht jedem Leser bekannt sein. Deswegen seien hier einige Auszüge wiedergegeben:

> Der Engel verkündet Maria, daß der Heilige Geist in sie fahren werde und daher derjenige, den sie gebären werde, Sohn Gottes heißen werde. „Gesegnet seien die

> Friedfertigen, denn sie werden Söhne Gottes heißen" (Matthäus). „Liebet auch eure Feinde, und ihr werdet Gottes Söhne sein" (Johannes). „Diejenigen, die vom Geist Gottes geführt werden, sind auch Gottes Söhne; der Geist Gottes in uns beweist, daß wir die Söhne Gottes sind" (Paulus zu den Römern). „Durch euren Glauben an Christus seid ihr gewißlich alle Gottes Söhne" (Paulus zu den Galatern).

Eine wichtige religiöse Auswirkung ekstatischer Zustände ist die sogenannte *Erlösung,* die bei den Christen ewige Glückseligkeit im Himmel, bei den Indern die Befreiung vom beschwerlichen Kreislauf der Reinkarnation bedeutet. Sie bedeutet aber auch ewiges Leben. Von der Wiedergeburt ist auch im *Neuen Testament* häufig die Rede (Johannes sagte beispielsweise: „Wenn jemand nicht wiedergeboren wird, das heißt, im Heiligen Geist wiedergeboren wird, kann er in das Reich Gottes nicht eingehen."). Diese Vorstellung hat bei der Entwicklung der christlichen Mystik eine wichtige Rolle gespielt. Man könnte noch weitere Aspekte im Zusammenhang mit ekstatischen Zuständen anfügen; für Theologen wären sie zwar wichtig, doch für den Zweck unserer Untersuchung sind sie unerheblich.

Nur eine Tatsache sei hier noch erwähnt: alle bedeutenden Heiligen und alle religiös Erleuchteten drängten ihr Gefolge geradezu auf den Weg zu ekstatischer Erfahrung; sie stelle auch den wichtigsten Zugang zu allen anderen Menschen dar.

> Auch hierzu ein Ausspruch Jesu: „Suchet vor allem das Reich Gottes, der Rest wird euch gegeben werden. Rufet! Suchet! Denn was hülfe es dem Menschen, wenn er die ganze Welt besäße und doch in seiner Seele Schaden litte." In unserem materialistischen Zeitalter mag uns dieser Ausspruch zwar etwas übertrieben

vorkommen, doch wird sein Gehalt erstaunlicherweise durch die folgenden Verse in der *Bhagavadgita* überzeugend erhärtet: „In dir, o Gott, suche ich meine Zuflucht, meinen Trost. Denn gewänne ich auch unbestreitbar die Herrschaft über das ganze Land, nein, gar die Macht, die Götter zu regieren, wie könnte ich daraus Nutzen ziehen ohne dich?"

Durch die Ekstase zu Gott?

Was ist nun die elementarste Grundlage, die Quelle ekstatischer Erfahrung? Gott – so werden die Heiligen ohne Zögern antworten. Eine wahrhaft aufregende und verwirrende Antwort! Der Mensch, kosmisch gesehen ein Nichts, ein kleiner Wurm, der von der Natur, seiner Gesellschaft und seiner eigenen Verwirrtheit umhergewirbelt wird, dieser Mensch soll also mit dem Schöpfer des Universums direkt verbunden sein? Einfach unmöglich. Außer wenn unser Innerstes einen Schimmer des Göttlichen, einen Hauch des Absoluten beherbergte, der uns Menschen aber wie die Ewigkeit vorkommt. Die verschiedensten Religionen haben dieses Problem von einer ähnlichen Seite her angegangen. Am vollkommensten in dieser Hinsicht ist wohl die indische Lehre von der Einheit zwischen Brahman und Atman.

Brahman ist Gott der Schöpfer, der Ungeborene und Unsterbliche, das ewige Prinzip der Welt, die absolute Wirklichkeit und das absolute Leben. Er ist der Erzeuger und der Anfang aller Dinge, aller verschiedenen Formen, die allesamt erschaffen und daher relativ sind. Er ist der universelle Geist, allgegenwärtig und allmächtig.

Atman, der ewige Teil Gottes, wird von einem sterblichen Leib umhüllt und hat doch alle Attribute Brahmans. Daher ist er absolut, unsterblich, unbegreifbar, allmächtig und unsichtbar. Er kann alles sehen und verstehen, nur die göttliche

Gewalt fehlt ihm (dies ist auch der Grund, weswegen bei ekstatischen Zuständen das Element der Gewalt völlig fehlt).

In den *Upanishaden* wurde zwischen Brahman und Atman noch unterschieden, während eine spätere Philosophie die beiden Begriffe vereinte – Atman war damit gleich Brahman. Die Lehre des namhaften Gelehrten Jadshnavalkja lautete: Das unergründliche Wesen des Universums stimmt mit dem unergründlichen Wesen unserer Seele überein. Man erlaube mir an dieser Stelle, zur Schöpfungsgeschichte des *Alten Testamentes* abzuschweifen, denn dort steht doch: „Gott erschuf den Menschen nach seinem Bilde." Körperlich etwa? Das wäre allzu absurd! Psychisch wohl auch nicht, da die Psyche vom Körper abhängig ist. Was also noch übrigbleibt, ist der ekstatische Bereich des Menschen, in dem der Mensch Gott ähnlich wird. Somit ist der Mensch in seinem Innersten selbst Gott; in der Ekstase werden alle Barrieren beseitigt, und gleichzeitig verschwindet jeglicher Unterschied zwischen dem Subjekt und dem Objekt des Erkenntnisprozesses, und die Vielfältigkeit der Formen macht der Einheit im Geist und in der Ewigkeit Platz.

> „Ich beuge mich nicht vor Gott", gestand Shankara, der oft als der indische Kant bezeichnet wird, „denn ich selbst bin Gott, da Brahman und das ewige Ich eins sind." Vivekananda sagte dazu: „Der Mensch ist Gott, und im Samadhi verwandelt er sich in ihn zurück." Ähnliches meinte Maharishi: „Gott zu sehen, heißt Gott zu sein, denn er ist von uns nicht verschieden."

Weitere Heilige östlicher Religionen könnten hier noch zitiert werden, doch werden wir uns jetzt wieder den Gedanken Jesu, über seine Beziehung zu Gott und Mensch zuwenden. Seine Ideen – vielleicht wird es manche Leser überraschen – sind den indischen recht ähnlich.

„Ich und mein Vater sind eins. Er ist in mir, so wie ich

in ihm bin. Wer mich sieht, sieht auch meinen Vater. Wer mich kennt, kennt auch meinen Vater" (natürlich können diese Worte nicht gegenständlich-körperlich gemeint sein!). „Ich bin nicht allein, doch ich bin ich, und der mich gesandt hat, ist mein Vater ... Wer an mich glaubt, glaubt auch an den Vater" usw. Jesus macht jedoch eine äußerst wichtige Ergänzung: „... aber natürlich ist der Vater über mir."

Die Nachfolger Jesu äußern sich übrigens in ähnlicher Weise: „Der geistige Mensch ist eins mit Gott" (Paulus zu den Korinthern). „Das Auge, mit dem ich in mir Gott sehe, ist dasselbe, mit dem Gott mich sehen kann, denn mein Auge und Gottes Auge sind eins", sagte der große Mystiker des christlichen Mittelalters Meister Eckart. Er fügte hinzu: „Wenn ich Gott direkt kennen soll, muß ich selbst zu Gott werden; sein Ich und mein Ich müssen eins sein." Von Comenius hören wir (im *Labyrinth*): „Mein Sohn, ich hause an zwei Orten – im Himmel mit Glanz und Pracht und auf der Erde in einem demütigen Herzen." Ähnliche Überzeugungen haben auch europäische Philosophen geäußert: „Das innerste Wesen unseres Seins ist gleich mit Gott" (Spinoza). Und: „In bezug auf uns Menschen ist Gott kein fremdes Wesen, sondern er ist unser innerstes, ewiges und metaphysisches ‚Ich'" (V. Hoppe).

Seit Jahrhunderten brennt allen Menschen, die zur Meditation neigen, die Frage auf den Lippen, warum Gott, wenn auch nur mit einem Funken, sich im materiellen Leib des Menschen niederließ – warum er, die universelle Seele, sich in einer individuellen, relativen Seele begrenzte.

Die *Bhagavadgita* antwortet darauf: „Es liegt in der Natur meiner Urgewalt, daß ich mich zeige. Deshalb werfe ich ins Universum Tausende von Leben, die stän-

> dig den Acker der Zeit bearbeiten." In der iranischen Religion heißt es: „Das Schöne soll nicht verborgen bleiben." Und Allah sagte: „Ich war ein verborgener Schatz und wünschte, bekannt zu werden."

Viele Menschen können die Schöpfung und das Leben mit all seinem Leid nur als eine einzige Qual sehen. Wurde, wie sie meinen, die Welt wirklich nur als Seelengefängnis, in dem die Menschen für Verbrechen gezüchtigt werden, geschaffen? Natürlich nicht, ganz im Gegenteil. Die meisten Heiligen sind nicht dieser Ansicht.

> „Die Seele wird dem Körper zugeführt, damit ihr alle Schönheiten und Schwierigkeiten des Lebens gezeigt werden, damit sie alle Erfahrungen auf der Welt mache und dadurch fähig werde, zu ihrer alten Herrlichkeit zurückzufinden, zu der ihr innewohnenden göttlichen Natur zurückzukehren" (Vivekananda).

Oder sollten wir etwa bei einer intellektualistischen Energietheorie Zuflucht suchen? Etwa so: die inaktive Materie werde in eine andere hochaktive Energieform, jener einer rein geistigen Sphäre, umgewandelt, wodurch vielleicht weitere Energie aktiviert werde, die beständig die Ursprungsquelle wieder aufladen könne ... Lassen wir solche vergeblichen Erklärungsversuche! Weder die Vorstellungskraft noch die Logik irgendeines Menschen kann dieses Problem lösen, das, ebenso wie schon die Fragestellung selbst, jenseits sinnengebundenen Erfassens und logischen Denkens liegt.

Der ekstatische Bereich unseres Innersten wird bisweilen mit dem Begriff Seele bezeichnet. Damit ist allerdings nicht die Seele im Sinn unserer Psychologie, nicht die menschliche Psyche gemeint, die weitgehend vom Körper abhängig und damit lediglich ein Faktor unserer relativen, nicht aber der absoluten Welt ist. Vielmehr ist damit jene Seele gemeint, an welche die Menschheit schon seit unvordenklichen Zeiten glaubt – diese unsterbliche, ewige, unendliche, absolute und völlig freie Kraft, diese ständig glückselige Entität außerhalb von Raum und Zeit, die vom Verstand des Menschen nicht erfaßt werden kann. Oder, wie viele Heilige sich ausdrücken, die Seele, die in Gott ist, der selbst wiederum in der Seele ist.

> In der *Bhagavadgita* heißt es: „Ich, Gott, bin die Seele, die in den Herzen aller Lebewesen ist", und Vivekananda versicherte in Übereinstimmung mit seinen Vorgängern und Nachfolgern: „Ja, die unsterbliche und allmächtige Seele, das ist Atman."

> Platon definierte die Seele als göttlich, unsterblich, unbesiegbar und einheitlich; sie sei immer im gleichen Zustand und stimme immer mit ihrem eigenen Selbst überein. Und Purkyne sagte: „Die Seele – das ist die absolute Grundlage und unsere ewige Substanz, die sich nur scheinbar in endliche Begrenzungen begibt.

Diese Seele ist freilich nicht das gleiche wie der Körper, die Lebensenergie, der Geist oder der Intellekt. Daher ist sie auch nicht identisch mit dem Ich, das manchmal böse und sündhaft ist. Die Seele wird durch eine gute Tat nicht besser oder größer und durch eine Missetat nicht schlechter oder kleiner – sie steht über Gut und Böse. Ekstase heißt Einheit mit der Seele; daher ist in ihr kein Platz für das Ego, das „vulgäre" Ich. Aus diesem Grund ist der ekstatische ein ichloser Zustand und die Seele unser wahres Selbst (Selbst gegenüber dem „Ich"). Sie ist Kants transzendentales „Ich", unser unendliches und überpersönliches Wesen. Das Erkennen dieses Wesens kommt dem Erkennen der Gottheit gleich.

> Maharishi sagte: „Wir erkennen Gott, indem wir uns selbst erkennen, und wir erkennen uns im Nadja*."

* Indisch für Überselbst.

Jahrhunderte zuvor verkündete schon Katharina von Siena: „Die Zelle der Erkenntnis ist gleichzeitig die Zelle, in der wir Gott erkennen." Und im Apollontempel von Delphi stand einst der Wahrspruch: „Gnoti s' auton"*, der später die Runde in der Welt machen sollte. Das heißt in der Sprache der Mystiker: Bemühe dich darum, dich selbst zu finden und dich zu verwirklichen, indem du dich mit dem heiligen Bereich deines Innersten vereinst."

Der Begriff des aus der indischen Religion stammenden sogenannten *Nirwana* ist völlig gleichbedeutend mit jenem unserer Erleuchtung. Vivekananda, der die indische Religionsphilosophie zusammenfaßte, meinte dazu: „Wie vielleicht bekannt ist, haben wir es mit einem Zustand vollkommener Erkenntnis in ewiger Seligkeit zu tun, der allerdings keineswegs dem irdischen Glück gleichzusetzen ist, also keine Freude oder Wonne darstellt, wie sie uns aus dem Bereich der Sinnenwelt vertraut ist." Das Nirwana ist nicht irgendein Raum (wie bisweilen irrigerweise geglaubt wird), in den die Seelen nach dem Tod eingehen, sondern es stellt vielmehr eine Beziehung zur Gottheit dar; es ist der Zustand der vollendeten Verbindung eines Menschen mit seiner eigenen heiligen Seele, mit dem Absoluten, das in uns selbst existiert.

Als Ramakrishna durch Europäer mit der christlichen Lehre vertraut wurde, wies er mit Nachdruck darauf hin, daß Jesu himmlisches Königreich nichts anderes als der innere, ekstatische Bereich des Menschen sei. Dem stimmte Vivekananda völlig zu, gleich wie (ein halbes Jahrhundert später) Maharishi. Da diese Auffassung für manchen Leser überraschend und verwunderlich erscheinen mag, möchte ich an dieser Stelle ein wenig verweilen. Zunächst müssen wir

* „Erkenne dich selbst."

festhalten, das Jesus klar das Himmelreich (auch Gottesreich) von dem „Himmel“ unterschied, in dem der Vater wohnt. Für ihn kann das Himmelreich wachsen und sich entwickeln.

> „Es gleicht dem Senfkorn, das den kleinsten aller Pflanzensamen darstellt; wenn es aber zu treiben beginnt, erwächst sogleich ein Baum daraus ... Es gleicht der Hefe, die aufgeht, bis daß der Trog überquillt ... Es gleicht denjenigen Schätzen, die nicht vergraben, sondern vermehrt werden sollten ... Es gleicht den Jungfrauen, die auf ihr Öl aufpassen, damit es gut und stark brenne, wenn sie ihrem Bräutigam begegnen.“

Allenthalben wird also von keinem Ort, von keinem Raum gesprochen, sondern von einem besonderen inneren Zustand des Menschen. Weitere Äußerungen können diese Ansicht nur belegen und erhärten:

> „Gottes Reich ist in euch ... Es wurde euch gegeben, das Geheimnis des Gottesreiches zu entdecken; es wurde aber nicht solchen gegeben, die ohne Gott sind ... Dein Reich komme ...“ (Beim letzten Zitat kämen übrigens nicht wir zum Reich, sondern es käme zu uns!)

Von diesem Material ausgehend, scheint es mir richtig, die Vorstellungen Jesu mit denjenigen anderer Religionen zusammenzubringen und somit das Reich Gottes mit in die Erfahrungswelt der religiös erleuchteten Seele einzubeziehen.

Denselben Standpunkt möchte ich bezüglich des Christusbegriffes beziehen. Jesus, der Menschensohn, ist Gottes Sohn, Christus, geworden. Eben diesem Christus, nicht aber den menschlichen Qualitäten Jesu, sollten die Aufrufe der Apostel und ihrer Nachfolger eigentlich gelten. Christus ist nicht nur heilig, sondern bringt auch die Erlösung mit sich: „Glaubet an Christus, folget Christus!“ Diese Appelle weisen auf die Notwendigkeit hin, zum inneren, göttlichen Bereich vorzustoßen – ein Bereich, der nicht nur Jesus eigen war, sondern der in unser aller Herzen liegt.

Kann man den Heiligen glauben?

Wir sind nun zahlreichen Zeugnissen von Heiligen begegnet, die sich über ihre Kontakte mit Gott äußerten. In der *Heiligen Schrift* findet sich eine Fülle bestätigender Berichte, wenngleich dieses großartige Werk tendenziös und in der Ausdrucksweise bisweilen sehr naiv ist (was seinen Wert als Erkenntnisquelle in den Augen mancher Menschen schmälern könnte). Wir müssen uns nun jedoch fragen, ob wir es hier mit wirklich wahrheitsgetreuen, auf Tatsachen begründeten Aussagen zu tun haben. Oder ganz kritisch formuliert: Haben wir es hier mit bewiesenen bzw. beweisbaren Erfahrungen zu tun?

Zweifellos ist in diesem Fall die Situation komplizierter als bei den paranormalen Phänomenen, die immerhin anhand objektiver Kriterien beurteilt werden können: ob sich beispielsweise ein paranormaler Traum verwirklichte; ob eine Vision mit tatsächlichen Vorkommnissen übereinstimmte usw. Bei der Ekstase sehen wir uns aber völlig subjektiven und nur im Inneren des Betreffenden ablaufenden Vorgängen gegenüber, die in der Außenwelt keine „objektive“ Verankerung haben. Daher darf es uns auch nicht wundern, wenn eingeschworene Materialisten derartige Erfahrungen dem Absurden zuordnen und sie mit Argumenten wie Hysterie, übertriebener Euphorie oder bestenfalls täuschender Autosuggestion abtun.

Ekstatische Erlebnisse – Einbildung oder Realität?

Autosuggestion – Fremdsuggestion. Sicherlich spielen sie im alltäglichen Leben eine erhebliche Rolle. Halten wir uns nur einmal die suggestiven Einflüsse, die von Erziehung und Tag für Tag von der Umwelt ausgehen, vor Augen, so können wir bedenkenlos sagen, daß sie unsere Psyche viel stärker prägen, als mancher Nichtfachmann ahnen mag. Im weiteren dürfte klar sein, daß gerade das religiöse Leben einen recht günstigen Nährboden für autosuggerierte Erlebnisse bietet, was teils der autoritätsgläubigen Einstellung (Gott als allmächtiger Herrscher und Belohner für gute Taten), teils der Unmöglichkeit erfließt, das Wesen des Lebens zu entdecken und daher bestimmte ihm eigene Aspekte zu verstehen (es hilft dann nur noch der Glaube, wo die Erkenntnis nicht weiterkommt). Suggestive Einflüsse seitens der Kirchen (Tempel, Priester, Liturgien, Rituale usw.) bleiben ebenfalls nicht ohne Wirkung. Man denke dabei nur an die Erkenntnis der Psychologie: verstandesmäßige, rationale Argumente verfangen bei Großgruppen (Massen) nicht, sie vermögen höchstens zu langweilen; emotionale Appelle dagegen rufen lebhaftes Echo hervor, das bis zur Massenhysterie hin ausufern kann. Somit wird uns verständlich, wie viele jener, die es nach Gott verlangt, ihre Sehnsucht durch Autosuggestionen befriedigen, wobei sie allerdings die Opfer ihrer eigenen Einbildungskraft werden.

Dies war schon immer so und wird besonders dem klar, der in engeren Kontakt mit Anhängern moderner „mystischer" Bewegungen kommt. Die Blindgläubigen, besonders aber die Halbhysteriker, sind von der Wirklichkeit ihrer Kontakte mit Gott, Christus oder den ihnen vom Himmel gesandten Engeln völlig überzeugt. Die großen Heiligen waren mit dieser Situation wohl vertraut und warnten und ermahnten daher ihre Brüder und Schwestern – wie z. B. die weise Theresia –, unbedingt kritisch und wachsam zu sein in den Meditationen, „denn nicht nur Gott steigt herab in unseren innersten Bereich, auch der Teufel schleicht sich ein, und der größte Schaden wird durch maßlos aufgeblähte Einbildung und Phantasie angerichtet".

Natürlich hat die Autosuggestion auch vorteilhafte Seiten. So verhilft sie, methodisch angewandt, dem Menschen zur inneren Sammlung, Entspannung und Beruhigung, doch überwiegen ihre unliebsamen Aspekte. Vom Standpunkt der Religion aus gesehen, bringen Autosuggestionen niemanden weiter; sie bringen ihn auf der Suche nach höchster Erkenntnis, seinem Innersten und Gott, in keiner Weise näher. Wir haben es hier nur mit einem Auslöserfaktor zu tun. Das heißt gleichzeitig, daß der Art des auslösenden Faktors entsprechende Erfahrungen gemacht werden und Autosuggestionen nur solche „ekstatische" Erlebnisse hervorrufen können, die sich im Rahmen des unterbewußt gespeicherten Materials des Betreffenden halten. Deshalb werden alle seine vermeintlich ekstatischen Erfahrungen ichbezogen sein, wie heilig sie ihm auch vorkommen mögen, und er bleibt trotz dieser Erfahrungen weit davon entfernt, ein Heiliger zu sein.

Völlig falsch ist es aber, die Erfahrungen der echten Heiligen als autosuggestive Einbildung abzutun, da sie in ihrer Erleuchtung weit über den bewußten und unterbewußten Erfahrungsbereich des Durchschnittsmenschen hinausgelangen. Hoppe faßt dies so zusammen: „Unser Empirismus kann das Transzendentale nicht wiedergeben."

Teilerfahrungen ekstatischer Verzückung werden vielleicht auch anderen Menschen als nur den Heiligen zuteil. Ein erstaunliches Gefühl der Glückseligkeit war bisweilen bei spiritistischen Medien zu beobachten. Mrs. Piper erwachte nur sehr ungern aus „dem Reich des Lichtes in die düsteren Gegenden dieser Welt". Auch bei Hypnotisierten machte man des öfteren die Erfahrung (beispielsweise B. Kafka), daß die Versuchsperson einfach nicht in den Wachzustand zurück wollte, weil er sich „dort drüben" unsagbar glücklich gefühlt hatte. Wiedererweckte Scheintote konnten sich bitter darüber beklagen, aus der Welt der Seligkeit zurückgerufen worden zu sein.

In allen diesen Fällen ist die Erklärung, es handle sich um Autosuggestion, freilich nicht einfach zu widerlegen. Was aber die ekstatischen Erfahrungen der Heiligen angeht, so stehen diese jenseits derart profaner Erklärungsversuche.

Diese Auffassung sehen wir dadurch erhärtet, daß zahlreiche Heilige überaus kluge, vorsichtige und vertrauenswürdige Persönlichkeiten waren, die auf Wahrheitsliebe und Selbstkritik größten Wert legten.

> Trévor schrieb in seiner Autobiographie: „Ich prüfte all das, was ich durchmachte, genau, aber im Licht meines Verstandes haben meine Lebenserfahrungen diese Prüfung vollauf bestanden und sind bis zum heutigen Tag die realistischste Grundlage meines Denkens geblieben."

Ein anderer Beweis für die Tatsächlichkeit dieser Erfahrungen ist, daß sie übereinstimmend in verschiedenen Zeitaltern und in völlig unterschiedlichen Kultur- und Glaubensgemeinschaften gemacht wurden – als natürliche Folge einer tatsächlichen und nicht etwa einer eingebildeten Fähigkeit des Menschen.

Die hervorstechendsten Folgen ekstatischer Zustände zeigen sich freilich in den Veränderungen, die sich an dem Betreffenden selbst vollziehen. Er ist weise geworden, zeichnet sich plötzlich durch Hilfeleistungen seinen Mitmenschen gegenüber aus; er ist ein von Grund auf besserer Mensch geworden und hat häufig dazu noch seinen Lebensstil völlig verändert (vom Wohlleben zu freiwilligem Verzicht). Diese erhebenden Auswirkungen der Ekstase hatte übrigens Jesus wohl im Sinn, als er sagte: „An ihren Früchten sollt ihr sie erkennen" (d. h. die Heiligen). Aus all diesen Gründen ist es uns unmöglich, an der Tatsächlichkeit ekstatischer Zustände zu zweifeln – eine Schlußfolgerung, zu der ein jeder, der kritisch, aber unvoreingenommen das vorhandene Material durchsieht, gelangen wird.

> Vielleicht denken einige Leser hier an R. Rolland. Er schrieb: „Selbst unfähig, heilige Erlebnisse zu haben, bin ich von ihrer Wirklichkeit doch vollauf überzeugt." Ähnlich äußerten sich W. James und viele andere.

Fassen wir zusammen: Auch bei durchwegs kritischer Betrachtung müssen wir einsehen, daß die Heiligen tatsächlich großartige, wunderbare Erfahrungen gemacht haben, die über alltägliche Erlebnisinhalte weit hinausgehen, und daß sie zu deren Beschreibung bei den Begriffen des menschlichen Vorstellungs- und Wortschatzes Zuflucht suchten, die für sie die höchsten waren – das sind jene, die für Gott stehen.

Ekstatische und paranormale Erfahrungen

Fragen wir uns aber nichtsdestoweniger: War es wirklich Gott, den sie erlebten? Eine wahrhaft gewaltige Frage, deren Antwort in Bereichen zu suchen ist, in die nicht einmal eine parapsychologisch inspirierte Untersuchung vorstoßen wird! Wir werden daher mit unseren Betrachtungen nicht weit kommen, andererseits aber auch, so meine ich, nicht ganz ohne Erkenntnis bleiben.

Gehen wir nochmals durch, was sich von ekstatischen Zuständen sagen läßt. Sie erweisen sich als psychische Erfahrungen, doch müssen wir beachten, daß sie weder dem bewußten noch dem unterbewußten Bereich des menschlichen Innenlebens entstammen. Wir treffen also auf eine Situation, die uns bereits vom paranormalen Bereich der Psyche her bekannt ist. Dieser neue ekstatische Bereich der Psyche ist aber keineswegs mit der „Wunderkammer" des Paranormalen identisch, obwohl beide (nicht räumlich aufzufassenden)

Bereiche in einigen, jedoch nur unbedeutenden Punkten übereinstimmen:

- Beide liegen jenseits der Bewußtseinsschwelle und jenseits des sogenannten inneren Schutzwalles;
- beide sind verborgen und den meisten Menschen unbekannt, weswegen es so auffällt, wenn in diesen Bereichen erfließende Erfahrungen gemacht werden;
- beide gehen weit über den alltäglichen Funktions- und Erfahrungsbereich der Psyche hinaus;
- beide münden in mächtigere und universellere Bereiche jenseits der uns bekannten Sinnenwelt, weswegen sie vom Verstand nicht nachvollzogen und durch die Sprache nicht befriedigend ausgedrückt werden können.

Aus diesen Übereinstimmungen heraus glaubten einige Parapsychologen ableiten zu können, daß parapsychische und mystische Erlebnisse derselben Kategorie von Phänomenen zuzuordnen seien. Das ist aber nicht so, wie im folgenden näher begründet werden soll. Doch sollte hier festgehalten sein, daß der paranormale Bereich zweifellos eine Verbindungsbrücke zum ekstatischen Bereich darstellt.

Zeigen wir zunächst auch die Unterschiede auf, die zwischen den beiden Bereichen bestehen:

- die Inhalte der Ekstase sind ganz anderer Art, da in ihnen kein Wissen dieser Welt vermittelt wird; die Erfahrungen sind eindeutig religiöser Art;
- im unmittelbaren Anschluß an paranormale Erlebnisse erfährt der Mensch keine tiefgreifende Veränderung seiner Persönlichkeit, er gibt sich durchaus wie gewohnt und bekannt; aus der Ekstase aber erwacht er als Heiliger;

- paranormale Fähigkeiten können für ethisch verwerfliche Zwecke mißbraucht werden; der Heilige aber ist jeglicher bösen Absicht frei;
- kurzum: ein paranormal Befähigter ist kein Heiliger, und umgekehrt braucht ein Heiliger nicht über paranormale Kräfte zu verfügen, wenn dies auch oft zutrifft.

Ein weiterer wichtiger Unterschied zwischen beiden Bereichen besteht darin, daß der ekstatische entfernter und schwerer zugänglich als der paranormale zu sein scheint. Dies zeigt sich schon daran, daß paranormale Erlebnisse (wissentlich oder auch nicht) viele Menschen haben; die Heiligen sind dagegen sehr dünn gesät. Außerdem offenbaren sich paranormale Fähigkeiten auch bei vollem Bewußtsein, während die Ekstase stärker an die zumindest partielle Ausschaltung des Bewußtseins gebunden ist. Daß für uns Menschen der paranormale Bereich näher und damit leichter erreichbar ist (diese unvermeidlich „raumgebundene" Ausdrucksweise darf uns hier nicht verwirren), könnte auch aus der Tatsache geschlossen werden, daß manche fromme Menschen im Streben nach religiöser Erleuchtung, also auf dem Weg zum mystischen Erlebnis, ihre paranormalen Kräfte entdeckten. Dadurch kamen sie dann in den Besitz von „Wunderkräften", die vormals nie an ihnen zu entdecken gewesen waren und die zu erlangen sie selbst überhaupt nicht vorgehabt hatten.

Der atmanische Bereich

Wie aber sollen wir nun diesen neuen Bereich benennen, der vom paranormalen offensichtlich verschieden und schwerer zugänglich als dieser ist? Einigen Namensgebungen sind wir bereits begegnet: der ekstatische Bereich, Gottes Funke in uns, die unsterbliche Seele (Emersons Überseele), das Über-„Ich", das wahre „Ich" usw. Das altchinesische „tao" und das altindische „tat“ gehören ebenfalls in diese Reihe. Ich möchte mich auch weiterhin um Schlichtheit und Einfachheit bemühen. Aus meiner Verehrung für indische Philosophie und Weisheit heraus wähle ich daher die Bezeichnung „atmanischer Bereich“. Gleichzeitig muß ich nochmals betonen, daß der Bereich nicht räumlich aufzufassen ist und auch daß es auf den Namen gar nicht so ankommt, da es mir ja nicht um eine lexikalisch exakte Definition geht, sondern darum, ein Behelfssymbol zu setzen, anhand dessen wir uns verständigen können.

Wie der atmanische Bereich beschaffen ist, läßt sich freilich nicht sagen; unsere Kenntnisse darüber sind allzu ungenügend. Wir wissen, daß sich die ekstatischen Zustände der Intensität und den Erlebnisinhalten nach unterscheiden lassen. Die Theologen haben ganze Bibliotheken mit scharfsinnigen Beurteilungen dieser Zustände vollgeschrieben, aber sie geben für unsere Zwecke wenig her.

Noch schwieriger wäre zu sagen, wo dieser Bereich – zumal er nicht räumlich aufzufassen ist – zu lokalisieren sei. Vermutlich wird aber auch er – wie der paranormale Bereich – keine einheitliche Struktur aufweisen.

> Die heilige Theresia sagte: „Die Innenwelt hat eine Vielzahl von Kammern, doch eine unter ihnen ist die prächtigste. Genau sie ist es, in welcher Gott wohnt ...“

Die Völker des Altertums und die Naturvölker sahen es als selbstverständlich an, daß die Seele im Körper wohne (im Herzen oder im Gehirn). Später wurden philosophisch vertiefte Ansichten entwickelt, aber vieles bleibt unklar und widersprüchlich.

> Platon sagte: „Die Seele, die lange vor dem Körper existierte, lebt in ihm und belebt ihn, verläßt ihn aber nach dem Tode, um ein unabhängiges Leben weiter-

zuführen.“ Ähnlich äußerten sich auch Kant, Purkyne, Leibniz u. a. „Gott kann nur in uns selbst gefunden werden“, behauptete Plotinos, und Paulus sagte: „Gott lebt in mir.“ Der heilige Augustinus meinte: „Ich irrte, o mein Herr, als ich auszog, dich zu suchen, obwohl du doch beständig in mir weiltest“, und die heilige Theresia bestätigte: „Wir irren, wenn wir glauben, Gott und den Himmel erreichen zu können, ohne daß wir Zugang zu uns selbst gefunden haben . . .“

Sie ist also in uns, die Seele – über oder unter uns? Dies mag zwar unwichtig erscheinen, da die Sterne ja auch oben oder unten gedacht werden können; dennoch spricht viel dafür, daß sie in unseren „oberen“ Schichten oder gar über uns zu denken ist. Die animalisch-triebhaften Schichten liegen anscheinend im „unteren“ Bereich der Persönlichkeit; wogegen man sich an Gott wendet, als sei er über uns (was nicht unbedingt daher zu kommen braucht, daß wir uns den Himmel „oben“ vorstellen). Sagte im übrigen nicht auch Jesus: „Ich komme von oben, ihr aber von unten.“?

Der paranormale Bereich schien uns keine in sich geschlossene Einheit zu sein, sondern eher eine Art Zone des Übergangs zur Paradimension darzustellen. Es ist höchst wahrscheinlich, daß für den atmanischen Bereich Entsprechendes gilt. Das hieße, daß der Mensch in Gottes Reich (in den atmanischen Bereich) wohl vordringen kann, ohne jedoch selbst Gott zu werden. Das muß man einsehen, will man die Verhältnisse zwischen dem Menschlichen und dem Göttlichen nicht verzerren. Nicht einmal der ausgeprägteste Monismus der indischen Religion und Philosophie, der nämlich die Einheit von Brahman und Atman postulierte, war imstande, die beiden Begriffe völlig und bedingungslos einander gleichzusetzen. Bei den dualistischen Glaubenssystemen – wie beim Christentum – ist dies um so weniger der

Fall; hier ist die Seele zwangsläufig eine viel geringere Einheit als Gott.

Die atmanische Dimension

Was bleibt? Wir können den atmanischen Bereich als Potential des Menschen ansehen, durch das er in höhere Sphären gelangen kann – weg vom Materiellen, hin zum Geistigen. An dieser Stelle sei wieder Jesus zitiert: „Ich bin die Tür, durch die ihr das Himmelreich betreten sollt", oder noch genauer in einem anderen seiner Aussprüche: „Niemand kann zum Vater gelangen, wenn nicht durch den Sohn." Der Sohn ist hier Christus; durch ihn, gleich wie durch unseren atmanischen Bereich, der eine Zone des Übergangs hin zum geistigen Licht darstellt, gelangen wir in jene einzigartige Welt der Erleuchtung, die uns von den Heiligen beschrieben wird. Und in diesem Sinne müssen wir auch ihre Behauptung verstehen, daß Gott in uns selbst sei; damit soll keineswegs der Inhalt unseres eigenen, tiefsten Inneren beschrieben, sondern auf die tief in uns ruhende Fähigkeit hingewiesen sein, mit Gott durch den atmanischen Bereich hindurch in Verbindung zu treten. Oder, von einem etwas anderen Blickwinkel aus gesehen: „Durch ihren niedrigeren Teil ist unsere Seele in Verbindung mit der Zeit, durch ihren höheren Teil in Verbindung mit der Ewigkeit" (Eckart).

Ewigkeit – das ist das Reich, in dem Gott „wohnt", oder auch die nächste, die jenseitige Welt ... Jede Religion postuliert eine solche Ewigkeit und stellt sie als Grundpfeiler ihrer Lehren dar.

> „Das Reich Gottes ist nicht von dieser, sondern von der nächsten Welt", sagte Jesus. In der *Bhagavadgita* steht: „Alle Welten des Schöpfers wie auch die Welten der von ihm erschaffenen Lebewesen sind Gegenstand der Zerstörung. Aber über ihnen ist meine Welt und

über den Welten von Licht und Dunkel des Universums ist die Welt der Unendlichkeit, die der Atem der Zerstörung nicht erreichen soll."

Auch die Philosophen behaupteten ähnliches: „Es gibt eine materielle Welt, aber auch eine geistige; beide beruhen auf der unendlichen Substanz, welche Gott darstellt" (Descartes). R. Tagore sagte: „Gott ist nicht von dieser Welt begrenzt und eingeschränkt, denn er ist über ihr." Und W. James sagte: „Die uns sichtbare Welt ist nur ein Teil eines eher geistigen Universums, aus dem heraus sie ihre hauptsächliche Bedeutung erhält. Wir kommen in unserem Leben im äußersten Falle so weit, daß wir Bereiche berühren, die von denjenigen der Sinne und des Verstandes völlig verschieden sind. Dabei ist einerlei, ob wir sie mystisch oder übernatürlich nennen. Es gibt allerdings nicht den geringsten Grund, sie als unwirklich zu bezeichnen ..."

Und so fragt sich der von den Zweifeln skeptischer Positivisten verunsicherte Mensch von heute: Ja gibt es denn so etwas nun wirklich? Diese Frage ist verständlich. Ein moderner Mensch hat nun einmal schwerste Bedenken gegen alles Unvorstellbare. Erinnern wir uns aber an die Ergebnisse parapsychologischer Forschung: an ihnen wurde klar, daß nur die Einführung einer höheren Dimension eine fruchtbare Grundlage für die Erklärung paranormaler Phänomene bringen kann. Lassen wir hierzu nochmals einige Forscher auf diesem Gebiet zu Wort kommen.

Professor P. Jordan meinte, daß wir die Versuche, paranormale Fähigkeiten innerhalb der dreidimensionalen Welt zu erklären, getrost aufgeben könnten, denn unser Verständnis müßte über die dritte Dimension hinaus erweitert werden. Professor H. Bender äußerte, daß das, was wir heute Natur nennen, nur ein Ausschnitt einer umfassenderen Realität sei, der durch räumliche und zeitliche Beziehungen bestimmt werde. Nach G. N. M. Tyrell macht unsere sinnlich wahrnehmbare Welt, die wir als in der dritten Dimension verteilte Materie zu verstehen haben, nur einen Teil des Universums aus; aus der Sicht des Teils werde es uns nicht gelingen, die paranormalen Phänomene zu verstehen. Und Milan Ryzl schließlich sagte: „Das physikalische Universum stellt nur einen kleinen Ausschnitt einer viel umfassenderen Realität dar, in die Dimensionen eingehen, die wir mit unseren Sinnen nicht erfassen können; an dieses multidimensionale höhere Universum ist auch der paranormale Bereich angeschlossen."

Die Tatsächlichkeit der paranormalen Phänomene und der religiösen Verzückung und Erleuchtung rechtfertigt und erfordert die Annahme höherer Dimensionen. Treu meinem Grundsatz der Einfachheit möchte ich die Bezeichnung für die Dimension, in die der atmanische Bereich des Menschen mündet, wählen: die atmanische Dimension. Es scheint mir fast müßig, nochmals darauf hinzuweisen, daß auch diese Bezeichnung lediglich ein Hilfssymbol zur besseren Verständigung, keinesfalls aber eine kategorische Festlegung sein soll.

Zweifellos ist die atmanische Dimension von der Paradimension verschieden; die Inhalte beider sind völlig andersartig. Welche Eigenschaften weist aber nun die atmanische Dimension auf? Darüber kann nur sehr wenig gesagt werden. Zunächst drängt sich uns aber der Gedanke auf, daß, analog zur Paradimension und gleich wie beim atmanischen Bereich, auch die atmanische Dimension keine einheitliche Struktur aufweist.

„In meines Vaters Haus gibt es viele Aufenthaltsorte",

predigte Jesus; damit meinte er aber bestimmt nicht die Sterne der Milchstraßensysteme.

Dadurch, daß wir es mit einer Dimension jenseits der dritten zu tun haben, ergibt sich, daß sie nicht gesehen, vorgestellt und auch nicht beschrieben werden kann. Wir müssen einfach als Tatsache hinnehmen, daß sich unsere Sinne nur innerhalb bestimmter (drei)dimensionaler Grenzen entwikkelt haben. Was jenseits dieser Grenzen liegt, können sie demzufolge nicht erfassen.

Buddha versuchte, offenbar ohne großen Erfolg, diese Situation zu erklären: „Es gibt dort, o Mönche, weder Himmel noch Wind, noch Wasser, noch Sand, doch andererseits ist es auch kein Nichts ..." In ähnlicher Weise sind auch die Begriffe Zeit und Raum völlig anders zu verstehen, als wir sie aus unserer Welt gewohnt sind – wie uns dies auch bei der Paradimension schon klarwurde. Im folgenden versuche ich, dies verständlicher zu machen: Alles Erschaffene schließt notwendigerweise Raum und Zeit ein, anders sind für uns das Leben und die Welt gar nicht vorstellbar. Raum und Zeit aber können angesichts des Absoluten nicht mehr bestimmend sein. Wir sehen uns der Ewigkeit gegenüber, dem ewigen Leben, das nur eine einzige Zeit kennt – die Gegenwart. Von daher erscheint es logisch, daß bei jedem Eintauchen in die Ewigkeit (in Ekstase) sich notwendigerweise ein Gefühl ungestörter Gegenwart einstellt, von einer Art, die von der Bildersprache unserer Welt nicht vollständig erfaßt werden kann.

> „Für eine wahre Realität gibt es keine Zeit und keinen Raum", so lautete die alte Lehre von Shankara. „Der Akt des Einswerdens verlangt, daß man sich über alle Beziehungen von Raum und Zeit hinwegsetzt" (Plotinos). Vivekananda meinte: „Im Samadhi existiert nur die Gegenwart, Vergangenheit und Zukunft verlieren

sich." In voller Übereinstimmung mit ihm, wenngleich auch Jahrhunderte zuvor und ohne irgendwelche Kenntnisse von der indischen Lehre, äußerte sich Meister Eckart: „In der Ekstase verschmelzen wir mit einem winzigen Seelenfunken, der nie etwas mit Raum und Zeit gemein hat; die Seele muß in der Zeit untergehen wie die Zeit in der Seele, wenn sich die Seele zu dem Reichtum und der Pracht Gottes hinbewegen soll."

Wie wir wissen, schließt die zweite Dimension die erste ein, und die dritte lenkt die zwei niedrigeren; von daher können wir wohl erwarten, daß jede höhere Dimension grundsätzlich und notwendigerweise alle niedrigeren einschließt und sie gleichsam lenkt (natürlich müssen wir uns bei solchen Aussagen immer klar vor Augen halten, daß unsere Ausdrücke der dreidimensionalen Auffassungs- und Denkweise entspringen und deswegen die Sachverhalte nur ungenügend darstellen können). Ähnliches mag Dante durch den Kopf gegangen sein, als er von höheren Kreisen schrieb, die Gott immer näher kommen, ihre Kraft von ihm beziehen und diese zur Erde hinunterschicken ...

Wir können dieses Problem der Dimensionen auch noch von entwicklungsgeschichtlicher Seite her anleuchten: erst die dritte Dimension, nicht schon die erste und zweite, machte diese grandiose Erscheinung – das Leben – möglich; die Paradimension hat uns sodann ein stückweit von der sinnengebundenen Wahrnehmung und rein logischen Erkenntnis weg- und weitergebracht. Durch die Art paranormalen Erfassens (unmittelbar; nicht zerlegend, sondern ganzheitlich) wurde die Perspektive einer breiteren Universalität eröffnet. Die atmanische Dimension nun stellt offenbar einen weiteren Schritt auf diesem Entwicklungsweg dar, wie die Erfahrungen und Erlebnisse der Heiligen wohl anzeigen. In dieser Dimension entfernt sich der Mensch noch weiter vom Materiellen und von raum-zeitlicher Gebundenheit, und das heißt: er erfährt an sich weniger Schwerkraft, die ihn zu Boden zieht. Dies ist sowohl im wörtlichen, also physikalischen Sinn, wie auch im moralischen zu verstehen; denn weniger Egoismus erweist den Menschen freier und unbeschwerter; er wird statt dessen von Werten wie Selbstlosigkeit, Mitleid, Barmherzigkeit und Liebe erfüllt (vielleicht auch noch von anderen, uns noch unbekannten Werten), die ihn in seinem Ganzen leicht und beschwingt machen.

3. Zugänge zum atmanischen Bereich

Geeignete Wege

Der atmanische ist also ein höherer Bereich unseres Innenlebens. Kaum zugänglich erscheint er wie ein Niemandsland. Wir stehen daher vor dem Problem, wie wir da hingelangen können, oder, anders gesagt, wie wir unsere Persönlichkeit mit unserem eigenen transzendentalen Bereich vereinen können. Wie kann es uns gelingen, den Kern unseres Wesens aus den seelisch-geistigen Urgründen unserer Persönlichkeit hervorzulocken und ihn als vorherrschendes Element im Bereich unseres Bewußtseins festzumachen? Diese Fragestellung erinnert uns an das Problem der Weckung und Aktivierung paranormaler Fähigkeiten, und in der Tat sind sich beide Probleme sehr ähnlich. Um das erwünschte Ziel zu erreichen, gibt es auch hier verschiedene Wege. Wir wollen im folgenden versuchen, diese Wege zum atmanischen Bereich zu beschreiben.

Der Glaube

Was heißt eigentlich glauben? Nicht wissen, ob etwas tatsächlich wahr ist, aber annehmen, daß es so sei. Dies ist der ideologische Kern eines jeden Glaubensinhalts; glauben ist also ein gedanklicher Akt, dem es an Beweis- und Erkenntniskraft fehlt. Dies gilt auch vom Glauben als Religion. Ein reines Konfessionsbekenntnis, der Glaube an diese oder jene Kirche bezieht innere Tiefen des Menschen nicht mit ein; vielmehr wird der Glaube zum Selbstzweck und möglicherweise den im Kirchenstuhl abgesessenen Stunden gleichgesetzt. Anderes und mehr ist nötig, sonst bleibt der atmanische Bereich fest verschlossen.

Dies möchte ich am Beispiel des paranormalen Bereiches verdeutlichen, und zwar ausgehend von einem allgemein bekannten Leitsatz: „Mit dem Glauben von der Größe eines Senfkorns kann man Berge versetzen und Kranke heilen." Heißt das nun: wir brauchen einfach nur an diesen Satz zu glauben, und schon besitzen wir paranormale Fähigkeiten? Von all denen, die solches annahmen, wissen wir, daß sie zutiefst enttäuscht wurden; wie fest sie auch an diesen Leitsatz glaubten, änderte sich doch nichts bei ihnen. Nach unseren bisherigen Betrachtungen dürfte es uns nicht schwerfallen festzustellen, warum diese Art von Glauben nichts bewirkte, vielmehr versagte: als rein gedanklicher Vorsatz konnte er die Türen zum paranormalen Bereich nicht öffnen. Der Glaube aber, der „Berge versetzt", stellt sich erst dann ein, wenn der Mensch mit dem paranormalen Bereich in Verbindung getreten ist und dieser für ihn Realität geworden ist.

Ganz genau gleich ist die Situation beim atmanischen Bereich. Auch er kann nicht durch reine Gedankenakte erreicht werden, durch steriles Glauben an seine – dem Betreffenden jedoch im Grunde fremde – Existenz. Durch diese Art von Glauben wird niemand weise, niemand erleuchtet. Maharishi meinte dazu: „Der Glaube gehört noch zum Verstand und zum Ich, Gott aber ist jenseits des Verstandes und jeder Form von Ich." Jesu Worte „Glaubet daran, daß ich bin, glaubet an Gottes Sohn" sind keine Aufforderung dazu, diesen Satz mit dem atmanischen Bereich zu vereinigen.

Scharfsinnige Theologen haben dies auch nicht verkannt. „Unter Glauben können wir entweder die jeweilig gültige theologische Exegese von religiösen Texten verstehen oder aber eine mystische Form des Glaubens, die allerdings nichts anderes als eine unmittelbare, erlebte Entdeckung Gottes selbst ist, eine Entdeckung des psychisch Übernatürlichen" (Dr. Ovecka).

Jetzt wird uns der freudige Ausruf von Heiligen verständlich, die in Ekstase bekannten: „Nun, nachdem ich dich lange gesucht habe und dir endlich begegnet bin, brauche ich den Glauben nicht mehr, o Herr!" Hierher paßt auch der berühmte indische Grundsatz: „Glaubet nicht, sondern machet euch zufrieden!" „Denn", so betonte Ramakrishna wiederholt, „Religion bedeutet Erfahrung Gottes, nicht bloßes Glauben an ihn."

Ist also Glaube für den religiösen Weg des Menschen überhaupt nötig? Die christlichen Theologen halten gewöhnlich den Glauben für notwendig, während beispielsweise die indischen Religionsführer behaupten, daß auch ein Ungläubiger religiös sein könne, und ihre Ansicht erscheint eher begründet. Ein „Pilger" auf dem Weg zum atmanischen Bereich mag zunächst mit oder auch ohne Glauben sein; in jedem Fall muß er aber gewaltige Anstrengungen unternehmen, bevor er die höchste Form der Erkenntnis erreicht, und an dieser gemessen soll vorheriger Glaube kindisch und naiv erscheinen – wie uns die Berufenen immer wieder versichern.

Die Liebe

Vielerlei kann Gegenstand der menschlichen Liebe sein: die Frau für den Mann, der Mann für die Frau, die Kinder, die Sonne, Blumen, die eigene Person, ein Freund – und auch Gott.

Wie soll es aber möglich sein, jemanden zu lieben, den wir gar nicht kennen? Kann man eine gedankliche Abstraktion lieben? Nicht wenige Menschen meinen nein – daß es demnach nicht möglich sei, Gott zu lieben. Im praktischen Alltag erleben wir aber sehr häufig, daß Menschen fähig sind, abstrakte Begriffe wie Vaterland, Wissenschaft, Kunst, Ismen jeder Art zu lieben, und dies bisweilen derart heftig, daß sie sich dabei selbst verleugnen, selbst opfern. So verhält es sich auch mit der Liebe zu Gott; auch ihrer sind viele Menschen fähig. Dies können wir ohne weiteres behaupten, weil es eine seit langem feststehende und offenkundige Tatsache ist. Wir wissen auch, daß diese Liebe im Leben eines Menschen derart stark werden kann, daß ihr alles andere hintangestellt wird.

Die Liebe zu Gott stellt ein Grundelement jeder Religion dar, besonders in ihrer höchsten, mystischen Form.

> Ramakrishna lehrte, daß das Verständnis Gottes und die Liebe zu ihm ein und dasselbe seien, und Maharishi sagte: „Um mit unserem Überselbst zu verschmelzen, müssen wir voll von Liebe sein; zwar können wir auf dem Weg dahin anfangs noch ohne sie sein, doch wird sie mit der Zeit heraufkeimen, immer stärker werden und schließlich zu einer Inbrunst gedeihen, die nicht mehr von dieser Welt ist.“ Auch im Islam spielt die Liebe eine ganz bedeutende Rolle, und für die Sufi ist sie geradezu das Kernstück ihrer Religion. Iranische Heilige der heutigen Zeit sehen das so: „Der Schöpfer versah uns mit zwei äußerst wertvollen Gaben – der Liebe und dem Verstand; mit letzterem erkennen wir ihn und erfreuen uns daran. Die Vereinigung mit Gott ist aber keine Sache des Verstandes, sondern diejenige eines sehnsuchtsvollen Herzens; die Vereinigung mit Gott gleicht derjenigen zweier Liebender.“

Die Liebe zu Gott war im Christentum immer schon ein kardinaler Glaubensgrundsatz. „Liebet euren Nächsten wie euch selbst, doch liebet vor allem Gott“, betonte Jesus – ein edler Grundsatz, der in der Weltgeschichte seinesgleichen sucht.

„Gott ist Liebe“, verkündete Johannes, und nach ihm verkündeten es alle Apostel und Heiligen. Paulus, der bedeutendste unter ihnen, bekannte inbrünstig: „Wenn ich mit Engelszungen reden und Berge versetzen könnte, doch keine Liebe in mir hätte, so wäre ich einfach nichts.“ „Liebe Gott und tue dann, wie dir beliebt“, schrieb der heilige Augustinus in einem Epigramm. Und die heilige Theresia sagte: „Es kommt nicht darauf an, daß wir uns im Denken verlieren, sondern daß wir inbrünstig lieben.“ *

Viel eher als durch den Glauben wird durch die Liebe die Vereinigung mit dem atmanischen Bereich möglich. Da sie dem Gefühlsleben des Menschen erwächst, kann sie die Seele und deren Kräfte zum Schwingen bringen; da sie sich bis zur Inbrunst steigern kann, ist es möglich, daß das Innere des Menschen von einer mächtigen Strömung erfaßt wird, die schließlich bis in seinen letzten, in den heiligen Bereich gelangt. Der Betreffende weiß von diesem unbewußten Vorgang zumeist nichts; voll Hingabe ruft er dagegen: „Gott der Barmherzige ist zu mir herabgestiegen.“

In der Welt der paranormalen Phänomene spielt die Liebe keine bedeutende Rolle. Auch da ist sie aber nicht ganz unwichtig, weil eine freundschaftliche Atmosphäre zwischen Versuchsperson und Versuchsleiter oder bzw. und allfälligen Versuchsteilnehmern paranormale Leistungen begünstigen (wie wir gesehen haben). In Holland und Amerika durchge-

* Später ergab sich eine bedeutsame Akzentverschiebung. Bereits die Apostel hatten erkannt, daß ein gewöhnlicher Sterblicher nicht zur höchsten Erkenntnis finden würde, und betonten deswegen die Nächstenliebe stärker (worin übrigens, neben der Versicherung, jeder, auch der ärmste Gläubige, werde erlöst, der offensichtliche Erfolg der neuen Lehre begründet war). Gleichzeitig wurde, neben der Liebe zu Gott, die Liebe zu Jesus, Maria und den anderen Heiligen immer wichtiger.

führte Versuche mit Schulkindern (Nicolauda Louweres; Anderson und White) haben klar ergeben, daß positive Schüler-Lehrer-Beziehungen das Abschneiden der Schüler günstig beeinflußt haben. Dies mag seinen Grund in einer erleichterten Kommunikation unterbewußter Inhalte haben, wobei auch paranormale Übertragungen möglich werden. Bekanntlich kommen paranormale Kontakte und Kommunikationen bei negativen Beziehungen kaum oder doch nur sehr schwer zustande.

Das Gebet

Die Theologen sagen uns, im Gebet erhebe sich die Seele zu Gott. Übersetzt in die Sprache dieses Buches heißt das: wir versetzen unseren Geist in den atmanischen Bereich.

> In unmißverständlichen Worten haben das viele christliche Heilige gesagt, beispielsweise die heilige Theresia so: „Das Gebet ist ein Tor, durch welches wir die Burg unseres innersten Bereiches betreten."

Ihre Burg des innersten Bereiches ist ohne Zweifel identisch mit unserem atmanischen Bereich. Entsprechend sieht es in der Parapsychologie aus. Meditation und Suggestion sind allesamt bewußte Versuche, Zugang zum paranormalen Bereich zu gewinnen und ihn in den Griff zu bekommen. Auch die „Anrufung der Geister" ist im Grunde nichts anderes als ebenfalls ein solcher Versuch durch Mobilisierung unterbewußter „Hilfspersönlichkeiten".

Soll das Gebet Gefühle von Ehrfurcht und Liebe hervorrufen, die so intensiv sind, daß sie bis in die heiligen Bereiche vordringen können, so muß sich das Gebet in den Augen des Gläubigen einer höheren Realität zuwenden. Auf Gott trifft das zu. In völliger Selbstverständlichkeit hat eine Generationen währende Tradition die Hinwendung zu Gott dem Herrn gewählt, wodurch dem Menschen die Möglichkeit gegeben wurde, sich zu erhöhen. (Sich einer Realität niedrigeren Ranges zuzuwenden, wie begründet sie auch dem menschlichen Verstand, und sei es eine ganze Philosophie, erscheinen mag, das erweckt nicht die übermächtige Sehnsucht, nicht die Liebe der Seele.)

Die Gebetsinhalte sind sehr vielfältig, ebenso wie die Anliegen und die Anlässe. Häufiger als zu inbrünstigen Zwiegesprächen der Seele mit Gott findet der Mensch zu Bittgebeten. Wenngleich diese Art von Gebet eigensüchtigen Zwecken dient, so ist sie doch nicht wirkungslos. Bittgebete befreien von der innerlichen Bedrückung und schaffen jedenfalls Erleichterung. Wie wir wissen, wird aber auch in manchen, wenn auch eher seltenen Fällen solch ein Gebet wie durch ein Wunder „erhört". Eine unerwartete Wende zum Guten, zur Besserung, tritt in einer Situation ein, in der das Übel, der schlimme Ausgang, mit menschlichen Kräften nicht mehr abwendbar erschien, und diese Wende scheint geradezu durch das Eingreifen einer höheren Macht zustande zu kommen. Hier fragt es sich allerdings, was diese höhere Macht sei.

Verschiedene Erklärungsalternativen bieten sich uns an: Vielleicht hat sich der Betreffende infolge des Gebetes innerlich gesammelt und alle seine psychischen Fähigkeiten zur Überwindung der Gefahr mobilisieren können. Vielleicht hat er durch sein Gebet den „Schutzwall" durchbrochen und die Vereinigung mit dem paranormalen Bereich herstellen können, dessen mächtige Energien zum Erfolg führten (besonders bei rascher Heilung von Krankheiten). Vielleicht hat die flehentliche Fürbitte ein Vordringen des Betreffenden in den atmanischen Bereich ermöglicht, wodurch das Anliegen erfüllt wurde.

Die Inder verkünden, daß der inneren Gottheit, angesichts ihrer überragenden Erkenntnisfähigkeit und Stärke, kaum abgesprochen werden könne, daß sie ein bescheidenes Gebet erhöre.

> Vivekananda schrieb dazu: „Niemals wird ein Gebet von einem übernatürlichen Wesen erhört und der Gebetswunsch von ihm erfüllt" (halten wir hier fest, daß diese Worte nicht etwa von einem eingeschworenen Materialisten stammen, sondern diejenigen eines bedeutenden Heiligen sind), „vielmehr hängt immer die Erhörung des Gebetes mit dem immensen und wundersamen Potential des menschlichen Innenlebens, mit unserer eigenen inneren Heiligkeit, zusammen." An dieser Stelle sei auch das Johannesevangelium zitiert: „Ich sage euch, daß, was immer ihr von meinem Vater in meinem Namen erbittet, er euch geben wird ..."

„In meinem Namen" also, nicht im Namen des Menschensohnes, und das heißt für uns, im Namen und durch die Vermittlung des atmanischen Bereiches.

Hiermit stimmen die Äußerungen der mohammedanischen Sufi überein: „Die Gebete der Heiligen werden immer erhört werden." Ein Heiliger ist bei ihnen ein Mensch, der nicht nur fromm ist; gleichzeitig, und das ist das Entscheidende, hält er eine ständige Verbindung zum atmanischen Bereich aufrecht, kraft derer dieser Bereich zum Segensspender wird.

Im Volksmund hieß es schon immer, daß ein seelenloses Gebet den Herrn nicht erreiche. Das stimmt gewiß, denn der Zugang zu göttlicher Sphäre ist nur unter Sammlung aller inneren Kräfte möglich. Jegliche Störung, ob von außen oder von innen, schwächt die für das Gebet notwendige Konzentration. Aus diesem Grunde zog sich Jesus zeitweilig in entlegene Gebiete zurück, wo er sich in vollkommener Einsamkeit dem Gebet widmen konnte. Manche Heilige, viele christliche und indische Einsiedler begaben sich lebenslänglich in die Einsamkeit.

Infolge der suggestiven Bedeutung des Ortes oder des Zeremoniells mag ein bei Versammlungen oder in Gotteshäusern gesprochenes Gebet eine erhebende Atmosphäre schaffen; gewöhnlich aber berühren Massengebete die Menschen nur sehr oberflächlich und kommen kaum aus der Inbrunst der Seelen. (Die Aussage des Evangeliums scheint dieser Feststellung allerdings zu widersprechen, dort heißt es nämlich: „Denn wo zwei oder drei versammelt sind in meinem Namen, da bin ich mitten unter ihnen . . .“ Es ist jedoch nicht auszuschließen, daß wir es hier, wie manche Autoren annehmen, mit einer aus kirchenpolitischen Gründen nachträglich vorgenommenen Interpolation zu tun haben.)

Alles in allem setzt ein Gebet meistens ein Scherflein Begeisterung frei, die dem innersten Bereich der Psyche entstammt, wenn der Mensch auch nach Beendigung des Gebetes rasch wieder zu seinen Alltagsgeschäften zurückkehrt. In seltenen Fällen kann aber ein Gebet auch jener Tropfen sein, der das von Sehnsucht und Liebe randvolle Herz zum Überquellen bringt, und durch die dadurch ausgelöste mächtige innere Strömung kann es zum Einssein mit Gott, zur Vereinigung mit dem atmanischen Bereich kommen.

Ist denn das Gebet überhaupt notwendig auf dem Weg zum atmanischen Bereich? Zweifellos, antworten die christlichen Theologen. Auch W. James hält es mit ihnen. „Ohne das Gebet“, sagte er, „hätten wir es mit Philosophie, nicht aber mit einer Religion zu tun.“ Die Inder halten sich in bezug auf diese Frage zurück; die Vertreter des Monismus finden das Gebet eher unwichtig – eine Einstellung, die wir auch im frühen Buddhismus finden (wo allerdings, in der späteren Mahajana-Periode, das Gebet in seiner vormaligen Wichtigkeit wieder bestätigt wurde). Interessanterweise hat nicht einmal Plotinos viel vom Gebet gehalten. Doch schon der heilige Augustinus, in gewisser Hinsicht sein Schüler, bezeichnete das Gebet als eine zwingende Notwendigkeit für eine gottessehnsüchtige Seele. Sehr viele andere Heilige bestätigten dies, wie beispielsweise auch die heilige Katharina von Siena: „Das Gebet ist äußerst hilfreich auf dem Weg zu Gott, denn es ist Nahrung für alle anderen Tugenden."

Die Konzentration

Der Glaube, die Liebe und das Gebet – sie ermöglichen uns, Gott als eine Realität, die außerhalb und verschieden von uns ist, zu verehren und zu bewundern. Die indische Philosophie hat sich einem anderen, direkteren Weg verschrieben: der konzentrierten geistigen Einkehr, deren Kraft die Tore züm atmanischen Bereich auftun soll.

Die *Bhagavadgita* lehrt, man solle sich an einen trockenen, einsamen Platz begeben, sich dort niedersetzen und den Körper kerzengerade und unbeweglich halten; den Kopf hoch, den Hals gestreckt und die Augen unbeweglich geradeaus. Auf diese Weise werde konzentriertes Denken in einer Richtung und die Katharsis des Herzens möglich.

Seitens der Religionsstifter, von Buddha über Jesus bis hin zu den zeitgenössischen „Lehrern" der Mystik, sind zahlreiche Anweisungen gegeben worden, wie man sich richtig zu konzentrieren habe. Wir sehen uns einem breiten Spektrum verschiedener Ansichten gegenüber. Das Grundsätzliche blieb jedoch klar: eine günstige körperliche Verfassung, äußere Ruhe, regelmäßiger und möglichst schwacher Atem. Das Wesen geistiger Einkehr ist freilich die Sammlung der Gedanken, wie sie auch beim angestrengten Arbeiten vonnöten ist. Um so unersetzlicher ist sie bei einer Aktivierung des eigenen Selbst; dies wird kaum jemand bezweifeln können. Eine energische Sammlung aller inneren Kräfte, wie die Bündelung zu einem psychischen Laserstrahl, muß stattfinden. Die Sinne müssen ausgeschaltet werden (in der *Bhaga-*

vadgita werden die Sinne treffenderweise „Feinde innerhalb der Festungsmauern" genannt, da sie zerstreuend und auf die Konzentration störend wirken).

> Comenius meinte dazu: „Indem ich meine Gedanken sammelte, meine Augen, meinen Mund und alle anderen Wege zu meinem Inneren schloß, fand ich Zugang zu meinem Herzen." Ähnliches empfahl Plotinos: „Verschließet euer Herz gegenüber der Außenwelt, schließet euch in euch ein und wendet eure Einsicht zum Licht (zu Gott also), dann verschmelzet mit ihm."

Im weiteren kommt es darauf an, den eigenen Geist unter Kontrolle zu bekommen. Er ist auf die materielle Welt und das irdische Leben hin orientiert, ständig mit dem eigenen „Ich" beschäftigt und außerdem schwankend und launisch. Unser Selbst ist aber weder mit unserem Körper noch mit dem Geist identisch. Wollen wir uns also in die geistige Verklärung versetzen, in der Atman leuchtet, so müssen wir zuerst unseren Geist im Zaum halten können. Die Erkenntnis, daß der menschliche Geist unter Kontrolle gebracht werden muß, teilen die religiösen Autoritäten aller Glaubenssysteme unterschiedslos.

> Schon in den *Upanishaden* wurde betont, daß, wenn man das Licht der Welt sehen wolle, man sein eigenes auslöschen müsse. Im Einklang damit steht die *Bhagavadgita:* „Die Geistesflamme darf nicht brennen; ein Mensch mit einem zucht- und zügellosen Geist kann nicht wissen, was die Seele ist!" „Die Seele verachtet jetzt sogar den Gedanken, den sie bis anhin geliebt hatte; denn der Gedanke bedeutet Bewegung, die Seele aber wünscht die Ruhe", lehrte Plotinos, und die heilige Theresia sagte: „Gott ist Licht, er kann wahrgenommen, aber nicht gedacht werden."

Johannes vom Kreuz behauptete, man könne zunächst

zwar mit Phantasie meditieren, diese müsse aber dann fallengelassen werden, da Gott keinerlei Form besitze und daher auch die Seele frei sein müsse von Gedanken, Visionen und allem anderen, was sie auf ihrem Weg behindern könnte. Und Francis Saleski äußerte, das Bewußtsein und alle Gedanken müßten vollkommen ausgeschaltet werden, wenn die inneren göttlichen Kräfte aktiviert werden sollen.

Und wie sagte es Jesus? „Er, der seine Seele für mich aufgegeben hat, soll sie finden“ (Matthäus und Markus). Johannes bringt dazu das analoge Gleichnis, daß ein Samen zuerst in der Scholle sterben müsse, wenn er vielfältige Frucht bringen solle. (In der Formulierung „meine Seele für mich aufgegeben“ geht es wiederum nicht um den Menschensohn, sondern um Christus und daher um den atmanischen Bereich.) Die Seele ist es, die leuchten muß!

An dieser Stelle sei noch erwähnt, daß wir es wiederum mit einer den Verhältnissen des Paranormalen ähnlichen Situation zu tun haben. Auch im paranormalen Bereich war das herabgesetzte Bewußtsein eine wichtige Voraussetzung für paranormale Leistungen. Die Innenwelt muß befreit von sinnlichen Eindrücken, klar und sauber sein: beispielsweise für den Paragnosten, um sich den Weg zum Hellsehen zu bahnen, und für den Heiligen, um die Botschaften vom heiligen, atmanischen Bereich durchdringen zu lassen.

Demnach leuchtet es ein, daß auch jegliche durch den Willen erzeugte Spannung ausgeräumt werden muß. Bei der konzentrativen Versenkung muß der Wille, als der ausgeprägteste Faktor individuellen Egoismus, auf die Rolle eines einfachen Verkehrspolizisten beschränkt werden, der lediglich darüber zu wachen hat, daß die Gedanken nicht abschweifen. Alles andere muß im Vorgang der Konzentration der Einflußsphäre des Willens entzogen sein. Anfänglich noch absichtlich und gewollt herbeigeführt, wird die Konzentration allmählich zu einem unterbewußten, automatischen Vorgang.

Das Wesen der Konzentration besteht also darin, den Spielraum des Geistes einzuschränken. Er verringert sich von den komplexen Eindrücken des alltäglichen Lebens auf ganz einfache Tatsachen hin und verengt sich dann weiter bis auf einen einzelnen Punkt, und so wird die Energie frei, die der Konzentration die nötige Kraft gleichsam eines Laserstrahls verleiht. Die Ansichten darüber, was dieser einzelne Punkt sein soll, gehen stark auseinander. Manche empfehlen, das geistige Auge auf das innere Bild eines Lichtes, einer Flamme, von Jesus, Maria oder von anderen Heiligen zu richten. Natürlich wenden sich die Inder gegen solche Praktiken. Sie sagen, daß damit genau die inneren Bilder heraufbeschworen werden, die es auszuräumen gelte; nichts dürfe in unserem Inneren aufgebaut werden, es müsse im Gegenteil alles beseitigt werden, was Atmans Licht im Weg stehe.

> Nach Vivekananda ist der mystische Weg nichts anderes als ein Ausräumen von Hindernissen: „Wir müssen uns der Vollkommenheit ganz und gar öffnen." Maharishi zufolge gibt es nichts aufzubauen; das Überselbst sei unaufhörlich in uns, und unsere Aufgabe sei lediglich, die Hindernisse zu beseitigen, so daß es zu vollem Glanz erstrahlen könne. Auch Pseudo-Dionysios (der christliche Schriftsteller, der unter dem Namen des Dionysios Areopagites, Bischofs von Athen, mehrere Bücher verfaßte) stimmt damit völlig überein: „Die göttliche Sonne wird ihr Licht über jeden, der ihr keine Hindernisse setzt, ergießen, und göttliche Strahlen werden alles Durchlässige erfüllen. Zu tun bleibt einzig die Arbeit eines Bildhauers, nämlich alles unnötige Beiwerk wegzumeißeln."

Man kann wirklich nur staunen darüber, welch gleich-

> artige Aussagen von Menschen kommen, die nichts voneinander wußten; in diesem Sinne sei noch die heilige Theresia zitiert: „Es ist absolut gewiß, daß der Herr ganz von selbst unsere Seelen erfüllen wird, wenn wir sie von allem Erschaffenen geleert haben."

Diese Aussagen sprechen für sich. Wir können sie bestätigt finden, wenn wir persönlich mit den hier geschilderten Vorgängen vertraut werden. Mit einem derart schwer zugänglichen Bereich in Kontakt zu treten, bedingt einfach, daß aller Ballast des menschlichen Innenlebens ausgeräumt wird und damit auch Vorstellungen, die gemeinhin als hehr und heilig angesehen werden.

Nun stellt sich allerdings ein neues Problem: Worauf soll sich denn das Bewußtsein konzentrieren, wenn es aller Gedanken entleert ist? Auf das innerste Prinzip, auf die Bewußtheit des Ich?

> „Wenn ihr nicht glaubet, daß ich bin, so werdet ihr in das Reich Gottes nicht eingehen", sagte Jesus. Wie wir aber festgestellt haben, handelt es sich hierbei um einen Glauben aus Erfahrung, nicht aus reiner Frömmigkeit in Gedanken. Daher heißt Jesu Forderung richtig verstanden: „Wenn ihr nicht erfahren habt, was ‚Ich bin' für euch heißt, so werdet ihr mit dem atmanischen Bereich nicht einssein." Plotinos erklärte das: „Wir müssen unseren Geist auf ein reines ‚Ich' reduzieren, auf das göttliche Prinzip der Seele also; nur dann werden wir begreifen können, daß es mit der Gottheit eins ist." Viele Jahrhunderte später hören wir Entsprechendes von Maharishi: „Wir müssen geistig aufspüren, wer das ‚Ich' ist; dies ist die Grundlage der mystischen Konzentration. Das ‚Ich', so sehen wir dann, ist nichts anderes als das ‚Ich bin . . .' außerhalb von Zeit und Raum."

Diese intensive Konzentration hin aufs „Ich“ bedeutet zugleich auch Konzentration auf die Gegenwart und damit auf Grundelemente der Ekstase, Elemente, die sich nicht nur gegenseitig ergänzen oder auseinander hervorgehen, sondern die vor allem Zeit und Raum ausschalten und damit eine Brücke hinauf zu Zuständen höherer Ordnung schaffen.* Hierzu sei noch angemerkt, daß dieses konzentrativ erreichte „Ich“ bei weitem noch nicht der atmanische Bereich ist; vielmehr stellt es nur den Ausgangspunkt für die weitere Reise in unser Innerstes dar.

Wie steht es nun mit den Ergebnissen, die auf der Grundlage solcher konzentrativer Übungen erzielt wurden? Halten wir fest, daß sie nur bei einigen wenigen und außergewöhnlichen Menschen dazu geführt haben, daß der atmanische Bereich erlebt wurde. Viele hingegen haben jahrelang solche Übungen durchgeführt, die nicht von Erfolg gekrönt worden sind. Indische Praktiker sagen, daß es wesentlich auf die Verfassung der Psyche, ihre Struktur und auf den Grad religiöser Reife des Betreffenden ankomme. Zudem, so behauptet man, komme es auch auf die karmische Veranlagung der Betreffenden an.

Zweitrangige Methoden

Viele Menschen erfreuen sich an *Tanz* und Bewegung, deren anfeuernde und erhebende Wirkung auch von Menschen, die zu Gott strebten, entdeckt und geschätzt wurde. Wiegt und dreht man sich lange im Tanz, so kann dies religiöse Begeisterung auslösen, wie an den Gnostikern, Flagellanten und tanzenden Derwischen zu beobachten war. Ich möchte aber gleich darauf hinweisen, daß durch Musik und

---

* Auch Anfängern kommt es vor, als ob die Zeit bei der konzentrativen Ausschaltung der Gedanken viel schneller als sonst vergehe.

Tanz allein eine echte religiöse Verzückung, eine erhabene Vereinigung mit Atman, nicht erreichbar ist.

Ziehen wir auch in diesem Punkt eine Parallele zum paranormalen Bereich: Hier ist die förderliche Wirkung des Tanzes ebenfalls erkannt worden. Schamanen und Magier pflegten sich durch Tänze zu stimulieren, um dadurch leichter Zugang zum paranormalen Bereich zu finden.

Als Mittel zum Eingehen in den atmanischen Bereich ist die *Hypnose* in ihren unterschiedlich praktizierten Arten nirgends erwähnt, wogegen sie, wie wir wissen, zur Entwicklung paranormaler Fähigkeiten breite Anwendung findet.

Fälle, in denen religiöse Inbrunst und Erkenntnisfähigkeit auf dem Weg der *Übertragung* erworben wurden, treten nur äußerst selten auf. Diese Art von Übertragung entspricht durchaus jener von paranormalen Fähigkeiten.

Jesus beispielsweise demonstrierte, daß er Macht über andere ausübte und seine Kräfte auch auf sie übertragen konnte. „Niemand kennt den Vater außer dem Sohn und demjenigen, dem der Sohn erschienen ist." Er taufte (wie später auch die Apostel, auf die er seine Kräfte übertragen hatte) mit dem Geist, worin wir ebenfalls eine Übertragung geistiger Kräfte sehen können.

Von Ramakrishna wurden gleichfalls Übertragungen berichtet. So soll er einmal einen skeptischen jungen Rechtsgelehrten mit der Hand berührt haben, worauf dieser sogleich in Ekstase versunken sei. Nach dem Wiedererwachen habe er seine Berufskarriere aufgegeben, sei Mönch geworden und habe den Namen Vivekananda angenommen. Späterhin gelang es Vivekananda selbst, seine eigenen Schüler auf diese Weise ins Samadhi zu versetzen; er tat dies jedoch ungern und nur in Ausnahmefällen.

> „Denn", so schrieb Vivekananda, „nur das Göttliche im Menschen hat die Macht, Geistiges durch körper-

liche Berührung zu übertragen.“ „Genau dadurch“, predigte Buddha, „unterscheidet sich der wahre Heilige von einem einfachen religiösen Lehrer, der nur an den Verstand appelliert.“ Und Jesus sagte: „Jemand hat mich berührt, und ich spüre, wie eine Kraft sich aus mir ergießt.“

Ist der Heilige wirklich im Besitz derartiger seelisch-geistiger Kräfte, so scheint es durchaus denkbar, daß er diese Kräfte auch auf die Psyche eines anderen Menschen übertragen und diesem damit die Bereiche „hinter dem Schutzwall“ eröffnen kann, soweit auch sonst die nötigen Voraussetzungen dafür gegeben sind.

Ungeeignete Methoden

Viele Arzneimittel haben positive Wirkungen. Sie kräftigen, stärken, heilen oder betäuben den Schmerz. Von den schädlichen, die es auch gibt, braucht hier nicht die Rede zu sein. Schon werden auch Medikamente angepriesen, die Angst und Depressionen beiseitigen, den Lebensoptimismus steigern und die Selbstdisziplin verbessern sollen. Weiter gehen die Verheißungen vorläufig noch nicht.

Anders auf dem Gebiet der *Drogen*. Drogen – uralte wie Haschisch, Opium, Alkohol oder die neuerdings in Mode gekommenen wie Meskalin, LSD, Psilocybin – rufen zweifellos Zustände von an Euphorie grenzender Unbesorgtheit wie auch süße, farbenprächtige Visionen hervor. Das Raumgefühl des Menschen wird dabei verändert, und bisweilen entsteht auch der Gefühlseindruck, mit dem ganzen Universum eins zu sein.

Aldous Huxley berichtete uns aus seiner eigenen Erfahrung über die Wirkung von Meskalin: „Meine Sicht der Dinge um mich herum hatte sich verändert, und meine Psyche war mehr mit der Existenz der Dinge als mit ihrem

Äußeren beschäftigt. Angst überkam mich, doch nur um einem Wohlgefühl und dem mächtigen Wunsch Platz zu machen, ich möge für immer in diesem Zustand verbleiben."

Folgendes Experiment machte 1966 der parapsychologische Forscher W. T. Stace in den USA mit zwanzig Theologiestudenten: der Experimentalgruppe (zehn Studenten) verabreichte er Psilocybin, der Kontrollgruppe (die andere Hälfte) wirkungslose Scheintabletten. Bei der Experimentalgruppe setzte ein gewaltiges Gefühl der Einheit der Studenten unter sich und mit jenen der anderen Gruppe ein; die Gruppenmitglieder fühlten sich über die Grenzen von Raum und Zeit hinauswachsen und „erlebten die Ewigkeit", während gleichzeitig der Versuchsleiter das Heraufkeimen einer sehr positiven Atmosphäre der Freude und des Friedens beobachten konnte. Einige sagten nachher, daß dieses Erleben nicht mit Worten zu beschreiben sei.

Dieses Experiment war insofern einseitig, als es nur mit Theologiestudenten gemacht wurde, deren Strebungen ein Drogenerlebnis dieser Art begünstigt. Wünschenswert wäre, solche Versuche mit Angehörigen verschiedenster Berufsgruppen durchzuführen. Insgesamt dürfte dabei jedoch herauskommen, was auch heute schon klar absehbar ist, daß nämlich Drogen bisweilen Zustände hervorrufen, die stark an ekstatische Verzückung erinnern. Ganz klar müssen wir aber die Unterschiede zwischen Drogenrausch und Ekstase sehen: Drogen lösen sinnliches Vergnügen aus, wobei die Persönlichkeit schrumpft und schließlich weitgehend aufgehoben ist, aber es besteht kein Verlangen nach Gott oder danach, anderen Menschen zu helfen. Daher können wir wohl folgern, daß Drogen nur die niedrigeren psychischen Schichten des Menschen stimulieren, während auf diese Art eine Verbindung mit dem höheren atmanischen Bereich nicht zustande kommen kann.

Ein Vergleich der verschiedenen Zugänge

Viele Gläubige suchen Gott durch den Glauben, die Liebe und das Gebet in Verbindung miteinander. In unserem Zeitalter zunehmender Laienmystik ist zudem zu beobachten, daß sich auch im christlichen Glauben erzogene Menschen vermehrt der konzentrativen Meditation widmen. In manchen Ländern gibt es sogar schon Rundfunkstationen, die Anleitungen zur konzentrativen Versenkung senden.

So fanden auch die christlichen Heiligen vergangener Zeiten den Zugang zum atmanischen Bereich. Sie widmeten sich voll Glauben und Liebe beschaulichem Nachdenken, versanken dabei in Meditation und aus ihr heraus in einen Zustand, in dem die Liebe zu Gott und das Verlangen nach höherer Erkenntnis zwar anhielten, alle Bilder und Gedanken aber schwanden, bis alles Denken erloschen war. Durch ihr stilles Gebet versanken sie in Selbstvergessenheit und ekstatische Verzückung.

Für die indische Art des Zugangs zeigt sich der Mensch der Gegenwart sehr aufgeschlossen. Keine Kirche, keine Theologie und daher auch keine Dogmen über Dinge, die vom Verstand nicht erfaßbar und nicht vollziehbar sind, üben in der indischen Religion Zwang auf den einzelnen aus. Man verlangt auch nicht, daß er zuvor schon an Gott geglaubt haben oder ihn geliebt haben muß. Vielmehr verläuft alles nach dem Motto: „Glaube nicht, sondern mache dich zufrieden." Und die Empfehlung: „Baue nichts auf, mache dich leer!" scheint ein guter Garant gegen Autosuggestionen zu sein. Die Inder erklären, daß die christliche im Vergleich zu ihrer Auffassung offenkundige Nachteile aufweise: durch ihren Dualismus von Körper und Seele schwäche sie von vornherein das Vermögen, mit dem eigenen Innersten zu verschmelzen, fördere sie das Auftreten von Autosuggestionen (d. h. unechten Erlebnissen) und übersehe sie, daß allzu inbrünstige Liebesgefühle den Gläubigen leicht vom atmanischen Bereich abbringen und in den Irrgarten seines eigenen Unterbewußtseins führen können. Deshalb betrachten die Inder den christlichen Zugang zu höherer Erkenntnis als eine Art Yoga ohne dessen Krönung.

Halten wir uns kurz beim Wesentlichen des Yoga auf. Sicher ist es seinem Wesen nach ein Weg zur Einswerdung mit dem atmanischen Bereich. Nach den Prinzipien der Sankhja-Philosophie ist der Yoga ein Heilsweg von acht Gliedern oder Stufen, in späterer Zeit wurden Abwandlungen entwickelt; hier können wir uns auf das Wichtigste beschränken. So befinden wir uns auf seiner praktischen Stufe, dem Pfad des Lebens und Wollens, auf dem Weg der Taten (Karma-Yoga), der für jedermann zugänglich und fruchtbar ist, aber kaum höhere Erkenntnis vermittelt. Der Pfad der Liebe zu Gott (Bhakti-Yoga) und daher der Weg der Gefühle stellt schon ein Bemühen höherer Art dar; nicht ein jeder ist religiöser Liebe fähig. Die höchste Stufe ist Radsha-Yoga, der königliche Pfad, der nach tiefster innerer Sammlung eine höchste und unmittelbare Art der Erkenntnis gewährt und über Konzentration, Meditation und Versenkung (Samadhi) einen schmalen und sehr steilen Weg darstellt, den nur wenige Menschen begehen können.

Sehr bemerkenswert in diesem Zusammenhang ist, daß die Lehre Jesu, in der die Liebe in höchstem Maß betont wird (das entspricht dem Bhakti-Yoga), auch die beiden anderen Stufen enthält. Dem Radsha-Yoga entspricht sein Ausspruch: „Suchet, so werdet ihr finden, klopfet an, so wird euch aufgetan!" und: „Seid so vollkommen wie der himmlische Vater!" Dem Karma-Yoga kommt sein Aufruf: „Tue gut und nütze auch jenen, die dich hassen!" gleich, denn hier werden Taten gefordert.

Im Einklang hiermit werden auch in der modernen Theologie drei Zweige mystischer Anstrengungen unterschieden. Sie sind beispielsweise bei Ovecka beschrieben als die geistigen (sie entsprechen dem Radsha-Yoga), die affektiven (sie entsprechen dem Bhakti-Yoga) und die aktiven Anstrengungen (sie entsprechen dem Karma-Yoga).

Bei kritischer Betrachtung müssen wir allerdings klar erkennen, daß der indische Zugang ebenfalls nicht frei von negativen Aspekten ist*; denn zunächst kann auch er nicht verhindern, daß die Adepten Autosuggestionen anheimfallen. Deutlich zeigt sich dies an der Blindgläubigkeit, die sich derzeit unter den „Kennern der Mystik" und Verfechtern fragwürdiger „indischer" Praktiken im Abendland breitmacht.

Während man sich angestrengt um Konzentration bemüht, erscheinen einem gewöhnlich viele Gesichter und Stimmen, die in den „Archiven" des Unterbewußtseins verborgen gespeichert waren. Sie quellen hoch ins Bewußtsein, und zwar ähnlich dem Schlamm, der, am Grund eines Gewässers, vom Fuß des Badenden aufgerührt, zur Wasseroberfläche hinwirbelt. Ein vernünftiger und einigermaßen unterrichteter Mensch kann sich etwa denken, wo diese Inhalte herkommen; ein Blindgläubiger hingegen wird sie nur allzu bereitwillig als Botschaften aus der „nächsten Welt" ansehen und sich dieser „mystischen Erfahrung" erfreuen.

Eine weitere Schwäche der indischen Methode ist der weitgehende Verzicht auf vorausgehende religiöse Begeisterung, wie sie durch bereits bestehenden Glauben oder bereits vor-

---

* Sicherheitshalber und um Mißverständnisse auszuschließen, möchte ich an dieser Stelle darauf hinweisen, daß meine Erörterungen von den Lehren genialer indischer Philosophen ausgehen, nicht von den Einstellungen der breiten Masse, die im heutigen Indien im Dualismus und in einer Vielzahl von Göttern untergeht und, wie kaum irgendwo anders, vom Aberglauben infiziert ist.

handene Liebe zu Gott erweckt wird. Dies geht leicht auf Kosten der Intensität der Bemühungen (die oft nur von Neugierde oder einem Modetrend inspiriert sind). Der Erfolg bleibt aus und die Betreffenden verlieren bald die Lust und kommen von diesem Weg wieder ab. Der christliche Zugang hingegen verleiht den Bemühungen dadurch viel größere Kraft, daß er die Liebe voraussetzt. Immerhin können durch den christlichen Glauben viele Menschen dahin kommen, Gott inbrünstig zu lieben, wenn auch nur wenigen jene ganz tiefe Konzentration gelingt, die zum Einssein mit dem Überselbst führt.

Welchen Zugang sollte man also wählen, den warmen der Liebe zu Gott oder den eher kühlen indischen? Auf diese Frage kann es nur eine Antwort geben: Jeder muß den Weg wählen, der ihm persönlich am ehesten liegt. Sicherlich ist die Art des Zuganges wichtig, doch stellt keiner eine „Erfolgsgarantie“ dar. Hingegen wird es immer und unabdingbar auf die Intensität und Kontinuität der Bemühungen ankommen. Ein Vers der *Bhagavadgita* beschreibt sehr prägnant, worum es im Grunde geht: „Am Ende jedes Weges warte ich, Gott; denn alle Wege sind meine Wege . . .“

Hindernisse auf dem Weg

„Den Körper, die Welt und den Teufel besiege ich“, heißt es im Katechismus. In dieser Formulierung sind drei Wissensgebiete über unser Leben – Biologie, Soziologie und Psychologie – symbolisch ausgedrückt.

Biologische Faktoren

Nehmen wir zunächst das Körperliche, das als hauptsächliche Verankerung des Menschen in Raum und Zeit anzusehen ist. Es verbraucht sehr viel von unserem Lebensschwung und zwingt uns geradezu eine materialistische Weltanschauung auf. Kein Wunder also, daß die Heiligen dem Körperlichen gegenüber kaum mehr als Geringschätzung hegten.

„Der Urgrund unseres irdischen Leidens ist die Identifizierung des Ich mit dem Körper; die Seele ist eine Gefangene des Körpers, und wir müssen sie aus ihren körperlichen Fesseln befreien", sagte Vivekananda, und Maharishi fügte hinzu: „Der Gedanke ‚Ich bin der Körper' ist die eigentliche Ursünde der Christen." Paulus predigte: „Wenn ihr für euren Körper lebt, so werdet ihr sterben, denn im Körper steckt der Zorn, der Neid, die Zügellosigkeit und die Trunkenheit. Tötet ihr aber die Auswüchse des Körpers, indem ihr ihn durch euren Geist zügelt und lenkt, so werdet ihr leben."

Die Geringschätzung des Körperlichen führte bei Heiligen zu einer oft sehr asketischen Lebensweise, extreme Menschen verstiegen sich zu Übertreibungen. Dazu gehören z. B. vertrocknete Körperglieder bei indischen Fakiren. Zur großen Enttäuschung dieser Selbstquäler stellten sich jedoch keine religiösen Erfahrungen höheren Ranges ein. Der Weise erkennt früher oder später die Grenzen und den relativen Nutzen der Askese.

Buddha beendete beispielsweise nach Jahren strenger, aber unfruchtbarer Askese seine Selbstquälereien und richtete seine Anstrengungen auf die Meditation. Es dauerte dann nicht mehr lange, bis ihm die Erleuchtung zuteil wurde. Auch in der *Bhagavadgita* steht schon: „Vergebens wird mich derjenige suchen, der seine Handlungen übertreibt, der zuviel oder umgekehrt zuwenig ißt; nur der wird mich finden, der bescheiden und maßvoll arbeitet, ißt und schläft; nur der wird mich finden und damit seiner Sorgen ledig werden . . ."

Eine maßvolle Askese ist bestimmt segensreich, besonders die Enthaltsamkeit. Schon die alten Magier und Schamanen waren sich dessen wohl bewußt; sie pflegten zu fasten, damit die geheimen Kräfte leichter freigesetzt werden konnten. Im großen ganzen soll man dem Körper aber das zukommen lassen, was er braucht, doch nicht wie einem schlimmen Herrn, sondern wie einem guten Diener.

„Verachtet den Körper nicht, sondern betrachtet ihn als Ausgangspunkt für eure geistige Selbstvervollkommnung", sagte Vivekananda, und lange vor ihm empfahl Plotinos: „Wie ein fähiger Musiker seine Lyra, so gebrauchet euren Körper zu weisem Nutzen." Johannes vom Kreuz äußerte, wir könnten die körperlichen und weltlichen Freuden durchaus genießen, doch nur als Instrumente im Dienste Gottes. Sehr bekannt ist auch, daß der heilige Franziskus kurz vor seinem Tod seinen Bruder – den Körper – um Verzeihung bat, daß er ihn derart vernachlässigt und oft sogar gequält hatte.

Bereits im ersten Kapitel dieses Buches gelangten wir zu der Ansicht, daß die sexuelle Energie mit ihrem großen Potential uns den Weg in die schwerer zugänglichen Bereiche unseres Innenlebens bahnen kann, wenn sie sublimiert und nicht vergeudet wird. Auf dem Weg zum atmanischen Bereich scheint sexuelle Enthaltsamkeit noch notwendiger zu sein, jedoch nicht etwa aus ethischen, sondern aus rein tiefenpsychologischen Gründen. Der atmanische Bereich ist ja noch viel unzugänglicher als der paranormale und daher nur unter noch höherer Energieleistung zu erreichen. Das heißt aber, daß aus einem anderen Bereich Energien abgezweigt werden müssen.

Dem Orient ist dies schon von alters her selbstverständlich: „Keuschheit ist der Grundstein geistigen

Fortschritts; die Sexualität muß beherrscht und in Kraft umgewandelt werden, wodurch der atmanische Bereich leichter erreicht werden kann", sagte Vivekananda.

Die indischen Heiligen vermieden gewöhnlich jegliches Geschlechtsleben, besonders während der Zeiten innerer Sammlung, und in den buddhistischen Mönchsorden wurde die sexuelle Selbstbeherrschung geradezu angeordnet und auferlegt. Auch Jesus empfahl den freiwilligen Verzicht auf sexuelle Betätigung, was er als Bemühung zum Erlangen des Reiches Gottes wertete, und die christlichen Heiligen verhielten sich auch danach.*

In unserer gegenwärtigen Epoche der Emanzipation stellt sich übrigens auch die Frage, welche Geschlechterverteilung unter den Heiligen zu beobachten ist. Wie in anderen Bereichen finden wir unter den bedeutenden Heiligen vorwiegend Männer. Dies mag sich daraus erklären, daß ihr Lebensschwung nicht so sehr beeinträchtigt bzw. festgelegt wird, wie dies bei den Frauen infolge der Mutterschaft zutrifft. Daher können sich Männer eher der Wissenschaft, der Kunst oder dem Weg zum atmanischen Bereich widmen.

Eine weitere Frage ist, inwieweit das Alter von Einfluß ist. Tatsache ist nun, daß bei jungen Menschen das allgemeine Interesse eher auf dem Äußerlichen, auf Existenzproblemen, Unterhaltung, Liebe usw. liegt. Daher scheinen diejenigen, die die wichtigste Strecke ihres Lebens bereits hinter sich haben, den jüngeren gegenüber im Vorteil. Bei ihnen stehen körperliche Bedürfnisse und Begierden nicht mehr im Vordergrund. Ihre ruhigere, oft sogar einsame Lebensart trägt

---

* Dieses Keuschheitsgebot wurde von der Kirche in Form des Priesterzölibates übernommen. Wir müssen allerdings klar erkennen, daß dies nichts anderes als eine Formalität ist, die keineswegs generell die Erleuchtung der Priester bewirkt.

dazu bei, daß sie über den Sinn des Lebens nachdenken; schließlich erwächst dem Altern und überstandenen Krankheiten naturgemäß ein brennendes Interesse an Gott und der Frage der Unsterblichkeit.

Bemerkenswert ist die besondere Situation der Kinder. Aus der Parapsychologie ist ihre erhöhte Eignung zu paranormalen Leistungen bekannt (was durch erhöhte Regressionsfähigkeit bzw. ein von Lebenserfahrung noch weniger belastetes Unterbewußtsein erklärt wird). Dies macht für sie auch den atmanischen Bereich zugänglicher.

> Es ist bekannt, wie hoch Jesus die Kinder schätzte. „Lasset die kleinen Kinder zu mir kommen und verbietet es ihnen nicht, denn ihrer ist das Reich Gottes." Oder: „Ich preise dich, o mein Vater, daß du diese Dinge vor den Weisen geheimgehalten und vor den Kindern enthüllt hast." „Ich sage euch, wenn ihr euch nicht wandelt und werdet wie die Kinder, so werdet ihr in das Reich Gottes nicht eingehen."
>
> Auch in diesem Punkt fasziniert wieder die Übereinstimmung der Ansichten zwischen Christen und Indern. Ramakrishna sagte ebenfalls: „Solange der Mensch nicht einfach wie ein Kind ist, wird er nicht erleuchtet werden."

Die gleiche Überzeugung spiegelt sich in der Behauptung des modernen Wissenschaftlers Havelock Ellis, daß im Grunde seines Wesens jedes Genie noch ein Kind sei. Die kindliche, freibewegliche Psyche erleichtert ein ungehindertes Vordringen in die Bereiche der Intuition und der Genialität.

Ebenso handelt es sich bei denen, die von Jesus in der Bergpredigt als „arm im Geiste" bezeichnet wurden und die da selig sein sollen, sicherlich nicht um Geistesgestörte, sondern um Menschen, deren Geist dem eines Kindes gleicht.

Soziologische Faktoren

Nehmen wir uns als nächstes die soziologischen Faktoren vor und untersuchen wir die zwei wichtigsten auf ihren Bezug zur Religiosität.

Als erstes interessiert uns die familiäre Situation. Die Familie bringt eine Fülle von Umständen mit sich, die das Innenleben des einzelnen mitunter schwer belasten (Unterhaltssorgen, Partnerkonflikte, Ärger mit den Kindern und andere Alltagssorgen mehr). Da dies so ist, empfehlen die Inder, daß der religiöse Weg erst dann beschritten werden solle, wenn ein Mensch aller Verantwortung gegenüber seiner Familie ledig sei. Entsprechend äußerte sich auch Jesus, als er eindringlich und scheinbar grausamerweise empfahl, Vater und Mutter zu verlassen: „... denn wer sie mehr liebt als mich, ist meiner nicht wert ...“

Um die nötige Distanz zu Familie und Alltagswelt zu gewinnen, wurden ja schließlich Klöster gegründet. Sie garantieren den Unterhalt der Beteiligten und bieten ihnen bescheidene Arbeitsmöglichkeiten wie auch eine für fromme Versenkung geeignete Umgebung. Auf diese Weise konnte die Grundvoraussetzung für das Beschreiten des religiösen Weges geschaffen werden, nämlich die Seele von all dem zu befreien, was die Bemühungen hin zum atmanischen Bereich stört und behindert, und das sind hauptsächlich die Sorgen des Alltags und die gefühlsbetonten Beziehungen zu nahestehenden Menschen.

Als zweites soziologisches Kriterium betrachten wir das Einkommen bzw. Vermögen und deren Beziehung zur Religiosität. „Eher geht ein Kamel durch ein Nadelöhr, als daß ein Reicher in das himmlische Königreich eingehe“, und: „Verteilet alle eure Reichtümer und folget mir.“ Diese beiden Aussprüche sind nicht die verächtlichen Worte eines Proletariers, sondern höchst zutreffende Bemerkungen darüber, daß ein ausschließlich nach Erhaltung und Vermehrung materiellen Vermögens strebender Mensch seine Innenwelt derart stark gegenüber allem Höheren abriegelt, daß es wie nicht vorhanden ist.

Psychologische Faktoren

Von der Seite der Psyche her stellt der Egoismus, das „Ich", die Hauptquelle des Mißerfolgs bei religiösen Bemühungen dar. Sie dienen dem Selbsterhaltungstrieb und dem Selbstverwirklichungsverlangen des Individuums und sind daher auch das Requisit des Menschen in der Auseinandersetzung mit Natur und Umwelt. Ihre vielgestaltigen Aspekte zeigen sich im Willen und im Gefühl.

Doch der konfuse Wille, der uns unstet hier- und dorthin treibt, steht einer tieferen seelisch-geistigen Erfahrung und religiöser Erleuchtung im Weg. Er bringt uns überdies in Konflikt mit anderen Menschen, da ja auch sie über den Willen verfügen und ihn ichbezogen zur Geltung bringen. Um diese potentielle Bedrohung geordneten Zusammenlebens abzuwenden, kamen die Menschen darauf, gesellschaftliche und gesetzliche Regeln aufzustellen.

Wenn das Ich jedes einzelnen schon im alltäglichen Leben für genügend Schwierigkeiten sorgt, so können wir uns leicht vorstellen, wie störend es im Bereich des religiösen Lebens wirkt. Da es sich ständig auf Äußerlichkeiten richtet, verhindert es, daß der Mensch von der simplen Verfolgung seiner Bedürfnisse abkommt und sich der Erkenntnis der Seele zuwendet.

> „Alles Übel dieser Erde", sagte Buddha, „kommt vom Ego, dem Zentrum der ichbezogenen Gier, weswegen man sich von den Täuschungen und den Irrwegen des ‚Ich' befreien muß." Ramakrishna stimmte ihm voll zu, indem er sagte: „Nur wenn der Egoismus beseitigt

wird, kann Gott sich uns zeigen." Schließlich hat auch schon Plotinos erkannt, worum es hier geht; er sagte: „Es ist unumgänglich, unsere innere Vielfältigkeit – die ja von den Bedürfnissen herrührt – abzutöten, wir müssen uns all dessen entleeren, denn nur dann kann das göttliche Licht zu uns finden ..."

Wie stellte sich Jesus dazu? „Wenn ihr zu mir kommen wollt, verneint euch, nehmt euer Kreuz und folget mir." Paulus machte diese Worte noch klarer: „Nicht ich, sondern Gott lebt in mir, und nur wenn ich nichts bin, kann er zu mir kommen." Emanuel Swedenborg äußerte sich wie folgt: „Liebe zu uns selbst bedeutet, daß wir uns in Richtung auf Gott verschließen; je mehr wir uns also selbst lieben, desto weiter weg von ihm rücken wir." Und darin wird er von Johann Gottlieb Fichte, dem Philosophen, voll und ganz unterstützt: „Solange wir darauf bestehen, wir selbst zu sein, wird Gott nicht zu uns kommen. Erst wenn wir unser Selbst ausgemerzt haben, wird er sich uns zeigen, und alles wird in allem sein."

Wundern wir uns nicht weiter darüber, daß diese Ansätze, die aus ganz verschiedenen Kulturen und Epochen stammen, so verblüffend miteinander übereinstimmen, sondern stellen wir vielmehr fest, was sie alle bedeuten: Das Ich und der Wille wirken wie eine Art psychische Gravitationskraft, die den Lebensschwung im Rahmen begrenzter individueller Erfahrung festhalten. Sie arbeiten damit den von paranormal Befähigten wie auch von Heiligen als notwendig empfundenen Situationen entgegen, die eine universellere Ausdehnung des Erfahrungsspielraumes gestatten.

Halten wir uns vor Augen, inwieweit der Wille schon im Alltagsleben störend wirkt: Uns fällt ein Wort nicht ein, aber je mehr wir unser Gedächtnis verzweifelt bemühen, je mehr wir uns anstrengen, desto weniger fällt es uns ein. Meist jedoch genügt es, die Gedanken eine Weile lang abzustellen, und schon bricht die Schranke zusammen, die dem Gedächtnis den Weg ins Bewußtsein versperrte. Plötzlich fällt uns dann das Wort wieder ein.

Emile Coué warnte ausdrücklich vor dem Einsatz der bewußten Willenskraft, da sie den Erfolg von Selbstheilungsvorgängen bedrohe. Ebenfalls nützt – erinnern wir uns an dieser Stelle daran – im Fall paranormaler Phänomene die willentliche Anspannung nichts.

Innere Konflikte

Jegliche Form psychischer Zerrissenheit oder Spannung scheint ebenfalls ein Hindernis auf dem Weg zu religiöser Erleuchtung zu sein. Unrast, Nervosität, Gereiztheit, Hast, Kummer, Sorgen, Verzweiflung, Angst und Zorn – solche und ähnliche seelische Verfassungen stören bzw. verhindern die innere Konzentration. Beim paranormal Befähigten ist es übrigens genau gleich; auch er bringt nichts zustande bei seiner Arbeit, wenn er aus dem inneren Gleichgewicht geworfen ist. Die Gelöstheit von Geist und Seele – des Bewußtseins und des Unterbewußtseins – muß geradezu vollkommen sein, wenn wir uns auf das Erreichen des atmanischen Bereiches vorbereiten und einstellen wollen. Die bedeutenden Persönlichkeiten in der Religionsgeschichte waren sich darüber völlig im klaren. Deutlich läßt sich dies aus dem Prinzip der sieben Hauptsünden und der Grundtugenden in der christlichen Lehre bzw. aus der Forderung nach dem inneren Gleichgewicht als wichtigster Voraussetzung bei den Indern ablesen. Als die größten Hindernisse auf dem religiösen Weg werden Aufgeregtheit, Wankelmut und Begehrlichkeit genannt. Anhand dieser Systematisierung wird uns klar, warum alle Religionen von ihren Anhängern Mäßigung, Ruhe, Friedlichkeit und im besonderen Demut verlangen.

Jesus sagte: „Gesegnet seien die Friedlichen und die Ruhigen. Die Saat meiner Worte fällt beim Geduldigen auf fruchtbaren Boden. Wachet über eure Seelen in Geduld." Dazu Meister Eckart: „Wir müssen ruhig bleiben und Gott für uns arbeiten lassen."

Von indischer Seite aus hören wir nichts anderes: „Der Geist muß in Geduld eingefaßt sein, genau wie ein Edelstein in Gold" *(Bhagavadgita)*, und: „Die Verwirklichung Gottes bedeutet Ruhe und Frieden, denn die Ruhe ist die mächtigste Form der Arbeit" (Maharishi).

Worauf diese Aussagen fußen, ist offenkundig: es sind Bedingungen für die Verwirklichung atmanischer Erfahrung, und sie beinhalten ein Maximum innerer Entspannung und Gelöstheit, das völlige Verstummen egoistischer Strebungen und die vollkommene Hingabe des Menschen an Gott und dessen Willen. Der bewußte, aber vor allem auch der unterbewußte Bereich wird nicht durch Störaktionen des Willens aus dem Gleichgewicht gebracht, so daß die Wege zu den Bereichen jenseits der eigenen Schwelle ganz freigehalten sind.

Zum Abschluß dieser Betrachtungen sei noch eine weitere Voraussetzung für den religiösen Weg genannt: alles, was jenseits des unterbewußten Bereiches liegt, sollte einheitlich ausgerichtet sein, d. h. nichts darf sich dort im Widerstreit befinden. Nur bei solcher Einheitlichkeit kann die innere Strömung derart mächtig werden, daß sie unsere Innenwelt völlig erfüllt und zu religiöser Erleuchtung führen kann.

Aus ebendiesen Gründen braucht die Entwicklung hin zu echter Religiosität ihre Zeit, und irgendwelche Formen religiöser „Frühreife" erweisen sich meist als trügerisch, oft als gefährlich. Mit theistischen Sehnsüchten ist nichts getan. Solche Neigungen kommen oft auch in Konflikt mit dem Verstand – auf Grund unsinniger Autosuggestionen.

Dazu ein Fall: Ein intelligenter Industrieller ging seines Vermögens verlustig und wurde ins Gefängnis gesperrt. Nach seiner Freilassung gab er sich völlig unerwartet als „Mystiker“, der den Kult der altägyptischen Göttin Astarte verkündigte, die – so behauptete er – ihm erschiene. Wie ist dies nun zu interpretieren? Wohl so, daß er den psychischen Schock, den er durch die plötzliche Veränderung seiner Lebenslage erlitten hatte, nicht verarbeiten konnte. So flüchtete er sich in eine religiöse Sehnsucht, die jedoch mit seiner ungebrochenen Skepsis im Konflikt stand; aus diesem Widerspruch ergaben sich schließlich seine lächerlichen Behauptungen.

Was es zur Erleuchtung braucht, finden wir beispielsweise treffend von Plotinos erklärt: „Jedes Teilchen unserer Seele“, betonte er, „soll von Gott erfüllt sein, und auf dem Grunde unseres Wesens darf nichts übrig sein, was nicht von ihm abhinge ...“

Zusammenfassung

Ich möchte im folgenden versuchen, die gewonnenen Erkenntnisse über die Wege zum erhabenen atmanischen Bereich zusammenzufassen und sie übergreifenden Gesichtspunkten unterzuordnen.

Beginnen wir mit der *Introversion.* Die Inder gehen seit Jahrhunderten davon aus, daß es möglich sein muß, die Vereinigung mit Gott zu verwirklichen, wenn es ihn überhaupt geben soll. Diese Vereinigung aber soll den in diesem Kapitel vermittelten Erkenntnissen zufolge durch unseren eigenen innersten, den atmanischen Bereich möglich sein. Um zu ihm zu gelangen, ist es jedoch notwendig, daß wir alle unsere nach außen gerichteten Interessen radikal abstellen, und zwar ungeachtet der Tatsache, daß unsere Psyche aus Gründen der Selbsterhaltung von Natur aus nach außen hin orientiert ist. Vielmehr gilt es, unsere gesamte Energie auf die Erforschung der innerseelischen Vorgänge in unserer Innenwelt zu richten.* „Wir wenden der Welt den Rücken zu“, verkündeten die Heiligen im Einklang mit Jesus („Ich habe die Welt überwunden“).

Aus theologischer Sicht heißt es, daß Gott, wenn er im Kosmos existiere, notwendigerweise auch in uns sein müsse, wo er uns natürlich näher und der Zugang zu ihm leichter sei. Gott existiere in höheren Dimensionen, die unseren Sinnen und unserem Verstand entzogen seien. In uns selbst hätten wir jedoch einen Bereich, der zu diesen Dimensionen hin offen ist. – Weiter heißt es, daß Gott ohne Gestalt sei und so auch Atman. Gott sei das Wesen, das Sein, und die atmanischen Erfahrungen gäben genau diesen Zustand wieder. Jede Loslösung vom Äußerlichen der Außenwelt und jede Hinwendung zum Innerlichen und der Innenwelt bedeute gleichzeitig, daß wir uns von unserem eigenen Ich befreien und einen Schritt hin zur Universalität machen. Jede Abwendung von der Welt komme einer Loslösung von der menschlichen Vielfältigkeit und einer Hinwendung zur innerlichen Einheit gleich; das Prinzip der Einheit sei aber wiederum einer der Grundzüge Gottes.

Diese theologischen Erwägungen können durch das Zeugnis der Heiligen bekräftigt werden. Es besagt, daß tief in uns, in dem innersten Bereich unseres Wesens, das Zentrum des Seins und aller Realität sei und damit auch derjenige Bereich, in den es vorzudringen gelte.

---

* Dabei ist es freilich nicht mit psychischer Anstrengung getan (wie bereits dargelegt wurde), da der atmanische Bereich ja völlig verschieden von allen anderen persönlichen Bereichen ist.

Die Introversion scheint demnach den Menschen dazu zu befähigen, sich mit der in uns verborgenen Urquelle zu vereinigen. Was sich aber tatsächlich in diesem mysteriösen Bereich unserer Innenwelt abspielt, ist uns unbekannt. Wir können uns diesen Bereich überhaupt nur anhand eines Schemas vorstellen: vom Bewußtsein aus gelangen wir in den Bereich des Unterbewußtseins und durch diesen hindurch in den atmanischen Bereich.

Ob die „Durchquerung“ des Unterbewußtseins gelingt, hängt in offenbar entscheidender Weise von einer Art Überdruck ab, der eben in diesem Bereich (dem Unterbewußtsein) entsteht. Mit diesem Überdruck meine ich einen nicht mehr normalen und daher nicht wünschenswerten Zustand, den der Organismus besonders dadurch zu beseitigen sucht, daß er sich Luft macht. Anzeichen sind etwa Erröten, unterlaufene Augen, Erbleichen, Schlafstörungen, wilde Träume, heftige Gesten, rasches Erzürnen, Drohungen und Beleidigungen, Gewalt gegen Personen und Sachen, hysterische Anfälle, Kollapse und Ohnmachten, Psychosen, Infarkte, Selbstmordversuche, Flucht von zu Hause und noch viele andere mehr, die je nach den speziellen Umständen verschieden ausfallen.

In Ausnahmefällen und unter uns bislang unbekannten Umständen kann dieser „Überdruck“ auch in den paranormalen Bereich ausweichen, so daß dann paranormale Leistungen zustande kommen (in diesem Zusammenhang sind die Poltergeistphänomene von größtem Interesse, auf die später noch eingegangen wird).

Im Falle außerordentlich intensivierter religiöser Gefühle kann der „Überdruck“ auch in den atmanischen Bereich vorstoßen. Dies tritt gewöhnlich dann ein, wenn allmählich sich anstauende Gefühle zur geballten Kraft anwachsen; in solchen Situationen kann es unter Umständen auch gewaltsam zugehen.

> Ramakrishna nahm jahrelang die Enttäuschung auf sich, daß sich die Heilige Mutter ihm nicht zeigen wollte. Er war verzweifelt über seine unerfüllte Sehnsucht und erklärte deshalb eines Tages, daß er sich während des Abendgottesdienstes vor ihrem Altar das Leben nehmen werde, wenn sie ihm kein Gehör schenke. An jenem Abend versank er ins Samadhi.

Wie dem nun auch sei – ob sich der Gläubige dem äußerlichen Sinnbild Gottes zuwendet oder ob er seine innersten Kräfte auf einen Punkt konzentriert, um die Vereinigung mit Atman zu erlangen –, in jedem Fall haben wir es mit einem innerseelischen und vor allem unbewußten Vorgang zu tun, wenn dieser Vorgang auch irgendwann als bewußtes Vorhaben begonnen haben muß.

Als nächster übergreifender Gesichtspunkt dieser Zusammenfassung sei das *aktive Bemühen* genannt. Man muß nach dem religiösen Weg streben und in diesem Vorhaben Durchhaltevermögen beweisen. „Fraget, suchet und klopfet an", waren Jesu mahnende Worte, und die Heiligen lehren uns: „Betet mit eurer ganzen Seele, glaubet mit eurem ganzen Ich, liebet tief und inbrünstig, sammelt euch intensiv." Der religiöse Weg ist weder ein Ausweg aus mißlichen Situationen des Alltags noch ein unterhaltsamer Zeitvertreib, sondern vielmehr Auseinandersetzung mit sich selbst, Kampf. Von allen Seiten wird das bezeugt.

> Jesus wies schon darauf hin: „Das Königreich Gottes duldet die Gewalt; ich habe nicht den Frieden, sondern das Schwert gebracht!" „Zäh und kraftvoll müssen wir voranschreiten", sprach ermahnend Plotinos, und andere Heilige stimmten darin mit ihm überein. „Gott wird uns seine Gunst nicht versagen, sondern sie uns in dem Maße gewähren, wie wir uns um ihre Erlangung bemühen und anstrengen."

Am Anfang des religiösen Weges müssen die Anstrengungen besonders groß sein, da der Zugang zum atmanischen Bereich noch verschlossen ist. Später hingegen, wenn der Weg bereits geebnet und der Zugang erschlossen ist, kommt man auch mit weniger heftigem Bemühen aus. So wissen wir von den bedeutenden Heiligen, daß sie den Zugang im Laufe ihrer Erfahrungen schließlich fast mühelos fanden. (Analoges haben wir bereits bei geübten Paragnosten festgestellt; Croiset konnte schon bei Telefonanrufen spontan hellseherisch reagieren.)

Warum aber bleibt Gott so passiv, warum gibt er sich uns nicht leicht, unbeschwert, fast wie von selbst? Diese Frage haben sich schon viele fromme Menschen gestellt, wenn ihre brennenden Wünsche nach göttlicher Offenbarung nicht erhört wurden. Ein banaler, doch treffender Vergleich sei hier erlaubt: diese Frage ist nämlich der Bitte eines Schülers sehr ähnlich, die Mutter solle für ihn die Schulaufgaben machen. Wir müssen ganz klar erkennen, daß jeder Schritt auf eine höhere Ebene zu – egal ob auf wissenschaftlichem, künstlerischem, zivilisatorischem oder kulturellem Gebiet – einfach nur durch entsprechende Anstrengungen zu bewerkstelligen ist; dasselbe gilt auch für Errungenschaften im religiösen Bereich.

Scheinbar im Widerspruch zu dem geforderten aktiven Bemühen stehen Berichte von sogenannten spontanen Bekehrungen. Sie schildern ganz plötzliche und sehr erstaunliche Wandlungen im Leben der Betreffenden, unter totaler Abkehr von der früheren Lebensart.

So wird von dem fanatischen Christenverfolger Saulus erzählt, daß er auf seinem Weg nach Damaskus plötzlich von Licht durchflutet wurde und in Ekstase fiel; daraufhin nahm er den Namen Paulus an und wurde ein eifriger Verfechter der neuen Lehre. Von dem einst frommen Mädchen Katharina, der späteren Heiligen von Genua, wird berichtet, daß sie nach einer gescheiterten Ehe einen sehr lasterhaften Lebenswandel annahm und mehrere Jahre lang in wilder Unzucht lebte. Eines Tages wurde sie in der Morgenbeichte plötzlich „in den Himmel geworfen“, erzitterte unter dem Schwall der göttlichen Liebe und schrie auf vor Glück, wobei sie bis in den Grund ihrer Seele erschauderte. Seit dieser Begebenheit war sie ihren sündigen Lebenswandel los.

Für die Theologen wie auch für die Bekehrten selbst handelt es sich bei solchen Vorkommnissen um ein gütiges Eingreifen Gottes. Aus unserer nüchterneren Sicht stellen sich solche Ereignisse vielmehr als das Ergebnis psychischen Druckes dar, der sich eine Zeitlang im Unterbewußtsein angestaut hat (unter dem Druck wären hier Liebe zu Gott und Sehnsucht nach einem besseren Leben zu verstehen). Zunächst wird dieser Druck nur latent spürbar (vergleichen wir hierzu die Äußerung Jesu: „Das Königreich Gottes ist ähnlich wie Hefe.“), doch allmählich wächst er zu einem Überdruck an, der den atmanischen Bereich eröffnet, welcher sodann den Betreffenden mit seinen großartigen Inhalten überflutet. Als automatisches Arbeiten eines unterschwelligen Systems bezeichnete W. James diesen Vorgang schon vor Jahrzehnten, und der Psychoanalytiker C. G. Jung könnte diese „Diagnose“ nur bestätigen.

Wenn der innere Druck ausreichend stark ist, so genügt bereits wenig, um den sprichwörtlichen Kelch zum Überfließen zu bringen. Dies berichtete Jakob Böhme, der beispielsweise beim Betrachten von Lichtreflexen auf einem Zinntopf in Ekstase fiel. Ignatius von Loyola passierte dies, als er einen Wasserlauf betrachtete. Derlei Beispiele ließen sich mühelos vermehren.

Als wir die Fähigkeit paranormalen Informationsempfangs untersuchten, wurde uns klar, wie abhängig ihr Funktionieren von der Art der psychischen Organisation des einzelnen ist. Bei dem einen Menschen ist der innere „Schutzwall“ so undurchlässig, daß er den Empfang paranormaler Informationen völlig verhindert, bei dem anderen hingegen dringen diese Informationen durch, was aber auch nicht einheitlich geschieht. Die jeweilige, individuelle Persönlichkeitsstruktur der Betreffenden ist maßgebend für die Wege und die Mittel, derer sich diese Informationen bedienen können.

Eine entsprechende Situation finden wir bei religiösen Bemühungen. Viele Menschen kümmern sich überhaupt nicht um Gott und streben eine Beziehung zu Gott gar nicht an. Diejenigen aber, die ihn suchen, tun dies nach Maßgabe ihrer Fähigkeiten und Veranlagungen. Sie wählen ihren speziellen Zugang zu diesem Bereich aus. Den Weg dorthin beschreiten sie so zügig, wie sie eben können, und machen dabei Fortschritte, wie es ihnen möglich ist. Das erscheint uns verständlich. Denn der atmanische Bereich ist individuellen Zuschnitts und kann folgerichtig auch nur durch die individuell richtigen Bemühungen erreicht werden. Zu Gott kann der Mensch nur völlig allein und nur durch sich selbst gelangen. Keine Methode kann ihm dabei helfen; er ist auf das angewiesen, was er an speziellen Fähigkeiten mitbringt und an Bemühungen unternimmt. Daher führen ganz verschiedene Wege zum atmanischen Bereich, und es bleibt im Grunde gleich, ob jemand betet oder sich konzentriert und dabei in dieser Welt bleibt oder sie zu fliehen sucht. Manche werden durch ein Gotteshaus inspiriert, andere brauchen die Einsamkeit; einige Menschen beschreiten ihren Weg möglichst unter Ausschluß des Verstandes, andere hingegen stützen sich auf ihn bis zum Ende des Weges; die einen werden durch ästhetisch erfreuliche Eindrücke günstig stimuliert, die anderen vermeiden solche Eindrücke bewußt, usw. Nicht wenige Menschen fühlen sich von naiven, wunderlichen, oft geradezu abergläubischen Vorstellungen angeregt; für den Gläubigen selbst haben sie etwas Farbiges, etwas „Warmes" an sich und fördern den religiösen Eifer und die Hingabe an Gott sehr nachhaltig. Logische Argumente hingegen sagen solchen Gläubigen nichts und lassen sie kalt.

Ästhetisch erfreuliche Eindrücke (Bilder, Musik usw.) erwecken in vielen Menschen religiöse Gefühle; sie bringen ihnen Freiheit vom grauen Alltag und versetzen diese Menschen zuweilen in eine Harmonie, die nicht von unserer Welt zu sein scheint. Zahlreiche Heilige liebten das Schöne, manche schrieben sogar Verse darauf (Franz von Assisi, Johannes vom Kreuz, Ramakrishna, Maharishi u. a. m.). Gewisse religiöse Denker wie Plotinos, Pseudo-Dionysios und in bestimmter Hinsicht auch der heilige Augustinus erhoben das Schöne sogar zum Ausgangspunkt auf dem Weg zu Gott („Schönheit ist Wahrheit und Gottes Wahrheit ist Schönheit"). Viel später sagte der philosophische Vollender des „absoluten Idealismus", G. W. F. Hegel, die Schönheit sei das Geistige, das sich sinnlich erfaßbar offenbart habe. Platon sah den Begriff Schönheit, ins Bildliche versetzt, gleichsam in einer aufsteigenden Kette: ihr unterstes Glied stelle die Liebe zu konkreter Schönheit dar, das nächste Glied die Liebe zu Abstraktionen der Schönheit, und im höchsten Glied erhebe man sich zu einer Liebe, die dem Prinzip der Schönheit gilt. Die Untersuchungen von W. James (ähnlich wie diejenigen von V. Hoppe) ergaben, daß Schönes oft Anlaß zu mystischen Zuständen ist.

Gesetzliche Normen verlangen von uns, daß unser Ich sich mit demjenigen anderer Menschen vertrage, die Ethik will schon mehr als nur das, doch die höchsten Forderungen werden diesbezüglich von der Religion gestellt, nämlich: Zerstöre das Ich, erhebe dich über die Realität des Körperlichen. Sich gegen die eigene Natur zu wenden, ist zweifellos eine schwierige Aufgabe. „Tretet ein durch die schmale Pforte", sagte Jesus, „denn zum Verderben hin führt eine breite Straße." Deshalb begeben sich nur wenige Menschen auf diesen Pfad, und auch von diesen geben viele bald wieder auf. So steht es auch schon in der alten *Bhagavadgita:* „Von den vielen Tausenden streben nur wenige nach Vollkommenheit; doch auch von diesen gesegneten Menschen wird es vielleicht nur ein einziger sein, der mich in meinem wahren Wesen erkennen wird ..." Bei Jesus finden wir den gleichen Gedanken: „Denn viele werden gerufen, doch nur wenige auserwählt!"

Daran wird sich wohl auch nichts ändern, solange der Mensch aus Fleisch und Blut besteht und die körperliche Realität seine primäre Welt ist.

Wie wir bereits festgestellt haben, unterscheiden sich die paranormal Befähigten in der Art ihrer paranormalen Erlebnisse beachtlich voneinander. Den gleichen Sachverhalt treffen wir im religiösen Bereich an. Manche religiös bemühte Menschen sind in Worten und Taten fromm, und der Glaube verleiht ihnen Stärke im Leben. Anderen werden herrliche Momente zuteil, als würden sie in Gottes Hand genommen. Wieder andere spüren sehr stark die Anwesenheit des allgegenwärtigen Gottes, und schließlich gibt es jene, die der Vereinigung mit dem atmanischen Bereich fähig sind. Diese Vereinigung erfolgt nicht sozusagen am Ende eines Fließbandes, das den Menschen zu dem höchsten Ziel trägt. Der Weg dahin kennt Hindernisse und Umwege, Fortschritte und Rückschläge; Momente der Hoffnung wechseln mit solchen der Verzweiflung und der inneren Öde, in denen es scheint, als ob Gott verschwunden wäre; er führt in schwarze Seelennacht, deren Hoffnungslosigkeit und Angst nur von wenigen überwunden wird.

In der christlichen Lehre werden im allgemeinen vier

Hauptstufen auf diesem Weg beschrieben: die Sühne, die Erleuchtung, die Vereinigung und die Verschmelzung. Manche Mystiker halten an sieben Stufen fest (die heilige Theresia, Ramakrishna, auch die Sufi mit ihren sieben gesegneten Tälern). Die Inder entwickelten das Sinnbild der über die sieben Chakras aufsteigenden Kundalinikraft, die in jedem Menschen schlummert, und zwar im untersten Chakra. Durch die Kundalini (was soviel wie Schlangenkraft heißt) werden die als Lotosblumen dargestellten Chakras (Kraftzentren) „erweckt" und aktivieren bestimmte Kräfte.

Die ersten beiden Chakras liegen nahe den Geschlechtsdrüsen, das dritte ist im Bereich des Sonnengeflechtes, das vierte nahe beim Herzen; wird es aktiv, so stellt sich eine übermäßige Liebe zu Gott ein, das fünfte ist in der Kehle, das sechste im Handteller und das siebte schließlich, das höchste von allen, befindet sich am Scheitel des Kopfes; wird es erweckt, so tritt das Samadhi ein.

Fragen wir einen Neurologen, was er dazu meint, so wird er uns kaum das Vorhandensein von Chakras bestätigen. Wir dürfen aber nicht übersehen, daß in der unmittelbaren Nähe dieser Kraftzentren nachweislich Nervenzentren zu finden sind. Einige Phänomene aus der Praxis der konzentrativen Versenkung scheinen das indische Sinnbild zu bestätigen. So setzt bei Beginn der Konzentrationsübungen nicht nur ein Gefühl inneren Glückes ein (das auf die allgemeine nervliche Entspannung zurückgeführt werden kann), sondern auch ein Gefühl sexueller Euphorie – ganz so, als ob das sexuelle Chakra „erweckt" worden sei.

Bei den paranormalen Fähigkeiten stellten wir fest, daß sie durch Übung entwickelt werden können. Dasselbe gilt von der Fähigkeit, zum atmanischen Bereich zu gelangen. „Mystische Reisen in die innere Welt sind im wesentlichen geistige Übungen; aus dem Embryo der Vorahnung des

Göttlichen“, so Underhill, „entwickelt sich das göttliche Kind oder der göttliche Sohn. Die Übungen machen die Wege im Inneren des Menschen frei und gangbar.“

Der Weg muß ruhig und bescheiden und darf nicht stürmisch und überstürzt beschritten werden. Vivekananda versicherte uns, daß die überwiegende Mehrzahl der Menschen langsam voranschreiten muß, und über die Kluft von Jahrhunderten hinweg befindet er sich dabei in Übereinstimmung mit Johannes vom Kreuz, der sagte: „Gott leitet unsere Seele sachte und im Einklang mit ihrer Eigenart und Größe; zunächst führt er uns an die niedrigen, äußerlichen Probleme heran und erst allmählich an die höheren und wertvolleren.“

Das klingt eigentlich ganz plausibel und leuchtet auch wissenschaftlich denkenden Menschen ein. In diesem Zusammenhang muß ich nochmals nachdrücklich betonen, daß gewaltsames Voranstreben – aus reiner Ungeduld heraus – mit dem großen Risiko behaftet ist, unechten Erfahrungen zum Opfer zu fallen. Aberglauben und Autosuggestion führen dann zu willkürlichen subjektiven „Wahrnehmungen“; sie bringen den Betreffenden nicht der Wahrheit näher, sondern verleiten ihn höchstens zu lächerlichen Behauptungen. Im übrigen sind geistige Gewaltakte auch für die Gesundheit gefährlich, auch vor übertriebenen Atemübungen sei gewarnt; der Organismus wird durch sie erschöpft, was der Betreffende in Form von schmerzhaften Zuständen zu spüren bekommt.

Besonders die christlichen Heiligen haben von schmerzhaften Zuständen berichtet. Bei ihnen sind sie schon fast Teil ihrer religiösen Bemühungen, denn – so erklärten viele – die Annäherung an Gott erzeuge unvermeidlich abwechselnd selige und schmerzhafte Empfindungen. Dies bestätigte beispielsweise die heilige Katharina von Siena, die von einem tiefen Glück sprach, das Seligkeit und Schmerz in sich berge.

Mit solchen Interpretationen sind die Inder freilich nicht einverstanden. Sie erklären die schmerzhaften Zustände vielmehr damit, daß die christlichen Heiligen ihre Innenwelt zu sehr vom Gefühlsleben her kennenzulernen versuchten.

Auch die psychische Gesundheit kann durch das forcierte Bemühen angegriffen werden, dann nämlich, wenn die Ungeduld das Unterbewußtsein des Betreffenden aufwühlt und sich daraus pathologische Wahrnehmungen und Verhaltensweisen ergeben.

Heftiger körperlicher wie auch seelischer Schmerz sind als pathogene Auslöser längst schon bekannt. Verliert zum Beispiel eine Mutter plötzlich ihr geliebtes Kind, so ist der seelische Schmerz groß. Dabei kann ein Mensch derart nachhaltig aus dem Gleichgewicht geworfen werden, daß er den Weg zurück zur psychischen Normalität nicht mehr findet. Im Labyrinth seiner Innenwelt irrt er dann ausweglos herum.

Um Exzessen im religiösen Streben vorzubauen, empfehlen die Inder, einen Lehrer hinzuzuziehen, der seine Schüler vor Abwegen bewahrt und sie in ihren Bemühungen erfolgreich anleitet. Die Christen halten von dieser Idee im allgemeinen (außerhalb von Unterricht und Studium) nicht viel, da weder Jesus noch irgendein anderer großer Heiliger einen Lehrer gebraucht hat. Ich meine, für einen Menschen auf dem religiösen Weg sei ein guter Lehrer sicherlich ein Vorteil. Allerdings gilt dies nur für Lehrer mit gründlicher religiöser Erfahrung und nicht für nichtssagende Schwätzer (wie sie häufig unter den Wortführern moderner „mystischer" Bewegungen anzutreffen sind).

Damit sind die Überlegungen darüber, welche Wege hin zum atmanischen Bereich führen, abgeschlossen. Die Existenz dieses Bereiches kann meiner Meinung nach nicht länger angezweifelt werden. Hierfür sprechen erstens schon rein logische Überlegungen, zweitens wird er von führenden Vertretern verschiedener Glaubensrichtungen beschrieben (und zwar in zum Teil weit auseinanderliegenden Epochen der Religionsgeschichte), und drittens zeigen sich eindeutige Parallelen zum paranormalen Bereich. Das heißt also, daß dieser mysteriöse atmanische – oder wie immer bezeichnete – Bereich, der die innerste und verborgenste „Kammer“ des menschlichen Innenlebens darstellt, als Teil der Realität angesehen werden muß.

4. Gott — gibt es ihn?

Die Suche nach Gott

Zentralfigur und Inbegriff einer jeden Religion ist Gott. Er wird als Schöpfer der Welt und des Lebens angesehen. (Andere, von dieser religiösen Auffassung der Entstehungsgeschichte abweichende Thesen besagen beispielsweise, daß alles durch Zufall und Notwendigkeit entstanden sei – was eine ziemlich unlogische Behauptung ist; oder sie machen glauben, daß die Materie aus sich heraus das Universum geschaffen habe, was erst einmal bewiesen werden müßte.) Gott wird als Synthese der obersten Macht und der vollkommenen Weisheit dargestellt. Er ist außerdem absolut, ewig, allmächtig, allgegenwärtig und allwissend. Das herausragende Merkmal gegenüber allem anderen Leben besteht darin, daß Gott nichts Erschaffenes ist (woraus übrigens die vorerwähnten Eigenschaften logisch folgen); er besitzt demnach auch keine Gestalt. Das Universum ist nun ein Produkt dieser Gottheit und ist gleichzeitig von ihr durchdrungen. „Gott ist über allem, in allem und dringt durch alles hindurch", sagte der heilige Paulus.

Bilder von Gott

Die Vorstellung von Gott als einem netten alten Mann mit freundlichem Blick ist heute weitgehend verschwunden. Weiterhin wird aber hartnäckig geglaubt, Gott sei ein Lebewesen, zwar ohne Körper, doch mit Gefühl und Wille und eben auch mit einem Ich – und das ist das ist das Verhängnisvolle an dieser Vorstellung. Demzufolge nimmt man an, daß er von uns Verehrung und Lobpreisung verlange und durch Unglauben und Lästerung beleidigt werde (dies geht sehr deutlich vor allem aus dem *Alten Testament* hervor, in dem Gott als nachtragender und rachsüchtiger Herrscher dargestellt wird).

Diese anthropomorphisierende Vorstellungsweise ist für den Menschen kennzeichnend; er braucht von allem, mit dem er zu tun hat, irgendein Bild. Daher darf es nicht verwundern, daß auch die höchste Lebensinstanz, Gott, menschliche Züge angehängt bekommt. Verstärkt wird diese Tendenz zur Anthropomorphisierung der Gottheit noch durch die *Heilige Schrift* und ihr analogen Werken anderer Religionen, auch durch die Worte der Heiligen: Gott der Herr, der Vater, Allah, Jehova; „Ich habe dich, o mein Herr, gesucht" usw. Anders bei den Indern; für sie ist Gott dem Wasser ähnlich, was für ihre Denkweise typisch ist. Der deutsche Philosoph Ludwig Feuerbach hat darum sagen können: „Jeder Mensch hat den Gott, der ihm selbst gleicht." Die Gottesvorstellung ist um so einfacher und primitiver, je weniger wir vom Universum und seinen Gesetzmäßigkeiten wissen. Der Mensch macht leichthin Gott zu seinem Diener, etwa nach dem Motto: „Bitte, gib mir, bitte, beschütze mich", oft mit dem Zusatz: „Sonst wende ich mich von dir ab." Sogar Priester haben zuweilen nur sehr begrenzte Vorstellungen vom Universum und von Gott, sonst wäre es nicht zu vereinzelten Amtsniederlegungen (von denen die Presse berichtete) gekommen, als die ersten Menschen den Mond erreicht hatten.

Auch noch so hehre und erhabene Begriffe können sicherlich kein erschöpfendes Bild von Gott geben – unsere menschliche Vorstellung und Sprache reichen dazu einfach nicht aus; zudem sind grundsätzlich alle Eigenschaften, auch die großartigsten und edelsten, immer einer relativen Begrenzung unterworfen. Obwohl dies so ist, hat die

„schlichte“ Gottesvorstellung schlichter Menschen doch auch etwas Vorteilhaftes an sich. Sie erfüllt fromme Seelen mit Hingabe und Sehnsucht, und sie vermag die innere, auf Gott gerichtete Strömung zu verstärken. Genaugenommen erniedrigen sie Gott zwar, denn der von ihnen Gott zugedachte Rahmen ist nur ein kleiner und unbedeutender Ausschnitt des Universums, daran ändern auch die Superlative der ihm eingeräumten Attribute nichts. Kein Millionen- und kein Trilliardenbegriff kann die Unendlichkeit der Ewigkeit ausdrücken, und genauso können unser an sinnliche Wahrnehmung gebundenes Erfassen und dessen Sprache nicht jene Einheit voll begreifen, die der Zeit, dem Raum und der ganzen Schöpfung übergeordnet ist.

Gott zu definieren und seine Eigenschaften zu beschreiben, ist daher unmöglich (übrigens ist schon die Frage nach seinen Eigenschaften typisch für unser dreidimensional gebundenes Denken). Jedem, der schon über dieses Thema nachgedacht hat, dürfte diese nihilistisch klingende Erkenntnis einleuchten; überraschen mag jedoch, daß sie auch von denjenigen vertreten wird, von denen man genau das Gegenteil erwarten müßte – von den Heiligen. Ihre Äußerungen stehen oft im Gegensatz zu der gängigen Religionslehre und ihren Dogmen.

> Im alten Indien sagte man immer, daß Gott keine Eigenschaften habe, er sei vielmehr in allen nur möglichen Eigenschaften verborgen. Plotinos meinte: „Seid ruhig und forschet nicht darüber nach, wie Gott ist, denn damit erreicht ihr nichts“, und Dionysios Areopagites erklärte: „Gott ist die Verneinung all dessen, was auf unserer Welt existiert“, eine Erkenntnis, die großen Einfluß auf die Entwicklung der christlichen Theologie hatte. Meister Eckart sagte von Gott: „Alle Vorstellungen über ihn sind notwendigerweise falsch,

nur eins trifft zu – er ist weder dies noch das!“ Und von dem bedeutenden protestantischen Heiligen Jakob Böhme stammt die Ansicht, daß Gott eigentlich mit nichts verglichen werden kann, weil wir unfähig sind, ihn zu begreifen.

Können wir Gottes Existenz beweisen?

Gibt es Gott nun aber wirklich? Für die christlichen Theologen gibt es keinen Zweifel. Sie gehen von den Offenbarungen der *Heiligen Schrift* aus, die ihrer Ansicht nach keines Beweises bedürfen und die sie daher bereits als Realität ansehen. Damit werden sie den Ansprüchen moderner Menschen jedoch nicht mehr gerecht, weil deren Realität in in unserer Welt der Beweise, nicht des Glaubens verankert ist. Anders die Heiligen: Sie sind zutiefst davon überzeugt, daß sie Gott wirklich erkannt und an sich erfahren haben. Doch bieten auch diese Bezeugungen keine objektive Grundlage, um die Frage nach Gottes Existenz schlüssig zu beantworten.

Die heilige Theresia bezweifelte oft, daß eine unbedeutende Frau wie sie wirklich Gott erkennen könne. Sie kam aber immer wieder zu der Überzeugung, daß sie ihn tatsächlich erlebte, „denn seine Worte waren so überaus heilig und alles übertreffend, daß sie für immer in meiner Seele bleiben werden“. W. James machte Aufzeichnungen über zeitgenössische Heilige, die behaupteten, mit Gott in Kontakt gewesen zu sein. Eine bedeutsame Äußerung lautete: „. . . und von uns beiden war er der wirklichere und wahrere Teil“. Von dieser Aussage läßt sich wieder eine Parallele zur indischen Religion ziehen, die ja behauptet, daß der Mensch durch die Selbstverwirklichung Gott werde, und es daher eines Beweises für Gottes Existenz nicht bedürfe.

Zweifellos wissen die Heiligen von überwältigenden Erlebnissen zu berichten, die durchaus glaubhaft klingen, doch müssen wir uns die Frage ungläubiger Wahrheitssucher gefallen lassen, ob es sich tatsächlich um Gott gehandelt hat, dem sie begegnet sind. Können solche subjektiven Erlebnisse die Existenz Gottes bezeugen? Haben sie die Beweiskraft, die von skeptischen, Objektivität heischenden und wissenschaftlich geschulten Geistern verlangt wird?

Versuchen wir einmal, diesen Fragen mit kühlem Verstand zu begegnen. Was heißt eigentlich „Gott"? Rein vom Verstand her gesehen ist dieser Begriff nichts weiter als eine Abkürzung, ein unpräzises, inhaltsleeres Wort, zwar ein Inbegriff der edelsten und erhabensten Ideen, doch niemals eine Definition, geschweige denn ein Beweis. Für die Noetik sind Beweise nur innerhalb der Beziehungen unserer dreidimensionalen Welt möglich. Phänomene, die höheren Dimensionen entstammen, können demzufolge in diesem dreidimensionalen Rahmen, der den Aktionsraum und gleichzeitig die Grenze des Verstandes darstellt, nicht bewiesen werden. Das heißt, daß wir mit dem Verstand solchen Phänomenen nichts abgewinnen können. Wollen wir also in diese höheren Dimensionen vordringen, in denen wir Werte wie Leben, Seele, Geistigkeit und Gott suchen müssen und finden können, so wird uns der Verstand dabei keinen großen Dienst erweisen können.

Der französische Mathematiker und Philosoph Blaise Pascal behauptete, daß es uns trotz Aufbietung allen Verstandes unmöglich sein werde, Gott zu erkennen, und daß alle unsere Bilder und Meinungen über ihn völligem Unwissen gleichkommen. Die Heiligen aller Zeiten und Völker sind mit ihm darin einig. Ähnliche Aussagen finden wir in den *Upanishaden,* in der *Bhagavadgita* und in anderen indischen, ägyptischen und chinesischen Schriften, in der christlichen Lehre und auch bei Philosophen wie Kant, D. Hume und anderen mehr. Plotinos formulierte diese Erkenntnis in spöttischem Ton: „Wie sollte der Verstand, der doch lediglich ein Werkzeug der Relativität und der Vielfältigkeit ist, jemals den Einen, die alles umfassende Einheit, erkennen können?" In sogar verächtlicher Art sprach Ramakrishna von den Bemühungen des Verstandes, in den Bereich des Religiösen vorzudringen; er nannte den Verstand „ein stinkendes stehendes Gewässer". Comenius zufolge gilt es, unsere Fähigkeit des Verstehens soweit zu bringen, daß sie Erlebnisse aus dem atmanischen Bereich aufnehmen kann („Gott gibt uns unseren Verstand gründlich gereinigt und geschärft zurück.").

Für viele Leser mag dieses Fazit bedrückend wirken, doch besteht bei genauerer Betrachtung der Lage eigentlich kein Grund dazu. Denn daß wir Gott mit dem Verstand nicht beweisen können, heißt gleichzeitig, daß wir – mit demselben Verstand – seine Existenz auch nicht abstreiten können! Auch in dieser Hinsicht wird der Verstand in seine Grenzen gewiesen.

Schon seit langem ist das eigentlich klar, doch gibt es immer wieder Abhandlungen, in denen eingeschworene Materialisten die Existenz Gottes unbedingt in Abrede stellen wollen. Diese Autoren haben von Parapsychologie keine Ahnung, geschweige denn vom atmanischen Bereich, ja sie wissen nicht einmal, auf welcher Verständigungsebene die Diskussion überhaupt zu führen wäre. Bildlich gesprochen schwingen sie ihre Klinge im Erdgeschoß, während ihr Gegner in Wahrheit im ersten Stock steht, d. h. sie stechen mit ihrer Argumentation ins Leere. Daran ändert sich auch dann nichts, wenn diese Abhandlungen hie und da einige interessante Bemerkungen enthalten. Die Auseinandersetzung kann nur auf der gleichen Ebene stattfinden, auf der auch die angefochtenen Behauptungen liegen. Insofern werden in diesen Abhandlungen nur die eher naiven, ans dreidimensionale Vorstellungsvermögen gebundenen Annahmen über Gott widerlegt; höhere Dimensionen werden in die Argumentation gar nicht einbezogen.

Wir haben festgestellt, daß uns der Verstand beim Erkennen Gottes nicht behilflich sein kann. Nun ist er aber dasjenige Merkmal, das den Menschen vom Affen am auffälligsten unterscheidet und durch das er – evolutionsgeschichtlich gesehen – überhaupt erst zum Homo sapiens geworden ist. Der Verstand ist einfach unser Instrument zum Verstehen und kann als solches eben auch im religiösen Bereich eingesetzt werden (wenngleich wir Gott durch ihn nicht erkennen können). Er kann uns nämlich dazu dienen, Selbsttäuschungen und Autosuggestionen vorzubauen. Als kritische Instanz begleitet er uns bis zu den Erkenntnisgrenzen der dreidimensionalen Welt, nährt unsere Skepsis und bewahrt uns vor Blindgläubigkeit.

Bigotte Menschen glauben dagegen, der Verstand sei ein Werkzeug des Teufels. Alle bedeutenden religiösen Persönlichkeiten sind sich jedoch völlig einig darüber, daß zum religiösen Weg auch eine vernünftige Haltung des Betreffenden gehört.

> „Nur wer die Wahrheit sucht, wird hinanschreiten", heißt es in der *Bhagavadgita*. Buddha mahnte seine Mönche, daß sie seine Lehre nicht vorbehaltlos akzeptieren, sondern sich kritisch damit auseinandersetzen sollen. Von Vivekananda ist der Ausspruch bekannt: „Glaubet nicht etwas, das gegen die Vernunft geht, es wäre nämlich geradezu Gotteslästerung, zu denken, Gott sei gegen die Vernunft!" Aus christlichem Mund, nämlich von der heiligen Theresia, ist ähnliches überliefert: „Verzichtet auf die Vernunft

> erst dann, Schwestern, wenn der Herr sich euch nähert; denn er ist die Wahrheit, und deshalb muß auch der Weg zu ihm hin wahr sein."

Blindgläubige Menschen nehmen sogar puren Unsinn für wahr und wirklich. Sie neigen dazu, mysteriösen Deutungen von Phänomenen mehr Glauben zu schenken als anderen, und nehmen alles für bare Münze, anstatt sich kritische Gedanken zu machen. Ihre Anfälligkeit für Suggestionen ist dementsprechend sehr groß.

Die Neigung zu Blindgläubigkeit zeigt sich ganz besonders auf Gebieten, die sich der rationalen Erfassung und Beweisführung entziehen, also gerade auf dem Boden der Parapsychologie und vor allem der Religion. Eine blindgläubige Haltung in religiösen Fragen kann einerseits dem Protest gegen überzogenen Rationalismus und pedantischen Positivismus entspringen; anderseits ist sie ein Ausdruck unreflektierten Verlangens nach Heil und Erlösung durch die Religion (also ein Ventil des früher beschriebenen psychischen Überdrucks). Eine genauere Analyse entlarvt die Blindgläubigkeit als rein egoistische Haltung. Aus dieser Einstellung heraus wird jegliche Bemühung um Objektivität aufgegeben; der Wunsch, geistige Befriedigung zu erlangen, schaltet alle kritischen Zweifel aus. Das blindgläubig Akzeptierte wird gegen jeden Widerspruch verteidigt und kann dem Betreffenden auch durch bewiesene Fakten nicht ausgeredet werden. Im Grund zieht es einen blindgläubigen Menschen überhaupt nicht zu Gott. Vielmehr geht es ihm nur um seine Beruhigung und Befriedigung. Er möchte etwas – ganz gleich was – haben, woran er sich festhalten kann und das ihm Sicherheit verleiht. Daher scheut er die echte Auseinandersetzung mit Fragen der Religion. Wen wundert es noch, daß solche Menschen keiner religiösen Entwicklung fähig sind?!

Hier drängen sich einige Bemerkungen zum Wesen des Mysteriums auf. Es ist das Geheimnis, insbesondere das religiöse. Was wird durch ein Mysterium bewirkt? Es macht neugierig, erweckt Interesse, es regt zur Suche nach seinen geheimnisvollen Hintergründen an. Mysterien, also Geheimkulte, sind verständlicherweise mehr als in anderen Bereichen des Lebens auf religiösem Boden gewachsen. Religiöse Aussagen sind immer vom Schleier des Mysteriums umgeben, und zwar ganz gleich, ob sie an die Priesterschaft, im Sinn geheimer Botschaften, oder an die Allgemeinheit gerichtet sind. (Die These von der Reinkarnation und vom Karma galt lange Zeit als Geheimlehre. Auch Jesus hatte seine Jünger ermahnt, nicht überall von seinen Wundertaten herumzuerzählen, wobei er den Satz prägte: „Werft eure Perlen nicht vor die Säue!" und dazufügte: „Ich habe euch gelehrt, die Mysterien zu erkennen . . .") Außerdem glauben viele Menschen, aus Gottes Händen könne überhaupt nur Geheimnisvolles, nur Mysterienhaftes, kommen.

> Diese Betrachtungen scheinen D. S. Mereschkowski recht zu geben, dem zufolge das Herz des Menschen das Mysterium für den Glauben genauso sehr brauche wie das Samenkorn die Nacht. Ganz gegensätzlich dazu äußern sich allerdings bedeutende Vertreter der indischen Religion. Vivekananda meinte: „Weiset jede Lehre, die Mysterien enthält, strikt ab, denn diese täuschen nur euren Geist!" Und Buddha sagte über seine eigene Lehre: „Meine Hände, ihr Mönche, sind offen; ich gehöre nicht zu jenen Lehrern, die ständig im Gebetseifer ihre Handballen aufeinanderpressen."

Untersuchen wir die Auswirkungen von Mysterien auf den religiösen Menschen genauer, so stellen wir fest, daß sie in der überwiegenden Mehrzahl der Fälle für höheres Erkenntnisstreben keine aktivierenden Impulse freigesetzt haben.

Sie haben vielmehr häufig autosuggestiven Vorstellungen und Tendenzen zur Blindgläubigkeit Vorschub geleistet. Durch diesen Kommentar möchte ich aber Mysterien nicht als wertlos hinstellen; in den Bereichen jenseits von Verstand und Logik nämlich leuchten die Mysterien mit ihrem echten Licht und nicht mit dem falschen Glanz, der ihnen aus religionspolitischen Überlegungen bisweilen verliehen wird.

Fahren wir fort, die Rolle des Verstandes im religiösen Bemühen zu bestimmen. Zunächst aber möchte ich kurz unsere bisherigen Erkenntnisse zu diesem Thema in zwei Sätzen zusammenfassen: Durch den Verstand allein kommen wir nicht zu Gott und zu höherer Erkenntnis. Wenn wir andererseits glauben, ohne unseren Verstand den religiösen Weg beschreiten zu können, so unterliegen wir einer Täuschung; Bigotterie, Blindgläubigkeit oder Mystizismus, also Glaubensschwärmerei, werden die Folgen davon sein. Aus diesen Erkenntnissen geht hervor, daß unser Verstand auch religiösen Fragen gegenüber wachbleiben muß. Welche Ungereimtheiten sich ergeben, wenn man den Verstand stur und unbeweglich werden läßt, sei anhand einiger Beispiele aus anderen Gebieten dargestellt:

Zu der Zeit, als die Eisenbahn erfunden wurde, behaupteten einige Eiferer, der Mensch könne Eisenbahnfahrten überhaupt nicht durchhalten, weil sein Organismus die dabei erreichten Geschwindigkeiten nicht vertrage. Der berühmte deutsche Pathologe Rudolf Virchow weigerte sich, den ersten entdeckten Bazillus im Mikroskop anzuschauen, da er glaubte, es zieme sich für einen echten Wissenschaftler nicht, sich mit solchem Unsinn abzugeben. Einige Wissenschaftler waren vor dem Zweiten Weltkrieg zu den Experimenten mit Madame Silbert, einem ausgezeichneten Medium, nach Prag eingeladen worden; einer von ihnen lehnte die Einladung jedoch mit der Begründung ab, solche

Experimente seien a priori gar nicht möglich. Ausgehend von der irrigen Annahme, die Parapsychologie wolle die Existenz Gottes nachweisen, äußerte unlängst der sowjetische Professor Kitajgorodski, daß paranormale Phänomene ein Ding der Unmöglichkeit seien; da Gott nämlich nicht existiere, könne es auch paranormale Phänomene nicht geben...

Diese Beispiele sprechen für sich selbst. Halten wir uns nochmals vor Augen, welche eminente Rolle der Verstand im Rahmen der materiellen, dreidimensionalen Welt spielt (oder spielen sollte); bedenken wir aber auch, daß der Verstand nicht vom Menschen erschaffen wurde, genausowenig wie sein Sitz, das Gehirn, und wie das Universum mit seinen Gesetzen. Der Mensch erkennt also Dinge in sich und um sich herum, die nicht von ihm erschaffen wurden, und er erkennt sie mittels des Verstandes als sein Werkzeug, das ebensowenig von seiner Hand stammt wie diese Dinge.

Im folgenden muß ich wohl auch die Auseinandersetzung zwischen materialistischen und idealistischen Philosophien in die Überlegungen zu dem vorliegenden Thema einbringen. Das Spektrum der Meinungen geht von der Verachtung alles Materiellen im naiven Idealismus über eine ausgewogene Haltung in der indischen Philosophie hin – auch das Materielle ist heilig, denn es stellt den Körper Brahmans dar –, bis zur einseitig materialistischen Anschauung: aus der Materie sind auch das Universum, Geist und Psyche entstanden. Berücksichtigen wir die Ergebnisse der Parapsychologie, so werden die extremen Standpunkte in diesem Spektrum sofort entkräftet. Gehen wir darüber hinaus von der Existenz des atmanischen Bereiches aus, so hat auch das Geistige seinen sicheren, unbestreitbaren Platz unter den verschiedenen Erscheinungsformen des Lebens. Eigentlich ist diese Erkenntnis schon alt, doch bekommt sie heute, da wir in unserem wissenschaftlichen Denken an die Grenzen dreidimensionaler Vorstellungen stoßen, ein neues Gewicht. Zwar ist uns das Wesen des Geistigen keineswegs klar, doch sind wir nicht mehr bereit, nur deswegen diesen Bereich menschlicher Erfahrung als Nichtrealität abzutun. Soviel scheint jedoch klar: das Geistige verlangt vom Menschen die Abkehr von Sinnlichkeit, Oberflächlichkeit, Ichbezogenheit und dreidimensionalem Denken und leitet ihn hin zu Erkenntnis und Kultur. Damit wird der Materie keineswegs die natürliche Grundlage entzogen, und als solche dürfen wir sie nicht für unwichtig ansehen.

Der Glaube an das Geistige solle nicht dazu führen, daß wir das Körperliche vernachlässigen, betonte T. G. Masaryk. Vivekananda rief unablässig dazu auf, daß man den Körper und seine Freuden erfahren solle, aber dabei nicht vergessen dürfe, daß das Geistige die Hauptsache sei, und der heilige Paulus sagte, zuerst komme beim Menschen nicht das Geistige, sondern der Körper, und erst dann das Geistige.

In welchem Verhältnis das Geistige und das Materielle tatsächlich zueinander stehen, ist kaum abzuschätzen; zu viele unbekannte Größen sind in diesem Problem mitenthalten. In der Religionsphilosophie werden beide Erscheinungsformen als von Gott stammend gedeutet und dem Geistigen der Vorrang eingeräumt.

So behauptete Vivekananda, die Materie sei lediglich eine konkrete Form des Geistigen, denn Gott habe das Universum aus nichts anderem als aus sich selbst geschaffen. Die europäische Entsprechung zu dieser Aussage kommt von Descartes: „Da das Materielle wie das Geistige von Gott stammt, entspringen sie beide seinem unendlichen Wesen." Ähnlich formulierte diese

Erkenntnis vor langem schon Heraklit: „Die ewig lebende, feinste Materie ist Gottes Körper, denn er hat eine Hälfte von ihm ins Universum verwandelt und beobachtet dieses durch die andere Hälfte.“ Und Kants Philosophie zufolge sind das Geistige und das Materielle miteinander im Absoluten verbunden – es ist ihre gemeinsame Quelle; demnach ist die Natur sichtbarer Geist und das Geistige unsichtbare Natur. Die Inder haben hierfür einen einprägsamen Vergleich: Brahman gleicht einem Magneten: Ein Pol ist das Geistige, der andere das Materielle, er selbst ist der Körper, der beide Pole in sich vereinigt.

Eine Grenze zwischen Geist und Materie zu ziehen, entspricht zwar unserem natürlichen Denken, bedeutet im Grund aber eine künstliche Trennung, da viele Beobachtungen zeigen, wie unscharf die Übergänge sind. Bei der Erörterung des paranormalen Bereiches ist uns bereits aufgefallen, daß er nicht frei von Materie ist, und dasselbe gilt auch vom atmanischen Bereich. Im übrigen bietet auch das praktische Leben viele Hinweise darauf, daß die Grenzen zwischen Geistigem und Materiellem sehr unklar sind. Vieles kann auf der Basis materieller wie auch psychischer Vorgänge erklärt werden (wie sich etwa am Beispiel der Schulmedizin und der psychosomatischen Medizin zeigt), und vielfach bewirkt das eine das andere (z. B. ändern Drogen – Materie also – psychische Zustände und umgekehrt wirken sich Suggestionen physiologisch – also körperlich – aus).

In vorwissenschaftlichen Zeiten hatten die Inder sogar den menschlichen Verstand für etwas Materielles gehalten, denn – so meinten sie – jedes noch so kleine Teil von Brahman habe etwas Materielles an sich, sogar das Himmelreich.

In der Diskussion um Gottes Existenz und Wesen gibt es einen weiteren interessanten Gesichtspunkt, nämlich die indische Lehre von der Maja. Ihr zufolge ist nur Gott wirklich, d. h. die Wirklichkeit ist keine seiner Eigenschaften, sondern sein ureigenstes Wesen – das, was überhaupt Gott ausmacht. Die für uns wahrnehmbare, äußere Erscheinungswelt ist hingegen unwirklich und ein bloßer Abglanz Gottes, eine Spiegelung seines Geistes auf dem Spiegel des Nichtseins – Blendwerk nur, eine Illusion, ein Phantom, eine Täuschung oder eben einfach: die Maja (was im Sanskrit „Trugbild" bedeutet).

„Die Erscheinungswelt besteht nur als innerer Anschein", so umriß Shankara vor langer Zeit die Maja. Das erinnert übrigens an die Kabbala der Juden. Der Kabbala zufolge ist die Welt nur eine Erscheinung, die von den Schatten der darüberliegenden Welt erzeugt wird. Auch Platon faßte diese unsere Welt nur als irreführendes und nutzloses Spiel von Phänomenen auf. Plotinos vertrat einen ähnlichen Standpunkt; er sagte, wir würden unaufhörlich von unserer Scheinwelt betrogen.

Auch in der europäischen Philosophie der Neuzeit werden dementsprechende Ansichten vertreten. Kant versicherte, das Ding an sich könne man nicht verstehen, da unsere Erkenntnisfähigkeit auf der Struktur und Organisation unseres Ich aufbaue. Die Dinge seien daher nicht das, was sie für uns zu sein scheinen. Nach Schopenhauer stellt die Domäne der dreidimensionalen Beziehungen lediglich eine Welt von Illusionen und Täuschungen dar, oder, mit Herbart formuliert, die Natur sei eine bloße Erscheinung. Und Hegel wies – im Einklang mit Spinoza – darauf hin, daß das eigentliche Wesen der Dinge weder mit den Sinnen noch mit dem Verstand begriffen werden könne.

Die Inder sehen die Maja als großes Hindernis auf dem Weg zur Göttlichkeit, weil sie Gott verschleiert und Gott für uns deswegen anders erscheint, als er in Wirklichkeit ist.

Gleichzeitig schafft die Maja eine äußerst starke Verbindung unseres wahren Selbst mit der Welt des Nichtwirklichen, d. h. mit dem Körper und dem Ich.

> Dazu heißt es in der *Bhagavadgita:* „Geblendet von den vielfältigen Erscheinungsformen meiner Dinge, kennt mich diese wandelbare Welt gar nicht. Nur wer mich beharrlich sucht, wird durch den Schleier dieser Dinge hindurchschauen können und mich dahinter finden.“

Deswegen sei es unbedingt notwendig, daß wir die Maja überwinden, d. h. tief in unser eigenes Inneres vordringen, um uns von der Unwissenheit zu befreien. Nur dann erkennen wir, was wirklich und was unwirklich ist. Unterziehen wir uns dieser Mühe nicht, so bleiben wir immerfort unter dem Bann des Nichtwirklichen – der Welt unserer Träume.

Welchen Sinn aber hat nun die Maja? Die Inder sehen die Maja als von Gott geschaffen; wie alles andere Erschaffene soll es die allgemeine Entwicklung vorantreiben helfen, indem sie dem Menschen dazu dient, Erfahrungen zu machen, die nach und nach seine Seele befreien. So kann sich die Seele der Illusionen entledigen, die ihr den Weg zur höheren Erkenntnis versperren, und sie kann zu sich selbst finden.

Klar ist, daß unser Bild der Welt zum einen von unserer psycho-physiologischen Organisation und zum anderen von unserem Erkenntnisvermögen abhängt. Für eine Bakterie sieht die Welt bestimmt ganz anders aus als für uns Menschen, und auch unter uns gibt es bemerkenswerte Unterschiede in der Wahrnehmungsfähigkeit – z. B. zwischen Blinden und Normalsichtigen. Hätten wir mehr Sinne zur Verfügung als die entwickelten, so könnten wir die Welt ganz anders erkennen. Daraus folgt, daß Wahrnehmung und Erkenntnis immer relativ sind. Da dies so ist, verstehen wir auch die religiöse Forderung, die Menschen mögen sich bemühen, die Maja zu überwinden, denn das Relative kann niemals das Absolute in sich enthalten; und darum leuchtet uns auch die Überzeugung der Heiligen ein, daß wir die Welt und unser Ich überwinden müssen, um zur Göttlichkeit zu gelangen.

Wenden wir uns wieder der ursprünglichen Fragestellung zu: dem Beweis für Gottes Existenz. Als solcher kann weder der atmanische Bereich noch der erleuchtete menschliche Geist gelten. Wie steht es aber mit der Parapsychologie? Kann sie uns angesichts dieses so schwierigen Problems vielleicht weiterbringen? Beispielsweise im Hinblick auf die Wundertaten, die von den Heiligen vollbracht wurden? Die Heiligen selbst sind zutiefst davon überzeugt, daß ihnen die Kraft, Wunder zu wirken, direkt von Gott verliehen worden sei – wie der Evangelist Johannes schreibt: „Niemand kann solche Wunder vollbringen, wenn nicht Gott selbst mit ihm ist."

Die Fähigkeit, Wunder zu vollbringen, kann verschiedene Ursachen haben. Zunächst könnte man annehmen, die Heiligen seien einfach paranormal begabt gewesen, zumeist, ohne daß sie dies selbst wußten. Eine andere Möglichkeit wäre die, daß sie auf ihrem Weg des Strebens nach Göttlichkeit – quasi versehentlich – in den paranormalen Bereich gelangten, zumal wenn ihr innerer Überdruck so stark war, daß er diesen Bereich eröffnete (nicht den angestrebten atmanischen, sondern den paranormalen Bereich, weil er vielleicht zugänglicher ist?). Jedenfalls kann sich jedermann leicht vorstellen, wie die Heiligen angesichts ihrer plötzlich aufbrechenden Wunderkräfte überrascht waren und ihnen als einzige Erklärung dafür die tiefe Überzeugung blieb, daß ihnen Gottes Gnade zuteil geworden sei. Diese Sicht der Heiligen erscheint verständlich. Ist sie richtig?

Interessant in diesem Zusammenhang ist, daß bedeutende religiöse Persönlichkeiten über die Fähigkeit, Wunder zu tun, nicht erfreut waren. Eindringlich rieten sie, solchen Fähigkeiten gar keine Beachtung zu schenken und ihrer ungeachtet den religiösen Weg fortzusetzen (Shankara, Patandshali und alle übrigen Großen Indiens). Buddha verbot seinen Mönchen ebenfalls, Wunder zu tun; für ihn bedeuteten sie ein Hindernis auf dem religiösen Weg, da sie lediglich unberechtigtem Stolz Vorschub leisten. Nach Vivekananda sind Wunder Phänomene aus der Welt der Materie, weswegen sie abzulehnen sind; das religiöse Ziel erreiche nur derjenige, der sie zwar kennenlerne, sich von ihrem Zauber aber nicht einfangen lasse, sondern sich von ihm freimache. Sogar Jesus wies die Menge ab, als sie von ihm Wunder sehen wollte (anstatt sich von ihm auf den Weg höherer Erkenntnis leiten zu lassen). Die heilige Theresia warnte sogar: „Die Visionen, die ihr habt, meine Schwestern, kommen nicht von Gott, sondern eher vom Teufel, und deswegen sollt ihr sie überhaupt nicht beachten." Johannes vom Kreuz hingegen drückte seine Gedanken geradezu zeitnah aus: „Die Seele muß sogar das zurückweisen, was sie tröstet und ihr das Leben angenehm macht, und darf daher, wenn sie zu Gott gelangen will, auch Visionen nicht beachten; im übrigen kommen die Stimmen, die man hört, nicht von Gott, sondern sind nur eine besondere Art des Gesprächs, das der Mensch mit sich selbst führt."

Das gemeinsame Motiv, das all diesen Einstellungen zugrunde liegt, läßt sich leicht erkennen: der Mensch soll sich auf seinem religiösen Weg, der ihn bis hin zur innersten und tiefsten „Kammer" seines Wesens führen soll, nicht unnötigerweise in den „Vorzimmern" dieser Kammer aufhalten.

Letztlich kann man sich Wunder auch als dem atmanischen Bereich entstammend erklären. „Mein Vater, der in mir wohnt, tut alle diese (Wunder-)Taten; die Taten, die ich vollbringe, wird jeder tun können, der an mich glaubt“, hören wir von Jesus (wobei sich diese beiden Aussagen nur scheinbar widersprechen, denn der „Vater in mir“ und „wer an mich glaubt“ beziehen sich, unseren Erkenntnissen zufolge, auf ein und dasselbe: den atmanischen Bereich). In einer Untersuchung religiöser Einstellungen der Inder fand Dr. Brinton heraus, daß das Überselbst (unser atmanischer Bereich) bisweilen die Wunder vollbringt, und zwar entweder unverhüllt in seiner Eigenschaft als intelligente, allmächtige Entität (wie es die Inder sehen) oder indirekt, indem das Überselbst den paranormalen Bereich aktiviert.

Was können wir nun aber aus all dem schließen? Wir hatten uns den Wundertaten der Heiligen zugewandt, um ihnen allenfalls einen Beweis für Gottes Existenz abzugewinnen, und haben dabei erkennen müssen, daß sie in dieser Beziehung nichts erbringen. Vielmehr sind die Wunder grundsätzlich als Äußerungen paranormaler Fähigkeiten der Heiligen zu verstehen. Dieser Erklärung muß man nach dem Stand heutigen Wissens zuneigen; sie wird bekräftigt durch zwei weitere Merkmale der Wundertaten selbst: erstens wirken Wunder meist nur die unbedeutenderen Heiligen (die in sich noch nicht zur Vereinigung mit dem atmanischen Bereich gelangt sind) und zweitens sprechen Art und Inhalte dieser Wunder dafür, daß manches einfach dem persönlichen Unterbewußtsein erfließt und, im Fall „göttlicher“ Botschaften, von Irrtümern und Unwahrheiten nicht frei ist. Nur in seltenen Fällen könnten die Wundertaten Heiliger allenfalls dem atmanischen Bereich entspringen. Aber selbst wenn das zuträfe, wäre damit lediglich die Existenz des atmanischen Bereiches, nicht aber die Gottes bewiesen.

Eindeutige Anhaltspunkte

Unsere Ausbeute bei dem Versuch, Gottes Existenz zu beweisen, fällt reichlich mager aus. Das werden auch manche Leser, eher enttäuscht, denken, und je nach ihren Erwartungen haben sie wohl auch recht. Niemand darf aber übersehen, daß unsere Erkenntnisse zwar keinen klaren Gottesbeweis erbracht, jedoch wichtige Anhaltspunkte in Richtung eines solchen Beweises geliefert haben.

Zunächst haben wir festgestellt, daß es außer den uns vertrauten drei Dimensionen noch höhere gibt, in denen die Materie ihre Vorherrschaft (die sie im dreidimensionalen Raum noch hat) verliert. Wir haben gesehen, daß dort ein geistiges Prinzip regiert, das kein rein theoretisches Konzept, sondern eine Realität ist, die sich auch in unserer dreidimensionalen Welt deutlich manifestiert. Im weiteren wurde uns klar, daß „unsere" atmanische Dimension viele Ähnlichkeiten mit der von allen Hochreligionen postulierten „nächsten, jenseitigen Welt" aufweist.

Die Feststellung, daß unsere dreidimensionale Welt in der höheren Dimension enthalten ist und in ihr aufgeht, führt uns zur Annahme, daß die Gesamtheit aller Dimensionen von universeller Struktur zu sein scheint, die alle Elemente der verschiedenen Dimensionen enthält – Naturereignisse, menschliches Geschehen, Materie und Antimaterie, Kräfte und Gegenkräfte, das Leben, den Weltraum, das Gute und das Böse, die von Liebe und Haß erfüllte Psyche, Weiterentwicklung und Stagnation, Geburt und Tod und darüber hinaus auch noch die Werte uns unbekannter und unbegreiflicher höherer Dimension.

Innerhalb dieser Gesamtheit können sich die einzelnen Erscheinungsformen zu jeweils höheren Stufen weiterentwickeln. Die Materie erwacht zum Leben; das Leben drängt aufwärts im Geist; der menschliche Geist löst sich aus seiner

Abhängigkeit vom Körper und entwickelt sich hin zur Weisheit; die Zeit wird zur Ewigkeit; Individuelles wird zum Universellen; alle Gegensätze verlieren ihre Schärfe und tendieren zur harmonischen Übereinstimmung.

Die *Gesamtheit aller Dimensionen* (die ihrerseits als die umfassende Dimension bezeichnet werden könnte) beherrscht alles Erschaffene – Materie, Geist und Psyche. Diese Gesamtheit existiert in einer nie endenden Gegenwart, ist ewig, unbegrenzt, allgegenwärtig, allwissend und allmächtig. Daß sie als „Herr" des Universums aufgefaßt werden kann, der oberste Gewalt und Autorität innehat und dem gegenüber sich auch der bedeutendste Weise unter den Menschen wie ein naives, kleines Kind vorkommen muß, ist ganz natürlich und verständlich.

Schließlich gelangten wir im Lauf unserer Überlegungen zu der Folgerung, daß weder die Parapsychologie noch als Wunder der Heiligen geltendes Geschehen genügend Beweiskraft besitzt, um die Frage nach Gottes Existenz zu klären. Immer wieder stellt sich heraus, daß kein von der Vernunft her annehmbarer Beweis Gottes erbracht werden kann, weil die analytische Erkenntnisfähigkeit des Verstandes ihre durch die Dreidimensionalität gesetzten Grenzen nicht überschreiten kann. Bei unserem Bemühen, in höhere Dimensionen vorzudringen, haben wir versucht, die Ergebnisse der Parapsychologie fruchtbar einzubringen, allerdings nur so weit, wie dies ein kritisches Vorgehen erlaubt. Wir fanden dadurch heraus, daß die religiöse Vorstellung von einer „jenseitigen" Welt weder eine unsinnige Wahnidee noch ein Traumgebilde ist, sondern durch Tatsachen nahegelegt wird.

Auch mit der Vorstellung einer Gesamtheit aller Dimensionen kann die Existenz Gottes nicht schlüssig nachgewiesen werden. Dennoch erscheint dieser Gedanke sehr brauchbar, da er in keinem Aspekt den Attributen widerspricht, die man seit Urzeiten Gott zugeschrieben hat. Er steht auch im Einklang mit den Erkenntnissen des erleuchteten Verstandes, die zur Annahme eines obersten, regulierenden geistigen Prinzips führen. Da die Materie ein solches Prinzip nicht aus sich heraus hervorbringen kann, muß es höherem Wissen erfließen. Auf dieser Verständnisgrundlage werden alte Aussagen der verschiedensten Religionen mit neuem Leben erfüllt; unser Gedanke erweist sich ausbau- und entwicklungsfähig. Er bestärkt uns auch in der Annahme, daß die Behauptungen bedeutender religiöser Persönlichkeiten über die Existenz einer allmächtigen, übermenschlichen Instanz höchster Vollkommenheit – kurzum: über Gott – nicht aus der Luft gegriffen sind.

Durch diesen Erklärungsansatz wird der ständig wachsenden Zahl derer, die sich auch heute, in unserem Zeitalter enormen technischen Fortschritts, religiösen Fragen zuwenden, die Möglichkeit geboten, einen entmystifizierten und zeitgemäßen Zugang zu dem, was Religion ist, zu finden. Bei diesen Menschen handelt es sich übrigens nicht nur um solche, die schwere Schicksalsschläge erlitten haben und Trost suchen, sondern auch um Ingenieure, Ärzte, Naturwissenschaftler – Menschen also, deren Denken sonst im Bereich des Materiellen verhaftet ist. Sie sehen ein, daß unser dreidimensionales Weltbild längst nicht mehr ausreicht, alle Erscheinungen dieser Welt beantworten zu können. Sie kehren, im Sinn von Hegels aufsteigender Spirale, zu den überzeugenden Werten zurück. „Eine oberflächliche Erkenntnis führt von Gott weg“, sagte Newton, der Vater der modernen Physik, „eine tiefe Erkenntnis holt uns aber zu ihm zurück.“ Auch Albert Einstein, der geniale Wissenschaftler, der als Physiker und Mensch weit über das materialistische Weltbild unserer Zeit hinausgelangte, bekannte: „Religion ohne Wissenschaft ist blind, doch Wissenschaft ohne Religion vermag nicht zu überzeugen.“

Die Funktion irdischen Leides

Immer wieder wird als Einwand gegen die Existenz Gottes geführt: Wenn es Gott tatsächlich gäbe, so hätte er niemals soviel Unheil und Schmerz zulassen können. Die beiden Weltkriege haben viele Menschen in diesem Gedanken bestärkt. Bei genauerer Betrachtung der Geschehnisse in unserer Welt müssen wir jedoch feststellen, daß es zwar viel Unheil gibt, dies aber ein notwendiges Element aller Abläufe irdischen Lebens ist, und zwar ganz gleich, ob uns das paßt oder ob wir innerlich dagegen aufbegehren. Die Funktion der Tiere besteht u. a. darin, einander zu töten, aufzufressen, und ein Fels ist u. a. dazu da, daß ein auf ihn fallender Körper zerbirst.

Wir müssen das Unheil als notwendige Folge von Materie, Körperlichkeit und der Relativität im allgemeinen ansehen; alles auf der Welt hat zwei Seiten, ihre positive und ihre negative. Das Wasser stellt für den Nichtschwimmer ein tödliches Element dar, für die Fische hingegen ist es der einzig mögliche Lebensraum. Denken wir an das Leben in der Steppe: eine erfolgreich erjagte Gazelle ist für eine Löwenfamilie ein echter Segen; für die Gazelle selbst ist der Tod das Schlimmste, was ihr widerfahren kann. Wir müssen also einsehen, daß das Unheil, das Übel, ganz einfach zu unserer Welt gehört, und zwar über alle Zeiten und Generationen hinweg. Dementsprechend wird auch der Kampf des Menschen gegen das Unheil so lange währen, wie der Mensch existiert. Sollten tatsächlich einmal alle Krankheiten heilbar und alle Armut und Ausbeutung beseitigt sein, sollte dereinst das Erdendasein gesicherter und freudiger ablaufen können, so werden andere Formen des Unheils auftauchen, die es dann zu bekämpfen gilt.

Wie wir aus der Bibel wissen, wird der Kampf gegen das Übel auf dieser Welt nicht als von Gott gewollte

Aufgabe angesehen. Jesus sagte dazu: „Ich sage euch, wehret nicht dem Übel. Wer auf die rechte Wange geschlagen wird, der halte auch seine linke hin." Mit diesem Ausspruch versuchte er wohl, den hehren und erhabenen Erfahrungsbereich eines Heiligen in die Welt des Alltags zu übertragen.

Wer nun aber voreilig versucht, dieser Maxime nachzueifern, ohne die tiefgreifenden Erfahrungen der Heiligen im atmanischen Bereich selbst durchgemacht zu haben, wird mit Sicherheit Schiffbruch erleiden und an seinen Idealvorstellungen scheitern. Das Unheil muß ganz einfach bekämpft werden, weil sonst alles im Chaos zu versinken droht. Dazu bekennen sich viele Philosophen – beispielsweise T. G. Masaryk (in seinen Gesprächen mit Tolstoi, der sich ja im Alter mit den Worten Jesu identifizierte: „Öffnet die Gefängnisse und bestraft die Gesetzesbrecher nicht."). Gegen das Unheil wandten sich auch viele Heilige, besonders etwa Vivekananda und Maharishi. Dem Unheil zu widerstehen ist ein grundsätzliches Element der menschlichen Bewährung, abgesehen vom positiven Wert eines solchen Kampfes.

Was bedeutet all dies nun in bezug auf die Frage nach der Existenz Gottes? Da wir das Unheil als eine zynischerweise notwendige Konsequenz der Materie definiert haben, kann es mit dem Wesen Gottes, das über Materie steht, nichts zu tun haben und daher auch nicht als Beweis für das Nichtvorhandensein Gottes angesehen werden; Relatives kann niemals das Absolute in sich einschließen. Der logischen Überlegung der Religionsphilosophen zufolge steht das Wesen Gottes über allem Erschaffenen und daher auch über der Welt von Gut und Böse. Dieser Gedanke mag manch einen, der Gott immer nur als gütiges Wesen ansah, erschrecken. (Übrigens ist diese Idee vom gütigen Wesen dann nicht falsch, wenn wir Gottes Rolle im allgemeinen Entwicklungsprozeß des Universums ins Auge fassen und dabei die Kategorien von Gut und Böse ausblenden.) Der Schöpfer hat diese Welt so erschaffen, wie sie ist; er hat dabei das Gute und das Böse, Heil und Unheil als notwendige und zweckmäßige Faktoren in seinen Plan miteinbezogen. „Auch das Unheil ist ein unerläßlicher Teil von Gottes Symphonie", sagte R. Rolland. Der Einwand, daß Gott das Böse, das Unheil, nicht zulassen dürfe, wenn er wirklich Gott wäre, gleicht dem Jammern eines Kindes, das durch einen guten Erzieher bestraft wurde; ihm geht es nur um das eigene (ichbezogene) ungetrübte Wohlergehen. Früh schon hatte man im alten Indien erkannt, daß Gottes Existenz durch das Unheil dieser Welt nicht widerlegt werden kann – es wäre denn, daß alles Erschaffene bezeugte, daß es ihn nicht gibt. Das Erschaffene müßte seinen Schöpfer leugnen.

Religionen ohne Gott

Zum Ende dieses Kapitels über die Frage nach Gottes Existenz sei darauf hingewiesen, daß es auch Religionen gibt, in denen es die Vorstellung Gottes als des höchsten Prinzips nicht gibt. Eine Religion ohne Gott – ist das nicht paradox? Scheinbar ja, doch haben sich im Verlauf der Menschheitsgeschichte tatsächlich solche Religionen entwikkelt. Die eindrucksvollste ist die Lehre Buddhas.

In Kürze seien die – sicherlich bekannten – Grundzüge dieser auf das Praktische gerichteten Heilslehre wiedergegeben. Großes Leiden herrscht auf der Welt. Es beginnt schon mit der Geburt und zeigt sich im Altern, in Krankheiten, im Tod, in Schicksalsschlägen, Trennungen von geliebten Menschen und vielem anderen. Zwar gibt es auch irdische Freuden, bestimmend bleibt aber das Leid. Dieses kann man überwinden, indem man die Quelle allen Leidens, den Hunger nach dem Leben, zum Versiegen bringt. Wem dies – durch ständige Konzentration auf sein Inneres, durch Selbstversenkung – gelingt, der wird zur erleuchteten Vollkommenheit im Nirwana gelangen.

Buddha wandte sich mit seiner Lehre an die einfachen Menschen, die bis zur Erschöpfung arbeiteten, die mit Kummer und Sorge zu kämpfen hatten und keine großen Freuden kannten. Annehmlichkeiten und Erleichterungen des Alltagslebens, wie wir sie heutzutage haben, waren diesen Menschen nicht gegönnt. Ihr Leben bestand nur aus harter Arbeit, und in die Plackerei des Alltags mischten sich Schmerzen, Krankheiten und der Tod.

Wir wissen aber auch, daß das Leben viel Gutes und Angenehmes bringen kann: körperliche Freuden wie auch Genüsse höherer Art (die Freude an kreativer Tätigkeit und sozialer Arbeit, am Engagement für eine humanere Welt). Menschen, die solche Freuden erfahren, lieben das Leben und hängen an ihm; sie haben deshalb meist auch große Angst vor dem Sterben. Wir sehen also die beiden Pole – Freude und Leid – als gleichwertige Kategorien des menschlichen Lebens. Nur die eine Seite von beiden als Grundzug des Lebens hervorzuheben, kann nicht die Sache eines Realisten, sondern nur die eines begeisterten Optimisten oder eines zutiefst enttäuschten Pessimisten sein.*

Warum aber hat Buddha sich so einseitig auf das menschliche Leid konzentriert? Meiner Ansicht nach erklärt sich das leicht: Er gelangte zu seiner Auffassung dadurch, daß er alle Dinge von der hohen Warte des atmanischen Bereiches aus sah; und wie wir wissen, erscheinen Leben und Errungenschaften des Menschen im Licht jenes Bereiches als ärmlich, klein und unbedeutend.

---

* Hieraus erklärt sich der pessimistisch getönte Einfluß, den der Buddhismus auf die europäische Weltanschauung hatte, was besonders in Schopenhauers Philosophie zu erkennen ist.

Buddha selbst sprach freilich nicht vom atmanischen Bereich; bei ihm heißt das „Nirwana“ (Erlöschen), und er meint damit einen Zustand, in dem die Wahrnehmung des Irdischen erlischt und reine und unverfälschte Sicht der Realität vollkommene Erkenntnis gewährt, in dem weder Freude noch Schmerz verspürt wird, in dem vollkommene selige Ruhe herrscht.

So wenig konkret war seine Definition des Nirwanas, daß seine Anhänger deshalb in Schwierigkeiten und Auseinandersetzungen gerieten. Sie fragten sich beispielsweise, ob das Nirwana nicht als höchste Freude gedacht werden könnte, fanden dann aber, daß dies unmöglich sei, weil die „höchste Freude“ ja wieder etwas Relatives wäre, mit dem Absoluten unvereinbar. Die meisten fanden, daß man diese Vorstellung farbiger und lebendiger gestalten müsse, vor allem, was die selige Ruhe angeht. Es gibt, meinten sie, keinen Zustand „gewöhnlicher Ruhe“; selige Ruhe ist ein heiliger Zustand und stellt die höchste Glückseligkeit des Menschen dar.

Wo aber ist Gott auf Buddhas Weg zum Heil geblieben? Ging er verloren, wurde er „abgeschafft“ oder wollte der Erleuchtete ihn einfach nicht erwähnen?

Für die zuletzt angedeutete Vermutung ließen sich einige Gründe denken. Erstens waren die einfachen Menschen, an die er sich wandte, nicht im abstrakten Denken geschult; zweitens waren sie keine bereitwilligen Anhänger anthropomorphistischer Vorstellungen; drittens hatten sie keine Angst vor einer Gottheit und erwarteten auch keine Rettung von ihr; sie retteten sich selbst dadurch, daß sie beständig an sich arbeiteten.*

* Als Moses den Juden die Existenz eines unsichtbaren allmächtigen Gottes lehrte, mußte er versuchen zu verhindern, daß sich plötzlich bildhafte Vorstellungen ergaben („Machet euch kein Bild von Gott“).

Buddhas Beziehung zu Gott war schon bald nach seinem Tod zu einem Problem geworden, das Stoff zu Auseinandersetzungen bot und das bis heute noch nicht gelöst ist. Materialistische Philosophen verkünden triumphierend, Buddha habe Gott und auch die Seele „getötet". Andere dagegen meinen, Buddha habe Gott als den Schöpfer anerkannt (so z. B. der Indologieprofessor Lesny). Diese Auseinandersetzung weiterzutreiben, bringt sicher nichts; es würde bestenfalls an das Vorgehen der Scholastiker im Mittelalter erinnern. Statt dessen scheint es mir angebrachter und ergiebiger, unsere in diesem Kapitel gewonnenen Erkenntnisse in die Erörterung mit einzubeziehen.

Wichtig ist für uns dabei, daß Buddha an das Karma und das Nirwana glaubte. Beide Begriffe gehören zur „nächsten, jenseitigen" Welt und sind darüber hinaus einem regulativen Prinzip unterworfen, dem natürlich auch ein gesetzgebender Regulator zugeordnet werden muß. Ohne Gesetzgeber hängt ein Gesetz hoffnungslos in der Luft – es entbehrt seiner wesentlichen Grundlage.

Der erleuchtete und weise Buddha, der, wie die meisten religiösen Lehrmeister, kein Theoretiker, sondern ein Mann der im Kampf gegen Aber- und Irrglauben engagierten Praxis war, dürfte trotz seiner Lehre vom alles überwältigenden Karma begriffen haben, daß sich hinter der Reinkarnation, dem Karma und dem Nirwana eine oberste Instanz verbergen muß. Bei all den Fragen und Problemen bezüglich dieser unserer wie auch der übergeordneten Welt brauchen wir in die Erklärungslücken nur eine solche oberste Instanz einzusetzen, um zu einem abgerundeten Bild zu kommen. Buddha kann kaum vorgehabt haben, Gott zu beseitigen. Wahrscheinlich wollte er nur mit einem Idol aufräumen, das zur Flucht vor der angemessenen Auseinandersetzung mit höheren Fragen und zur naiven Abhängigkeit von diesem Idol verleitet. Vernünftigerweise müssen wir daher denjenigen Indologen zustimmen, die Buddhas Lehre nicht als völligen Bruch mit der indischen Religionstradition darstellen. Ich denke dabei besonders an das Kernstück dieser Tradition: die Auffassung von Brahman als Schöpfer des Universums und aller Dimensionen, einschließlich des Nirwanas, der Reinkarnation und des Karmas. Auch hier läßt sich wieder eine Parallele zwischen indischer Religion und Christentum ziehen: „Zu allererst suchet das Reich Gottes", oder anders formuliert: Löst euch mit der Hilfe Christi von den Belanglosigkeiten des irdischen Lebens und erhebt euch zu vollkommenerem Dasein auf der Ebene des Nirwanas. Die Motive für solches Streben sind in den beiden Religionen allerdings verschieden. Im Buddhismus geht es darum, sich vom irdischen Leid zu lösen; im Christentum ist die Liebe zu Gott das ausschlaggebende Moment. Eine Religion „ohne Gott" ist also durchaus möglich. Zwischen Gott und uns besteht eine solche Schranke des Begreifens, daß wir uns vielleicht ratsamerweise nur auf unseren inneren göttlichen, den atmanischen Bereich konzentrieren und nicht ein abstraktes oberstes Prinzip zu begreifen versuchen, wozu unser Verstand nicht ausreicht. Damit beseitigen wir Gott nicht, nein – wir streben lediglich nach dem Verstehbaren oder nach dem Erreichbaren des Göttlichen in unserem innersten Wesen, indem wir uns auf die Verwirklichung unseres Überselbst konzentrieren. Auf diese Art können wir Menschen uns mit verstärkter Aufmerksamkeit den in uns schlummernden Kräften zuwenden und diese zum Leben erwecken – etwas, wofür man wirklich sein Bestes geben sollte.

Immer wird es Menschen geben, für die eine Religion ohne Gott keine Religion ist, während andere religiöse Menschen sehr wohl ohne Gott auskommen können (sie lieben eher die eigene aktive Bemühung als das passive

Erwarten von Gottes Gnade). Die gravierenden Nachteile einer Religion ohne Gott zeigen sich jedoch bei dem Versuch, eine solche Religion den breiten Massen der Bevölkerung nahezubringen. Ihr fehlt dann das Konkrete, das die Menschen lieben und verehren und zu dem sie aus vollem Herzen beten können. Der Buddhismus, wie auch der indische Monismus, war für die Massen eine lebensfremde, akademische Wissenschaft, deren Dialektik ihnen nicht naheging. Um sich für eine Religion ohne Gott begeistern zu können, bedarf es nämlich auch einer bestimmten geistigen und moralischen Reife. Ohne diese Reife kommen die meisten Gläubigen rasch von der Lehre des Religionsstifters ab und verfallen irgendwelchen Formen des Irrglaubens, von wo aus meist nicht viel zum Götzendienst fehlt. Eine derartige Entwicklung war bald nach Buddhas Tod zu beobachten. Damals wandte sich die sogenannte Mahajana-Bewegung der Idee zu, Gott sei sehr freundlich und voll der Liebe; man könne ihn sehr innig lieben. Auf diese Weise erhielt auch das Nirwana euphorische Akzente. Anstatt der absoluten seligen Ruhe bedeutete es nunmehr die absolute Glückseligkeit – ein Paradies reiner Freude. Und genau diese wärmere, herzensnahere Form des Buddhismus konnte sich später mühelos weit über die Grenzen Indiens hinaus verbreiten.

5. Das Überleben des Todes

Was geschieht, wenn ein Mensch stirbt? Zurück bleibt zunächst der Körper mit allem, was zu Lebzeiten zu ihm gehörte (Tod durch Zerstörung ausgenommen). Es fehlt nur das Leben. Erinnert das nicht an eine elektrische Maschine? Auch sie läuft nur, wenn ihr Kraft – Strom – zugeführt wird.

Religiöse Menschen sehen das allerdings anders. Sie glauben, die Seele habe den Körper verlassen und sei zu Gott heimgekehrt. Daraus folgt, daß die Seele über dem Körperlichen steht und vom Körper nicht abhängig ist, daß sie schon vor dem jeweiligen Körper existiert hat und ihn zudem überlebt.

> In der *Bhagavadgita* heißt es: „Der Anfang wie auch das Ende des Lebens ist für uns unbegreifbar; wir kennen nur das, was dazwischen liegt.“ Von Platon hörten wir, daß die Seele alles, was sie berühre, mit Leben erfülle. Kant sagte: „Der Anfang des Lebens ist die Geburt, doch ist sie nicht der Anfang der Seele; das Ende des Lebens ist der Tod, doch er ist nicht das Ende der Seele, sondern nur das Ende eines Menschen. Geburt, Leben und Tod sind nur Zustandsformen eines – materiellen – Körpers.“
>
> Manche Biologen meinen, Seele und Leben seien ein und dasselbe. Sie gehen davon aus, daß es ein universelles, unteilbares, ungeborenes und unsterbliches Leben gebe, das die Fähigkeit besitzt, Gestalt anzunehmen.

Genauere Antworten auf die Frage, was die Seele ist, können wir derzeit noch nicht erwarten. Es handelt sich um einen ganzen Fragenkomplex. Wie und wo lebt die Seele nach dem Tod weiter (im Himmel, in der Hölle)? Welche Art von Leben führt sie dann? Lebt sie als reines Bewußtsein weiter? Verändert sich ihr Charakter – plötzlich oder allmählich?

Alle diese Fragen reichen natürlich über den Rahmen unserer dreidimensionalen Welt und damit auch unseres verstandesmäßigen Erkenntnisvermögens hinaus. Deswegen konzentrieren wir uns sinnvollerweise auf die diesen Fragen gemeinsame Grundvoraussetzung: die Frage des Überlebens der Seele nach dem Tod. Gibt es irgendwelche Beweise für die jahrhundertealte Behauptung, die Seele überlebe den Körper des Menschen? Um darauf eine Antwort zu erhalten, wenden wir uns am besten wieder der Wissenschaft zu, der Parapsychologie und ihren Ergebnissen, aber auch deren vorwissenschaftlicher Strömung, dem Spiritismus.

Spiritistische Vorstellungen

In Übereinstimmung mit alten östlichen Religionen wird auch von der spiritistischen Lehre* behauptet, die Seele sei von mehreren Hüllen umgeben. Die äußerste, robusteste ist der menschliche Körper, die feinste hingegen ist der sogenannte Astralkörper, der aus einer feinstofflichen Substanz bestehen und unsichtbar sein soll. Er gleiche dem physischen Körper völlig (ist also sein „*alter ego*") und sei mit diesem

* Der Name „Spiritismus" stammt übrigens aus dem Lateinischen (*spiritus* = der Geist). Obskur geworden ist der Spiritismus heute eher verpönt. Daher prägte, in Anlehnung an die Leibnizsche Lehre von den Monaden (das sind vom Körper unabhängige psychische Entitäten), Professor Driesch die Bezeichnung „Monadismus", die sich aber nicht durchzusetzen vermochte.

wie durch eine Art Nabelschnur verbunden. Im Moment des Todes werde diese Schnur durchgetrennt. Der Astralkörper mit der Seele verlasse dann den Körper, der danach allmählich zerfällt.

Die Seelen der Verstorbenen (mit ihrem Astralleib) streifen sodann in unserer Welt der Lebenden herum und versuchen, mit ihnen in Verbindung zu treten. (Diese Behauptung gehört zum Kern der spiritistischen Lehre.) Diesen Kontakt herstellen zu können, sei im Grunde unmöglich, da die Seelen eben sinnlich nicht wahrnehmbar seien. Ausnahmsweise könne jedoch der Geist eines Verstorbenen durch ein Medium diese Verbindung herstellen. Das Medium werde von ihm in Trance versetzt, sein Ich dadurch verdrängt und der somit freiwerdende Platz von dem Geist besetzt. Er spreche dann durch den Mund des Mediums.

Im übrigen gleiche das Leben der Geister dem unsrigen, behaupten die Spiritisten. Wie wir Lebenden würden auch sie denken, entscheiden, sich freuen oder ärgern. Ihr Charakter verändere sich nicht; oft verstünden sie gar nicht, daß sie körperlich schon tot sind, grüßen daher freudig die Teilnehmer spiritistischer Sitzungen und wundern sich, daß man sie nicht erkennt.

Was sie von uns Lebenden aber klar unterscheidet, ist ihr Dasein in einer höheren Dimension. Ihr Astralleib ist mit besonderen Fähigkeiten ausgestattet: er kann sich mit sehr großer Geschwindigkeit bewegen, die Materie durchdringen, Licht ausstrahlen und anderes mehr. Aus diesem Grund sind die Geister Verstorbener auch die Urheber der paranormalen Phänomene – so lautet die spiritistische Erklärung dieser Phänomene. Sie mischen sich in unsere Träume, erscheinen uns in Visionen, lösen telekinetische Phänomene aus (halten Uhren an, werfen Bilder von den Wänden, zerschlagen Geschirr usw.), erzeugen Licht- und Geräuschphänomene, bemächtigen sich unserer Hände beim automatischen Schreiben und kommen mit Vorliebe zu spiritistischen Sitzungen, deren Teilnehmern sie Botschaften aus der Welt der Geister übermitteln. Man findet unzählige Fallbeispiele in der einschlägigen Literatur; ich möchte mich im folgenden nur auf einige wenige beschränken, die zur Verdeutlichung des Gesagten dienen sollen:

Schon Cicero überlieferte in seiner berühmten Schrift *De Divinatione* den Fall eines gewissen Simonides. Dieser Mann hatte am sandigen Meeresufer den Leichnam eines Unbekannten gefunden und ihn sorgfältig vergraben. Der Unbekannte erschien ihm daraufhin im Traum; als Zeichen seiner Dankbarkeit warnte er Simonides, am Morgen nicht aufs Meer hinauszusegeln, da er sonst Schiffbruch erleiden würde. Simonides befolgte den Rat des Unbekannten und rettete dadurch sein Leben; das Schiff, mit dem er hätte fahren sollen, ging tatsächlich unter.

Der Maler F. L. Thompson versicherte, er male seine Bilder nicht aus eigenem, sondern aus fremdem Antrieb. Der verstorbene Maler R. Gifford führe ihm dabei die Hand. Zur Überprüfung dieser Behauptung besuchte ihn Professor Hyslop in Begleitung von drei Hellsehern. Sie beobachteten, wie Thompson in Trance arbeitete und hatten übereinstimmend den Eindruck, daß ein Geist seine Hand führe. Die Beschreibung dieses Geistes traf genau auf den verstorbenen Maler Gifford zu. (Berichtet von Mattiesen.)

Mrs. Wickham nahm sich eines schwer verwundeten maltesischen Offiziers an. Als er längst nicht mehr bei ihr war, erschien er ihr und ihrer Tochter eines Tages in einer Vision; dabei trug er eigenartige Kleidung, er schwebte leicht über dem Fußboden und winkte ihnen zum Abschied zu. Völlig entsetzt begab sich Mrs. Wickham sofort zum Krankenhaus, wo man ihr mitteilte, der Offizier sei an dem Morgen jenes Tages gestorben. (Berichtet von Richet.)

Als achtjähriges Kind spielte Mrs. Piper eines Tages im Garten, wobei sie plötzlich einen Schlag ins Gesicht verspürte und die Worte hörte: „Tante Sarah ist nicht tot, sondern wird ständig bei dir bleiben.“ Das kleine Mädchen rannte weinend zu seiner Mutter, die sich alles notierte, was die Kleine sagte. Einige Tage später erreichte sie die Nachricht, daß Tante Sarah tatsächlich gestorben war, und zwar genau zu der Zeit, als das Mädchen das mediale Erlebnis hatte – es war übrigens das erste Erlebnis dieser Art der später weltbekannten Paragnostin. (Berichtet von ihrer Tochter Alfa Piper.)

Der Glaube an Geister ist zu allen Zeiten und bei allen Völkern anzutreffen, im alten Orient gleich wie bei den Römern und den Griechen. Auch in der *Heiligen Schrift* ist viel von Geistern zu lesen. Die spiritistische Bewegung nahm aber erst im Jahre 1848 ihren Anfang. Damals traten die Geschwister Fox in dem kleinen Städtchen Hydesville im Staat New York durch Klopfzeichen mit dem Geist eines Mannes in Verbindung, der einige Jahre zuvor im Keller ihres Hauses ermordet und vergraben worden war.

Der Keller wurde selbstverständlich durchsucht, wobei tatsächlich menschliche Gebeine entdeckt wurden. Die Familie Fox zog daraufhin nach Rochester, der Geist des Verstorbenen ließ aber keineswegs von ihnen ab. Er klopfte immerzu an Wände und Möbel und gab keine Ruhe. Die Nachbarn wurden eingeladen und öffentliche Versammlungen abgehalten, um sein Treiben öffentlich bekannt zu machen.

Dies war der Anfang der spiritistischen Bewegung, die sich äußerst rasch über ganz Amerika ausbreitete und von dort aus in alle Teile der Welt drang.

Heute zählt die Bewegung einige Millionen Anhänger und vertritt eine eigenständige Lehre, die in vielen Zeitschriften und Publikationen Verbreitung findet. Darin bemüht man sich, die Echtheit von Geisterbotschaften bei spiritistischen Sitzungen zu bestätigen. Einige sehr prominente Persönlichkeiten – unter ihnen viele Wissenschaftler – zählten übrigens zu den Anhängern dieser Bewegung, u. a. der englische Arzt und Nobelpreisträger Sir Oliver Lodge, die Professoren Myers, Hyslop und Karl du Prel und auch der Erfinder des weltberühmten Sherlock Holmes, Conan Doyle.

Damit ist für unsere Zwecke genug über den Spiritismus als soziologisches Phänomen gesagt. Als Lehre wäre er für unsere Erörterung eigentlich uninteressant; er regt uns jedoch zu folgender Fragestellung an: Tun sich in den spiritistischen Phänomenen wirklich die Geister der Verstorbenen kund (wodurch das Überleben des Todes bewiesen wäre)?

Spiritisten kontra Animisten

Zu Anfang des Buches haben wir die paranormalen Phänomene als Äußerungen des paranormalen Bereiches unserer Psyche beschrieben. So sehen auch die Spiritisten die Herkunft dieser Phänomene; doch bestehen sie darauf, daß es außerdem Phänomene gebe, die nichts mit der Anima (der Psyche einer lebenden Person) zu tun hätten, weil sie nämlich vom Geist eines Verstorbenen ausgelöst würden. Und damit wären wir bereits mitten in der erbitterten und zähflüssigen Auseinandersetzung zwischen Animisten* und Spiritisten. Die Animisten lehnen die Erklärungen der Spiritisten rundweg ab. Ihrer Argumentation zufolge entstammen die

* Der berühmte russische Autor K. S. Axakow führte die Bezeichnung Animismus (für paranormale Phänomene, die dem paranormalen Bereich entstammen) ein; sie hat sich bis heute gehalten.

sogenannten spiritistischen Phänomene entweder einem kreativen Unterbewußtsein (so im Fall der babylonischen Inschrift bei Professor Hilprecht) oder dem paranormalen Bereich des Perzipienten. Um dies zu untermauern, ein paar Beispiele:

Major O. M. Connel wurde im letzten Krieg bei einem Luftkampf abgeschossen. Er erschien danach seinem Freund, sagte ihm, wie toll er gerade flöge und verschwand (F. Moser).

Angesichts dieses Falles fragt sich der Animist, warum er nicht übermittelte, daß er soeben abgeschossen wurde. Daß dies nicht geschah, beweist ihm, daß die Informationen nur durch den paranormalen Bereich des Sterbenden, nicht aber durch den Geist des bereits Verstorbenen „gesendet" wurde. Der paranormale Bereich des Empfängers fing diese – aus uns unerfindlichen Gründen unpräzise – Aussage über das Geschehen auf, in der nicht der Tod, sondern nur die letzten Momente im Leben des Majors festgehalten waren.

Der Standpunkt der Animisten findet besonders bei Fällen mit noch lebenden Personen Bestätigung, wie folgendes Beispiel zeigt: Eine Dame hatte mütterliche Gefühle gegenüber einem jungen Offizier, der bei ihrer Familie wohnte. Als dieser in den Krieg zog, hatte sie mehrere Visionen von ihm. Er sah jeweils recht sorgenvoll aus und nahm immer nur sehr widerwillig Abschied. Später stellte sich heraus, daß er sich zur Zeit jener Visionen jeweils in großer Lebensgefahr befunden hatte (Dr. J. Schneider).

Richet vertrat daher – als typischer Vertreter des Animismus, der sich in der modernen Parapsychologie durchgesetzt hat – die Ansicht, daß der Geisterglaube naiv und unsinnig ist. Aus der Sicht der Animisten gibt es keinen Geist, der mediale Botschaften aufschreiben läßt, Uhren im Moment des Todes anhält und den Freunden des Verstorbenen erscheint; in jedem dieser Fälle werden lediglich die paranormalen Fähigkeiten einer Person durch ein bedeutsames Ereignis aktiviert. Sie erhält dann Informationen in Form von Wahrträumen, Visionen, telepathischen oder hellseherischen Eindrücken, oder sie produziert psychokinetische Phänomene. Wie könnte sich ein Geist überhaupt zeigen wollen, wo doch die spiritistische Lehre behauptet, der Geist sei nach dem Tode verwirrt und wisse nicht, was er tun solle (wobei gar nicht berücksichtigt wird, daß ihn auch in der „nächsten Welt" einige Pflichten erwarten könnten)? Warum sollte er gerade dem Wunsch einiger närrischer Menschen, mit ihm zu schwatzen, gehorchen wollen? Wenn man sich diese Fragen durch den Kopf gehen läßt, ergibt sich, daß die spiritistische Lehre eigentlich in krassem Gegensatz zu den erhabenen religiösen Vorstellungen vom Leben nach dem Tod steht. Soweit die – bestimmt gewichtigen – Argumente gegen den Spiritismus. Dennoch erscheint es mir ratsam, auf bestimmte Vorstellungen der Spiritisten etwas näher einzugehen.

Alle berühmten spiritistischen Medien hatten ihre „Führungs"- und „Kontrollgeister". Ein solcher Geist läßt sie in Trance fallen, hält unerwünschte Geister von ihnen fern und fungiert als Vermittler zwischen Verstorbenen und Lebenden. Das alles spielt sich im Zuge spiritistischer Séancen ab, wobei der Geist durch den Mund des Mediums spricht.

Der Geist sagt beispielsweise: „Hier ist ein armseliger alter Mann, der mit Frau XY reden möchte; ich weiß aber nicht, ob ich es ihm gestatten soll – ich mag ihn nicht." Ein anderer Geist: „Der junge Mann (ein Geist) behauptet, er komme von Patagonien; gibt es dieses Land überhaupt?" Oder: „Ich bitte Sie (an einen Geist gewendet), dem Medium keine derart albernen Frage zu stellen." Und auch: „Jetzt ist's bitte genug. Das Medium ist schon müde; ich werde es jetzt aufwecken und dann wieder verschwinden."

Manche Medien haben sogar mehrere Kontrollgeister. Bei Mrs. Piper gesellte sich der Geist des Chirurgen Finuit zu jenem des Schriftstellers George Pellham. Alle Wissenschaftler, die sich mit ihr beschäftigt haben, beobachteten bei ihr ab diesem Zeitpunkt verbesserte mediale Fähigkeiten.

Die Spiritisten glauben, daß die Führungs- und Kontrollgeister den niedrigen Rängen der Geisterhierarchie enstammen und daß sich die „höheren" Geister nach dem Tod in höhere Dimensionen begeben.

Die Animisten sind natürlich anderer Ansicht. Für sie sind „Führungs"- oder „Kontrollgeister" weder Schutzengel noch Geister Verstorbener. Pathologische Prozesse der Persönlichkeitsspaltung werden von ihnen nicht in Erwägung gezogen, wenn die Medien erwiesenermaßen geistig gesunde Menschen sind. Für sie stellen die „Geister" unterbewußte Trancepersönlichkeiten des Mediums dar (wie im ersten Kapitel dieses Buches beschrieben wurde), das im übrigen paranormaler Leistungen fähig ist. Die im ersten Kapitel dieses Buches angeführten Beispiele zeigten bereits, daß auf diese Weise eigenständige Fremdpersönlichkeiten mit eigenem Namen und Charakter die Oberhand gewinnen können, so daß das Medium gar nicht merkt, daß diese dem Bereich seiner eigenen Psyche entstammen. In den meisten Fällen tragen diese Vorgänge wie auch die Trance des Mediums selbst zur Verbesserung der paranormalen Leistungen bei.

Diesen – animistischen – Standpunkt teilen auch einige, wenngleich nur wenige Spiritisten, wie beispielsweise Lodge, Sidowick oder auch, mit Einschränkungen, der sehr um Objektivität bemühte und ernsthafte Mattiesen.

Zum üblichen Verlauf einer spiritistischen Sitzung – ein Geist macht sich bemerkbar, sagt seinen Namen und erzählt einige Episoden aus seinem irdischen Leben – weisen die Animisten darauf hin, daß die Trancepersönlichkeit frei erfunden sein könne, dem Unterbewußtsein des Mediums entstammen oder aus Informationen aufgebaut sein könne, die das Medium auf telepathischem oder auf hellseherischem Weg empfangen habe. Gegenüber dieser animistischen Erklärung befriedigen die spiritistischen „Beweise" nicht.

Die Spiritisten verwahren sich natürlich gegen die animistische Interpretation ihrer Geister. Sie führen zur Verteidigung ihrer Position an, die Geister wiesen alle Züge und Eigenarten auf, die als Menschen schon typisch für sie waren: im Verhalten, in der Gestik, in der Sprechweise, im Schreiben und manchmal sogar auf (Geister-)Photos.

Im Jahre 1970 erregte ein englischer Heizer großes Aufsehen. Er behauptete, von einem verstorbenen Arzt beherrscht zu werden. In den Augenblicken, da sich der Arzt bei ihm bemerkbar machte, verwandelte sich sein Gesicht, so daß frühere Patienten dieses Arztes glaubten, ihn wiederzusehen. Der Heizer stellte dann auch richtige Diagnosen, schlug angemessene Behandlungen vor und zeigte damit ein Verhalten, wie es ihm an und für sich niemals möglich gewesen wäre.

Im folgenden sei noch, nach Axakow, ein Fall berichtet, in dem ein Hellseher einen Geist erkennen konnte und dessen Beschreibung genau auf eine verstorbene Person paßte: Nach dem Tod des Mädchens Violette meldete sich ihr Geist zwölf Jahre lang durch ein Medium; sein Auftreten stimmte mit dem der Verstorbenen überein, was schließlich durch einen Hellseher erkannt wurde. Vom Verhalten des Geistes ausgehend, konnte er die Verstorbene mit großer Genauigkeit beschreiben.

Solche Berichte geben den Spiritisten natürlich großen Auftrieb. Die Animisten wenden dagegen ein, daß äußerliche Merkmale leicht nachgeahmt werden können (wie auch von der Schauspielkunst her bekannt) und daß eine paranormal begabte Person daher Phänomene erzeugen kann, die nicht nur dem Verhalten lebender, sondern auch dem verstorbener Menschen gleichen.

Heutzutage untersucht man die Medien bei entsprechenden Versuchen mit medizinischen Instrumenten; der Blutdruck wird gemessen und der Adrenalingehalt des Blutes überprüft. Dabei ergeben sich unterschiedliche Werte für den Normal- und für den Trancezustand eines Mediums. Bei dem weltberühmten amerikanischen Medium Eileen Garrett, einer schlanken Dame mit nervösem Herz, wurde in diesem Zusammenhang festgestellt, daß ihr Herz sehr kräftig schlug, wenn sie vom Geist des früheren Indianerhäuptlings Uwani beherrscht wurde.

Ganz klar erscheint aber, daß man solche physiologischen Veränderungen, die man ähnlich auch z. B. im Hypnosezustand festgestellt hat, nicht als Beweis für die Existenz der spiritistischen Geister anerkennen kann.

Oft erscheinen in spiritistischen Zeitschriften Photos von Geistern (wie z. B. vom Geist des verstorbenen Conan Doyle, der zu Lebzeiten versprochen hatte, viele Beweise seines Überlebens zu liefern); sie entstehen meist, wenn das Medium in Trance ist. Beim Entwickeln zeigt sich dann auf dem Film ein Bild des Geistes, der bei der jeweiligen Sitzung anwesend war.

Berühmt wurde die Aufnahme eines Mädchens, das zu Lebzeiten nie photographiert worden war. In der betreffenden Sitzung erkannte sie niemand. Ihr Geist gab aber Name und Adresse der Mutter des Mädchens an, so daß man dieser Frau das Photo zusenden konnte. Sie und auch frühere

Freunde des Mädchens erkannten die Betreffende sofort (Axakow).

Wie aber sollen Photos von Geistern möglich sein? Die Spiritisten haben dafür eine einfache Erklärung. Die photographische Emulsion des Films sei so empfindlich, daß sie Materialisationsspuren eines Geistes festhalten könne. Anders die Animisten: Warum – wenn überhaupt – sollte psychische Energie nicht photographierbar sein? Dies müsse untersucht werden, bevor man noch an Geister denke, zumal man bei Photographien sowieso nicht sicher sein könne, ob sie authentisch sind oder mit verfeinerter Phototechnik verfälscht wurden. Betrugsfälle sind tatsächlich vorgekommen.

Oft ähnelt die Handschrift eines Mediums (das angeblich unter dem Einfluß eines Geistes schreibt) der Handschrift des betreffenden Verstorbenen. Die Übereinstimmmung ist bisweilen so stark, daß sie auch graphologischen Kriterien genügt.

Namens des verstorbenen Henry Sidgwicks, des bekannten Seelenforschers, sind durch die Hand eines Mediums viele Briefe geschrieben worden. Die Handschrift des Mediums war dabei der des verstorbenen Professors derart gleich, daß man sie nicht mehr voneinander unterscheiden konnte. – Die Tochter des Richters Dahle schrieb in Trance Briefe an die Familie eines unbekannten Geistes; die Hinterbliebenen erkannten ihre Handschrift als mit der des Verstorbenen identisch an (Mattiesen).

Auch diese Fälle können jedoch die Existenz von Geistern nicht beweisen. Wir wissen nämlich, daß in Hypnose befindliche Menschen sogar recht eigenartige Handschriften nachahmen können; guten Paragnosten ist das schon oft gelungen. Beispielsweise ahmte Scherman (in Prag) vorzüglich eine Handschrift nach, die sich in einem verschlossenen Umschlag befand, den er befingerte. Er konnte dies auch, wenn er nur ein Photo des Handschrifturhebers betrachtete (Experimente von Professor Fischer).

Wenn wir diese Ergebnisse in Betracht ziehen, so erscheint klar, daß sogar völlig deckungsgleiche Handschriften keinerlei Beweise für die Existenz von Geistern bieten. Das wird auch von Axakow und Mattiesen, zwei bedeutenden spiritistischen Autoren, zugegeben.

Nun gibt es Fälle, in denen der „Geist“ durch den Mund des Mediums eine Sprache spricht, die dem Medium völlig unbekannt ist. Könnte dieses Phänomen die Existenz von Geistern belegen?

Laura, die Tochter eines amerikanischen Richters, begann in Gegenwart eines griechischen Gastes plötzlich griechisch zu sprechen; sie behauptete, dabei von einem Geist gelenkt zu werden, der von einem verstorbenen engen Freund des Gastes stamme (Kuchynka). Oder Mrs. Curran schrieb unter der angeblichen Lenkung des Geistes der Patience Worth mehrere Erzählungen in korrektem Mittelenglisch, obwohl Mrs. Curran nur das Amerikanisch des mittleren Westens beherrschte (Moser). Das Phänomen ist auch aus der Bibel bekannt: Jesus konnte den Aposteln die Gabe verleihen, in ihnen unbekannten Sprachen zu sprechen.

Von Kafkas Hypnoseversuchen wird berichtet, daß er einen Paragnosten veranlassen konnte, mit einem anwesenden italienischen Besucher auf italienisch zu sprechen, obwohl er von dieser Sprache im nicht-hypnotisierten Zustand keine Ahnung hatte (Kuchynka).

In der Parapsychologie gibt es eine eigene Bezeichnung für derlei Phänomene – Xenoglossie: das Sprechen „in fremden Zungen“. Die Xenoglossie leitet sich zumeist telepathisch von anwesenden Teilnehmern her; sie stellt jedenfalls eine Kundgabe des Parabereichs dar, auch wenn in vielen Fällen unklar bleibt, woher das fremde Wissen stammt bzw. wo es angezapft wird. Diese animistische Erklärung – die Geister als entbehrlich erweist – ist für den Laien sicher nicht einfacher als die spiritistische. Doch schon Richet hielt sich an diese Erklärung und lehnte entschieden ab, voreilig spiritistische Geister zu akzeptieren. Im übrigen gibt auch Mattiesen zu, daß die animistische Erklärung „in einigen Fällen" zutreffen könne.

Wie schon aus dem früher erwähnten Beispiel des Malers Thompson ersichtlich wurde, ist der künstlerische Äußerungsbereich der Medien nicht nur auf die Sprache beschränkt.

In den sechziger Jahren hörte man viel von Medien, die in Trance Werke von Mozart und Beethoven komponierten. Natürlich sahen die Spiritisten sofort wieder Geister im Spiel – jene der musikalischen Genies. Die Animisten hingegen gehen davon aus, daß hervorragende Pianisten und Komponisten die Werke fremder Meister bis zur Perfektion nachspielen können, und verweisen darauf, wieviel breiter das Spektrum solcher Imitationsleistungen durch den paranormalen Bereich wird.

Aus spiritistischer Sicht wurde oft auf den Umstand hingewiesen, daß Charakter und Ausdrucksweise eines Geistes bei allen Séancen unverändert bleiben. Auch weiß er bis ins Detail über sein irdisches Leben Bescheid, vor allem über Intimitäten, die dem Medium und den Teilnehmern nicht bekannt sind. Er erkennt seine früheren Freunde und spricht mit ihnen wie eh und je, und er erkennt auch Dinge des persönlichen Gebrauches (Anzüge, Bücher, Schmuck usw.), die man ihm vorlegt.

Raymond, der Sohn von Professor Lodge, kam im Krieg um. Seinen Geist bat man, unwiderlegbar zu beweisen, daß er wirklich der Raymonds sei (d. h. daß Raymond den Tod überlebt habe). Der Geist dachte eine Weile nach und versprach dann, eine Photographie an die Familie Lodge schikken zu lassen, auf der er in einer bestimmten Pose – die vom Medium in der Sitzung dargestellt wurde – zu sehen sei. Kurz danach erreichte Professor Lodge ein Brief einer ihm unbekannten Frau, in dem sich ein Photo von einer Gruppe englischer Offiziere befand; unter ihnen sah man auch seinen Sohn Raymond, und zwar in derselben Pose wie vom Medium dargestellt.

Nach diesem von Lodge selbst noch ein von Mattiesen berichteter Fall: Nach dem Tod ihrer Tochter fand eine Mutter Briefe vom Verlobten dieser Tochter. Sie waren jedoch in einer Geheimsprache abgefaßt, die ihr völlig unverständlich war. In einer Séance bat sie daher ihren Sohn (der ebenfalls schon tot war), in der jenseitigen Welt mit seiner Schwester Kontakt aufzunehmen und sie nach den Inhalten dieser Briefe zu fragen. Der Geist des Sohnes antwortete ihr bald, daß er mit seiner Schwester gesprochen und sie ihm die Geheimsprache entschlüsselt habe. Was er dann über die Inhalte der Briefe sagte, deckte sich mit realen Begebenheiten.

Solche Fälle sind Paradebeispiele spiritistischer Argumentation und Beweisführung. Die einschlägige Literatur ist daher voll von ihnen. Zu den berühmtesten gehören die Berichte der Mrs. Piper. Mit ihr beschäftigten sich viele Seelenforscher. Einige von ihnen waren von den Berichten so beeindruckt, daß sie selbst Spiritisten wurden.

So erging es beispielsweise Dr. Hodgson, der ursprünglich von England her nach Boston kam, um Mrs. Piper als betrügerisches Medium zu entlarven. In wenigen Monaten wandelte er sich zum begeisterten Spiritisten. Nicht lange nach seinem plötzlichen Tod erschien er in Mrs. Pipers Sitzungen als Geist. Die Teilnehmer erkannten ihn sofort an seiner aufbrausenden, aber freundlichen Art (er wurde nur in Anwesenheit seiner Mutter, zu der er ein gespanntes Verhältnis gehabt hatte, ironisch und bissig). Sogar William James, der den Spiritismus ablehnte, war beeindruckt, da er den Eindruck hatte, er spräche wirklich mit dem verstorbenen Hodgson.

Professor James Hyslop erschien zu den Sitzungen von Mrs. Piper meistens maskiert. Der Geist seines Vaters ließ sich davon aber nicht täuschen; er erkannte ihn sofort und unterhielt sich mit ihm über alles mögliche, vor allem über Vorfälle, die allen anderen unbekannt waren. Er riet seinem Sohn sogar, die dümmliche Theorie aufzugeben, daß Geister nur Erzeugnisse des medialen Unterbewußtseins seien. „Ich redete wie am Telephon mit ihm", schrieb er, „und es war tatsächlich mein Vater – niemand kann mich von etwas anderem überzeugen!"

Auch Professor Myers Geist erschien zu den Sitzungen von Mrs. Piper. Die Art seines Auftretens stimmte mit derjenigen des verstorbenen Professors genau überein – mit seinem Temperament, seinen Ansichten und seiner warmen, gemütlichen Art zu reden. Dadurch konnten auch bei ihm viele Übereinstimmungen zwischen Geist und Verstorbenem gefunden werden.

An der Glaubwürdigkeit solcher von vielen honorablen Persönlichkeiten bezeugten Vorkommnisse in spiritistischen Séancen wird auch im animistischen Lager kaum gezweifelt, anders fällt die Erklärung aus: Das Medium erhält seine Informationen aus telepathischen oder hellseherischen Kanälen. Diese Informationen fließen zusammen und wirken aus dem Mund des Mediums wie eine eigene Persönlichkeit, die sich als Geist eines Verstorbenen ausgibt. Je nach Begabung der Medien kommen dabei hervorragend dargestellte Trancepersönlichkeiten oder, bei schwächeren Medien, nur Schattenpersönlichkeiten zustande. Charles Richet, einer der entschiedensten Vorkämpfer der animistischen Thesen, kennzeichnete die Lage seiner Zeit treffend: „Manchmal muß man wirklich alle Kräfte des Verstandes zusammennehmen, damit man nicht spiritistischen Vorstellungen verfällt. Einige Fälle, wie der von Raymond Lodge, von Mr. Pellham sowie der Professoren Hodgson und Myers, haben mich sehr irritiert." Vergessen wir nicht: Das war zu Anfang dieses Jahrhunderts. Damals waren die Ergebnisse moderner Parapsychologie noch unbekannt.

Manche Geister erscheinen bei den Séancen auf Anruf der Hinterbliebenen, die mit ihnen sprechen wollen. Die Freude, mit dem geliebten Verstorbenen reden zu können, ist dann groß. „Da wir", erklären die Spiritisten, „ständig von den Geistern Verstorbener umgeben sind, die mit uns in Verbindung zu treten versuchen, melden sie sich, sobald die Gelegenheit für sie günstig ist." Ist aber diese Erklärung nicht zu naiv? Versuchen wir, diese „Geister auf Bestellung" etwas kritischer zu sehen, so mündet dies in den animistischen Standpunkt aus: Einen Geist anzurufen kommt einem starken Impuls gleich, der das Medium in eine vorbestimmte Richtung lenkt, und dadurch kommt es zu Phänomenen, als deren Urheber unkritischerweise Geister gehalten werden. Daher warnten sogar manche Spiritisten selbst davor, die Geister anzurufen (so z. B. Mattiesen), und empfahlen, geduldig abzuwarten, bis sich die Geister von selbst meldeten.

Ein Geist erscheint in spiritistischen Zirkeln oder auch außerhalb einer Séance meist infolge eines Versprechens, das der Verstorbene zu Lebzeiten abgegeben hat. So hatte, wie Mattiesen berichtete, dem Geistlichen Bouin ein Freund versprochen, daß er sich nach seinem Tod auf eine ungewöhnliche Art bei ihm melden werde – durch einen kräftigen Schlag auf den Rücken. Als Bouin ein halbes Jahr später andächtig in der Kirche zum Gebet niederkniete, verspürte er plötzlich von hinten einen Schlag. Er drehte sich empört um, sah aber niemanden. Einige Tage später erfuhr er, daß der besagte Freund genau zu der Zeit, als er diesen Schlag verspürte, gestorben war.

Für die Spiritisten ist der Fall klar. Die Animisten hingegen weisen auf den stark autosuggestiven Charakter solcher Versprechungen hin; empfängt ein Mensch auf paranormalem Wege die Todesnachricht des Freundes, so werden diese Versprechung betreffende innere Automatismen in Gang gesetzt, und auf paranormalem Weg wird dann eine Situation hergestellt, die der versprochenen entspricht. Der Betreffende glaubt dann, das Versprechen sei eingelöst worden (viel häufiger aber sind, selbst unter Spiritisten, die Fälle, in denen das gegebene Versprechen nicht eingelöst wurde).

In anderen Fällen treten Geister spontan auf. Sie besuchen ehemalige Freunde und auch fremde Personen, meist um sie zu informieren, daß sie jetzt tot sind, aber auch, um eine angemessene Beerdigung zu verlangen oder um ihren Familien irgendwie nützlich zu sein. Oder ein allen unbekannter und daher von niemandem herbeigerufener Geist meldet sich plötzlich in einer Sitzung und verhält sich völlig unabhängig, nur in seinem eigenen Interesse handelnd. Oder es meldet sich ein und derselbe Geist durch verschiedene Medien (Raymond Lodge meldete sich durch acht Medien). Und mit den verschiedenen Formen von Geisteraktivitäten ist die Fülle der Argumente, welche die Spiritisten für sich ins Feld führen, noch keineswegs erschöpft. So weisen sie darauf hin, daß das Medium im Auftrag des Geistes weit mehr leisten könne, als es im alltäglichen Leben je könnte. Tatsächlich sind viele solche Fälle dem sichtbaren Tatbestand nach erwiesen: Eine ungebildete Frau wird vom Geist eines früheren Wissenschaftlers gelenkt und kann schwierige Fragen aus seinem Gebiet beantworten. Von einfachen Medien werden plötzlich philosophische Werke verfaßt. Der Geist des im

Krieg abgeschossenen Offiziers Irwing konnte durch einen Laien, der nichts von Flugzeugtechnik verstand, fehlerfrei die Mechanismen eines Kampfflugzeuges beschreiben lassen.

Sind aber in all diesen und anderen Fällen Geister am Werk?

Zusammenfassung und vorläufige Schlußfolgerungen

Die Animisten verweisen auf das enorme Potential der in jedem Menschen schlummernden paranormalen Fähigkeiten, die seitens besonders begabter Menschen zu den erstaunlichsten Phänomenen führten. Im Fall solcher Informationen sei einzig wichtig, ob der Inhalt der Information richtig sei; die Form des Erlebnisses – die sehr vielgestaltig sein könne – sei bedeutungslos. Diese werde im einzelnen vom Geisteszustand der als Medium fungierenden Person bestimmt: von ihren Überzeugungen, vergangenen Erlebnissen oder Suggestionen, die sie akzeptierte oder unbewußt annahm. So stellen sich denn aus ihrer Sicht die Geister als bedeutungslose Dramatisierungen des Unterbewußtseins des Mediums (und derer, die an Geister glauben) dar.

Tatsächlich hat die moderne Parapsychologie die meisten Phänomene, die in der älteren spiritistischen Literatur als Geisterphänomene dargestellt wurden, auf völlig natürliche Weise erklärt und die Echtheit der paranormalen Phänomene anhand wissenschaftlich überprüfter Spontanfälle sowie auch in kontrollierten Laborexperimenten nachgewiesen. Die Geister erschienen mit zunehmendem Fortschritt der Forschung stets entbehrlicher. Natürlich hat sie umgekehrt auch nicht erwiesen, daß es Geister – oder geistige Entitäten – nicht gibt. So gibt es auch heute, abgesehen jetzt von der spiritistischen Massenbewegung, noch immer Wissenschaftler, die überzeugt an den spiritualistischen Thesen festhalten, wobei sich für die modernere wissenschaftliche Strömung die Bezeichnung „Spiritualismus“ eingebürgert hat.

Sicher ist, daß eine unvernichtbare, vielleicht sogar unsterbliche geistige Substanz oder Energie, die möglicherweise den Menschen nach dem Tod überlebt, anders sein muß als die in der frühen spiritistischen Literatur vorgestellten Geister. Von da her läßt sich das Überleben des Todes nicht beweisen. Aber viele Forscher sind überzeugt, daß es eine solche immaterielle geistige Substanz gibt. Tatsächlich werden in jüngster Zeit von parapsychologischen Forschern immer mehr auch die sogenannten Überlebensphänomene untersucht, und hier zeichnet sich mehr oder weniger eine erste Annäherung der so unterschiedlichen Standpunkte ab. Es zeichnet sich allmählich ab, daß die (allesamt vorläufigen) Bezeichnungen und Interpretationen nicht so wichtig sind wie die Sache selbst – ob es eine vom Körper unabhängige geistige Substanz oder Energie gibt, ob es also grundsätzlich ein Überleben des Todes in irgendeiner Form gibt. Wir müssen aber zugeben, daß, jenseits festgestellter Wahrscheinlichkeiten und Hypothesen, diese entscheidenden Fragen noch der Beweise harren, die – objektiv betrachtet – den „Geisterphänomenen" nicht abgewonnen werden können.

Besondere Phänomene

Zu den besonderen Phänomenen, die im Zusammenhang mit der Frage des Fortlebens nach dem Tod häufig in die Diskussion eingebracht werden, gehören insbesondere die Spukphänomene.

Spukhäuser – Poltergeist-Phänomene

Die sogenannten „Spukhäuser" haben jedenfalls eine verwirrend bunte Palette paranormaler Phänomene zu bieten. Es sind bestimmte, vornehmlich alte Bauwerke. In ihnen passieren visuelle Phänomene (eigenartige Lichterscheinungen oder Phantome tauchen auf), akustische Phänomene (Türen schlagen, Kugeln rollen auf dem Boden, Glas wird zerbrochen, Schritte und Kampfgeräusche sind vernehmbar), Berührungsphänomene (unsichtbare Hände werden verspürt, etwas Schweres legt sich auf den Körper) und kinetische Phänomene (von selbst öffnen sich Türen und bewegen sich Möbel, Geschirr schwebt herum, Steine fliegen umher, Bilder fallen von den Wänden, Wände beginnen zu knacken und Risse zu zeigen usw.). Oft wurden solche Phänomene nicht nur von einer oder von wenigen Personen beobachtet, sondern auch von größeren Gruppen. Ihre Dauer ist unterschiedlich – Wochen, Monate und manchmal auch viele Jahre.

Spukhäuser hat es schon immer und überall gegeben. Auch in unserer heutigen, hochtechnisierten Welt kommen sie häufiger vor, als manch einer glauben mag.

Meist schweigt man sich darüber aus, wenn es in einem Haus spukt, da die Einnahmen des Vermieters schnell schwinden würden, wenn sein Eigentum überall als Herberge des Schreckens verschrien wäre. In London wurde z. B. im Jahr 1952 die Miete eines Hauses gerichtlich gesenkt, weil es darin spukte! Die französische Polizei registrierte zwischen 1925 und 1950 über hundert Fälle von Spukhäusern, und auch in Professor Benders Institut für Grenzgebiete der Psychologie in Freiburg sind etliche Fälle aufgezeichnet – mehr jedenfalls, als man gemeinhin annehmen würde.

In parapsychologischen Fachkreisen zweifelt man nicht an der Tatsächlichkeit der Phänomene. Viele Forscher hatten Gelegenheit, die Phänomene selbst mitzuerleben, und außerdem wurden viele Fälle von der Polizei, von speziellen Kommissionen und von Zeitungsreportern bestätigt.

Die Spukphänomene lassen sich größtenteils als sogenannte Poltergeist-Phänomene erklären. Dieser auch in der fremdsprachigen Literatur in deutscher Sprache gebräuchliche Ausdruck umfaßt vorwiegend akustische und kinetische Phänomene (Geräusche, dumpfe Schläge und plötzliche, meist mit Lärm verbundene Bewegungen von Gegenständen). Zunächst einige Beispiele:

Professor Cesare Lombroso, der berühmte italienische Kriminologe, konnte sich plötzlich von den seltsamen Umtrieben in einem Turiner „Spukgasthaus" überzeugen. Dort flogen Gläser und Flaschen durch die Luft, und man hörte, wie scheinbar Fässer gerollt wurden. Das alles passierte nicht etwa nachts um zwölf, sondern am hellichten Tag und vor den Augen vieler Zuschauer! Der unwissentliche Urheber dieser Phänomene war angeblich ein dreizehn Jahre alter Junge, der in jenem Gasthaus bedient hatte.

Vor dem Zweiten Weltkrieg erregte ein kleines Haus am Rand von Prag großes Aufsehen. In ihm flogen Gegenstände und Steine herum, und zwar auch in Anwesenheit der Polizei und vieler Zuschauer. Urheber dieser Phänomene war schließlich der paranormal begabte Herr V.

Im Jahr 1967 ereignete sich im bayrischen Rosenheim ein Fall, der in ganz Europa mit Interesse verfolgt wurde: Im Büro eines Rechtsanwaltes gingen plötzlich wie von selbst die Lichter an, und schwere Tische und Stühle begannen sich – ohne menschliches Dazutun – zu bewegen. Die Polizei und Untersuchungsausschüsse bestätigten diese Umtriebe. Die unwissentliche Urheberin war die 19jährige Angestellte des Rechtsanwaltes.

Die Parapsychologie hat für diese heute hinreichend erforschten Phänomene eine einleuchtende Erklärung: Sie werden durch unterbewußte Aktivitäten lebender Personen bewirkt, und zwar besonders während deren Pubertät oder kurz danach. In diesem schwierigen Lebensabschnitt erstarken innere Kräfte und entfalten sich Energien, die, wenn sie keinen anderen Ausweg finden, in den paranormalen Bereich des Betreffenden vordringen und paranormale Kräfte aktivieren, die dann diese „Spukphänomene" auslösen, und zwar ohne daß die auslösende Person etwas davon ahnt. Allerdings ereignen sich solche Fälle doch nur sehr selten.

Etwas anders verhält es sich bei Personen, die paranormal begabt sind und dies auch wissen. Ein Hausmädchen ist beispielsweise sehr wütend über die Dame des Hauses und würde am liebsten das Geschirr kaputtschlagen, wagt es aber nicht und unterdrückt ihre Wut. Der innere Überdruck breitet sich nun bis in den paranormalen Bereich aus und kann diesen, infolge der paranormalen Begabung, im Sinne des bestehenden Affektes – der Wut – aktivieren. Dadurch zerbricht das Geschirr wie „von selbst".

Will man sich nun überzeugen, daß die Phänomene tatsächlich von der betreffenden paranormal begabten Person hervorgerufen wurden, so genügt es, sie vom Ort des Spuks zu entfernen. Damit verschwindet auch der Spuk. Auch andere Methoden zur Behebung des Spuks sind erfolgreich eingesetzt worden, wie psychoanalytische Behandlung des Urhebers oder hypnotisches Einwirken auf ihn.

Für unsere Frage nach dem Überleben der Seele nach dem Tod bringen die Poltergeist-Phänomene zweifellos keine neue Einsicht. Sie zeigen uns nur einmal mehr, wie breit das Spektrum paranormaler Kräfte ist.

Spukhäuser ohne bekannten Auslöser

Für unser Anliegen eher interessant sind diejenigen Fälle, in denen der Urheber des Spuks nicht ausfindig zu machen ist.

Schon Plinius der Jüngere wußte von einem solchen Fall zu berichten. Sein Spukhaus stand im alten Athen. Nachts war Kettengerassel zu vernehmen, und ein alter Mann, dem Ketten an Händen und Füßen angeschmiedet waren, erschien. Der Philosoph Athenodoros, der das Haus erwarb, fürchtete sich vor diesem Spuk aber nicht. Er folgte dem alten Mann auf den Hof. Dort deutete das Phantom auf eine bestimmte Stelle und verschwand. Athenodoros meldete dies bei den Behörden. Man ließ an der besagten Stelle graben und fand tatsächlich das Skelett eines Mannes mit Ketten an den Gliedern. Nachdem das Skelett ordentlich bestattet worden war, hörte der Spuk auf.

Der Forscher Dr. Wetzel quartierte sich eines nachts in einem Landgasthof ein. Nach Mitternacht erwachte er, weil er Schritte in seinem Zimmer hörte. Er machte Licht, konnte aber niemanden sehen. Da die Schritte immer noch zu hören waren, fragte er laut und deutlich, ob er jemandem irgendwie behilflich sein könne. Als Antwort schlug ihm etwas ins Gesicht, das sich wie ein Gummiball anfühlte. Am darauffolgenden Morgen mußte die verlegene Wirtin zugeben, daß es in diesem Zimmer öfters spuke, und zwar seitdem der frühere Besitzer des Gasthauses darin verstorben sei.

Der spiritistischen Erklärung dieser Phänomene zufolge verbreitet der Verstorbene Schrecken, um damit etwas für sich zu erreichen. Er kommt von dem Ort seines früheren Wirkens nicht weg (während die meisten Menschen nach dem Tod in höhere geistige Regionen abwandern*, sondern bleibt an einem bestimmten Wunsch kleben, bis sich dieser irgendwann auf irgendeine Weise erfüllt hat.

Es gibt nicht wenige Menschen, die solche Phänomene als erfundenen Unsinn oder bestenfalls Halluzinationen abtun.

---

* Auf unserer Erde bleiben angeblich nur die, die ein starkes und unerledigtes Interesse in sich haben oder die noch zu sehr am Materiellen hängen. – Dieses Moment orientalischen Glaubens taucht auch im Christentum (bei Jakob Böhme) auf: die niedrigste Kategorie von Menschen bleibt hier auf der Erde und kann daher als Geist mit anderen in Verbindung treten; die höhere begibt sich ins vorübergehende Paradies und die höchste ins ewige Paradies.

Warum aber größere Gruppen von geistig völlig gesunden Menschen an bestimmten Orten plötzlich allesamt von Halluzinationen befallen werden sollen, können sie freilich nicht erklären. Die Parapsychologen (animistischer Tendenz) sehen darin einfach Fälle parapsychischen Informationsempfangs und, bei diesen Fällen, oft auch Psychometrie im Spiel: psychische Spuren des Verstorbenen befinden sich nicht nur auf Gegenständen, die mit ihm in Berührung waren (und daher als Induktoren wirken können), sondern am gesamten Ort des Geschehens. Paranormal begabte Personen fangen diese psychischen Spuren auf. Dadurch wird ihr paranormaler Bereich aktiviert, und paranormale Phänomene wie Phantome, Geräusche, Psychokinese u. dgl. sind die Folge. Die psychischen Spuren sind um so effektiver, je stärker der Ort des Geschehens emotional besetzt war (wie z. B. durch einen gewaltsamen Tod).

Die Spiritualisten wenden sich vor allem gegen die These vom emotional besetzten Ort des Geschehens; dieser zufolge müßte jedes Schlachtfeld voll von Spukphänomenen sein. Auch müßte das Vorhandensein psychischer Spuren eine gewisse Beständigkeit der Phänomene mit sich bringen; das Gegenteil ist aber häufig der Fall: die Phänomene treten oft nur an ganz bestimmten Tagen und zu bestimmten Zeiten (z. B. Geburtstagen) auf. Schließlich, so sagen die Spiritualisten, bleibe eine einmal haftende psychische Spur bestehen, egal was passiere; die Spukphänomene hören aber meist auf, sobald der Wunsch des Phantoms erfüllt wird. Sie sehen hier wiederum Geister Verstorbener am Werk. Da uns die Kontroverse inzwischen hinreichend bekannt ist, brauchen wir darauf nicht weiter einzugehen.

Astralexkursion oder Außerkörperliche Erfahrung (AKE)

Der heilige Paulus versicherte den Korinthern, es gebe nicht nur einen physischen, sondern auch einen geistigen

Körper. Damit stand er nicht allein. Viele Religionen gingen von dieser Auffassung aus. Aber auch jenseits religiöser Überzeugungen glaubten schon immer zahlreiche Menschen an eine vergeistigte Form des Körpers.

Schon früh tauchte in der spiritistischen Literatur der Begriff des Astralleibes auf, eines vom materiellen Körper verschiedenen, feinstofflichen Zweitleibes. Von diesem Begriff her wurde dann auch ein interessantes Phänomen erklärt, das man als „Astralexkursion“ oder „Astralwanderung“ bezeichnete. Darunter versteht man durch den Astralleib als Vehikel ermöglichte Ausflüge aus dem eigenen Körper an ferne Orte, über die nach der Rückkehr Beschreibungen abgegeben werden können. Am eindrucksvollsten sind die nicht wenigen Berichte, denen zufolge man den Paragnosten, der diese Astralexkursion unternahm, am anderen Ort sogar gesehen hatte. In diesem Zusammenhang spricht man übrigens von „Bilokation“.

Zu diesem Phänomen ein Bericht, der von Mattiesen überliefert wurde: Eine alte Frau lag in Deutschland im Sterben. Als sie sich vom Todeskampf noch einmal erholte, erzählte sie, daß sie gerade aus den USA zurückkäme, wo sie ihre geliebte Tochter besucht hätte. Obwohl sie nie zuvor dort gewesen war, beschrieb sie die Wohnung der Tochter und gab an, wer dort zugegen gewesen sei, und beschrieb das Aussehen dieser Personen. Die Nachforschungen ergaben, daß sie drüben in den USA genau zu dem Zeitpunkt des Todeskampfes sichtbar wurde und nicht nur von ihrer Tochter, sondern auch von einer Enkelin gesehen wurde.

B. Kafka, der mit mehreren hypnotisierten Versuchspersonen Experimente über das zugrunde liegende Phänomen machte, lieferte gleichzeitig einen Bericht darüber, wie ein Hellseher einen Menschen sterben sah:

„Der Astralleib löst sich allmählich vom Körper. Er fängt

damit bei den Füßen und Händen an und wandert nach oben (deswegen erkalten die Glieder zuerst). Als er die Brustgegend erreicht, spürt der Sterbende plötzlich Erleichterung. Er löst sich weiter, sammelt sich um den Kopf herum und verläßt das Gehirn (dies ist der Moment des Todeskampfes). Eine kleine helle Wolke bildet sich beim Kopf, und nach einer gewissen Zeit wird die Verbindung zwischen Astralleib und Körper gelöst. In diesem Augenblick ist der Mensch tot."

Wenn ein lebender Mensch seinen eigenen Körper „verlassen" und ihn wie von außen beobachten kann – also im Fall des spiritualistisch als Astralexkursion erklärten Phänomens –, spricht man in parapsychologischen Kreisen von Außerkörperlicher Erfahrung (AKE). Das wahrnehmende „Ich" des Betreffenden begibt sich dabei auf eine Art „Reise" weg von seinem Körper, der leblos wirkt, während die Psyche hellwach und voll funktionsfähig ist. Der Betreffende nimmt die Umgebung nicht von dem Ort aus wahr, wo sein Körper sich befindet, sondern von dort aus, wo sein „Ich" hingeschwebt ist.

Dieses Phänomen stößt in wissenschaftlichen Kreisen auf größtes Interesse. Der interessierte Leser findet heutzutage genügend Literatur über ganze Versuchsreihen mit AKE (z. B. in Milan Ryzls Schrifttum oder in *Psi-Resümee* von Paul Uccusic (Genf 1975). Die Forschungsergebnisse legen den Schluß nahe, daß es die Außerkörperliche Erfahrung (AKE), die als „reisendes Hellsehen" erklärt wird, wirklich gibt, so daß sie ebenfalls unter die nachgewiesenen paranormalen Phänomene eingereiht werden kann. Im folgenden ein Beispiel für AKE:

Vor einer Operation war die kalifornische Studentin J. P. narkotisiert worden. Sie spürte gleich danach, wie sie ihren Körper verließ. Von oben sah sie ihn auf dem Operationstisch liegen, bekam den ganzen Vorgang der Operation mit und hörte, worüber neu hinzukommende Ärzte sprachen. Nachdem sie aus der Narkose erwacht war, erzählte sie ihr Erlebnis – zum großen Erstaunen aller natürlich.

Wer an sich selbst außerkörperliche Erfahrungen erlebt hat, kann meist nichts über die dabei empfundenen Gefühle aussagen. Nur einige wenige berichten, sie hätten sich dabei sehr glücklich und entspannt gefühlt oder – umgekehrt – sie hätten große Angst gehabt, nicht mehr in ihren Körper zurückkehren zu können.

Wie die meisten paranormalen Phänomene treten auch außerkörperliche Erfahrungen nur gelegentlich und meistens unbeeinflußt vom Willen auf. Einige Paragnosten haben es allerdings fertiggebracht, willentlich das Phänomen zu produzieren, beispielsweise S. Moses, S. J. Muldoon, I. Swann u. a.; außerdem wurde besonders Schamanen und manchen Magiern diese Fähigkeit zugeschrieben.

„Es lärmte plötzlich nachts in einem Haus, und die Türen gingen von selbst auf. Vater und Großvater der Familie erwachten dadurch, sprangen aus dem Bett und konnten aber niemanden entdecken, der der Urheber dieses Spuks hätte sein können. Wie sich erst später herausstellte, lag zu genau jener Zeit, aber viele Hunderte von Kilometern entfernt, der Bruder des Großvaters im Sterben, der den innigen Wunsch hatte, seine lieben Verwandten vor seinem Tod noch einmal zu sehen. In einem Moment, als er nochmals zu sich kam, habe er gesagt: ‚Ich habe gerade eine lange Reise gemacht und meinen Bruder besucht. Dabei habe ich ihn in recht auffälliger Weise auf meine Anwesenheit aufmerksam gemacht.‘ “

In diesem von Flammarion berichteten Fall waren offensichtlich reisendes Hellsehen und auch Psychokinese im Spiel. (Hierauf wird später noch eingegangen.)

Sehr wahrscheinlich erlebten im Altertum die Eingeweihten der Mysterien ebenfalls Phänomene der Außerkörperlichen Erfahrung.

Plutarch deutete etwas Derartiges an. Er sagte, im Moment des Todes erlebe die Seele dieselben Eindrücke, wie sie die Eingeweihten bei den großen Mysterien erleben. Und Platon hatte traditionsgemäß in eigener Person die geheime Welt der Mysterien erlebt; er berichtete, daß dadurch sein Glaube an ein Überleben nach dem Tod gestärkt wurde.

Sehr wahrscheinlich hatten auch die Heiligen am Höhepunkt ihrer religiösen Ekstase Erlebnisse außerhalb des Körpers. In den Augenblicken der Ekstase war das Gesicht der heiligen Katharina von Siena gewöhnlich starr und totenbleich, und ihr Körper gab kein Lebenszeichen von sich. Und die heilige Theresia fragte sich: „Bin ich noch in meinem Körper? Mir scheint, ich sterbe, nehme Abschied von dieser Welt. Ich weiß fürwahr nicht, ob ich noch in meinem Körper bin oder nicht – ich könnte es nicht beschwören."

Wodurch die außerkörperliche Erfahrung zustande kommt und welche Vorgänge an ihr insgesamt beteiligt sind, ist – wen könnte es noch wundern? – umstritten. Aus spiritualistischer Sicht verläßt der Astralleib den Körper des Menschen kurzzeitig. Bemerkenswert ist der Umstand, daß die Phänomene oft dann auftreten, wenn sich der Körper in geschwächtem Zustand befindet: beim Sterben, bei schwerer Krankheit, in Betäubung, bei Erschöpfung, starker Müdigkeit und nach Einnahme von Rauschmitteln*; nach dem Zweiten Weltkrieg waren außerkörperliche Erfahrungen be-

* Da sich die sogenannten „Hexen" in Vorbereitung auf den Hexensabbat mit giftigen Salben einschmierten, muß man sich an dieser Stelle fragen, ob nicht der Flug zum Hexensabbat eine Art außerkörperlicher Erfahrung darstellte.

sonders bei Soldaten anzutreffen, die im Nacken verletzt worden waren. Für die Spiritisten stellt die Astralexkursion den endgültigen Beweis dar für das Fortleben nach dem Tod, da sie nach ihrer Ansicht einem zeitweiligen Tod gleichkommt (weil der Astralleib vom Körper entfernt ist); der Tod wäre demnach eine andauernde Astralexkursion. Dem kann man nicht ohne wichtige Vorbehalte beipflichten.

Das Phänomen der – schon durch die Bezeichnung spiritualistisch inspirierten – Astralexkursion oder Astralwanderung wurde erstmals von dem Animismus zuneigenden Parapsychologen als „Außerkörperliche Erfahrung“ = AKE (englisch „Out-of-Body-Experience“ = OBE) erklärt: sie komme durch „reisendes Hellsehen“ zustande.

M. Ryzl, der mit vielen Versuchspersonen Experimente reisenden Hellsehens gemacht und in seinem Schrifttum ausführlich beschrieben hat, erklärte in seinem Werk *ASW-Training – Psi-Methoden zur Weckung und Aktivierung des 6. Sinnes* (Genf 1975) das Phänomen wie folgt:

„Man kann einer hypnotisierten Person ein Erlebnis außerhalb des Körpers suggerieren. Manchmal hat jemand aber auch spontan – in einem Traum oder im Zustand der Entspannung – ein solches Erlebnis. Die Person hat wirklich das Gefühl, ihr Körper sei an dem (von ihr selbst oder dem Hypnotiseur) suggerierten Ort anwesend. In Glücksfällen, wenn sie nämlich hellseherisch begabt ist, wird die Person richtig beschreiben, was sich an dem fernen Ort abspielt ... Der gesamte Prozeß läuft im Geist der erlebenden Person ab; ein ‚Geist‘ hat den Körper nicht verlassen. Das Erlebnis des Reisens stellt lediglich eine der möglichen Dramatisierungen dar – eine Form, eine Verkleidung, in der die Informationen das Bewußtsein erreichen.“

Im Zuge eines AKE-Experiments mit dem hypnotisierten Mädchen A. U. hielt derselbe Forscher fest: „Eine Überraschung stellte die spontan entwickelte Entpersönlichung dar: die Versuchsperson erlebte sich wie losgelöst von ihrem Körper. Zweifellos trug die Tatsache, daß es sich um ein Erlebnis außerhalb des Körpers handelte, zu diesem subjektiven Gefühl des Persönlichkeitsverlustes bei. Dies erinnert uns an die Persönlichkeitsumwandlung in den ‚Geist', die spiritistische Medien erleben."

Wir stehen wieder einmal den unterschiedlichen Erklärungen der dem Spiritualismus und der dem Animismus zuneigenden Forscher gegenüber. Ungeachtet aber dieser Erklärung der außerkörperlichen Erfahrung machte Dr. Ryzl mit vielen Versuchspersonen (mit oder ohne Hypnose) Experimente zur Frage der Existenz der Seele und darüber, was nach dem Tod eines Menschen geschieht. Resümierend faßte er solche Experimente dahingehend zusammen, daß nach – selbstverständlich noch erst beweisbedürftigen – Aussagen die menschliche Persönlichkeit aus einem materiellen Körper und einer geistigen Komponente, die nach dem körperlichen Tod weiterlebt, zu bestehen scheine. Diese geistige Komponente war von seinen Versuchspersonen mit „Seele", „Fluidum", „Licht oder Schein" usw. beschrieben worden.

Wir ersehen daraus immerhin, daß sich die heutige Lage an der Front des „Bruderkampfes" zwischen Spiritualisten und Animisten doch um einige Akzente verschoben hat. Wissenschaftler beider Richtungen untersuchen die drängenden Fragen nach der Existenz und dem Fortleben der Seele oder einer wie immer zu nennenden geistigen Substanz, die den Körper überlebt. Von Beweisen kann natürlich vorläufig noch nicht die Rede sein.

In der parapsychologischen Forschung hält man sich heute nach Möglichkeit überhaupt aus der Kontroverse zwischen Spiritualisten und Animisten heraus. Die Bedeutung der vom Spiritismus als vorwissenschaftlicher Strömung früh schon gesammelten Berichte und beschriebenen Phänomene ist offenkundig, und daher arbeitet man in der parapsychologischen Forschung mit spiritistischem Material ebenso wie mit anderem. Dabei ist allerdings klar, daß erst die Untersuchung paranormaler Phänomene, die heutzutage unter strengsten Kontrollbedingungen und mit modernsten Untersuchungsmethoden durchgeführt werden, jene Beweiskraft erbracht hat, daß man heute von wissenschaftlich erwiesenen Phänomenen sprechen kann. Wir müssen uns daher vorläufig an die erwiesenen Phänomene halten und nicht zu sehr an die unterschiedlichen Erklärungen verlieren.

Das Fortleben nach dem Tod wäre im Sinne eines absoluten Beweises durch die Auferstehung eines Toten zu beweisen. Davon ist jedoch, außer in religiösem Schrifttum wie etwa der Bibel, nichts bekannt. Zwar werden immer wieder Fälle der Wiedererweckung Scheintoter berichtet, doch haben sie allesamt nicht die gewünschte Beweiskraft. Die Betreffenden waren ja nicht richtig tot.

So müssen wir uns in der Frage des Überlebens des Todes einstweilen mit Hypothesen zufriedengeben – in der Hoffnung, daß dem forschenden Menschen eines Tages beschieden sein wird, jenseits von Glaubensüberzeugungen wissenschaftliche Beweise zu finden.

Eines steht jedoch heute schon fest: was immer die künftige wissenschaftliche Forschung an Erklärungen für die hier erörterten Phänomene ergeben mag, so ist damit noch lange kein Urteil über die Frage der Unsterblichkeit der menschlichen Seele gefällt. Das Problem der Unsterblichkeit ist zweifellos unabhängig von der Frage, ob man nun mit Hilfe des Geistes eines Verstorbenen oder auf natürlich erklärte paranormale Art außergewöhnliche Kontakte herstellen und außergewöhnliches Wissen erlangen kann. Deswegen haben ja auch viele der bedeutendsten historischen Schrittmacher der nichtspiritualistischen Richtung der Parapsychologie wie Richet, Geley, Osty und auch viele animistische Forscher der Gegenwart völlig überzeugt geäußert, daß ihrem Glauben nach die Seele den physischen Tod des Menschen überlebe.

Die Seele gibt das Leben und nimmt es wieder mit, so heißt es in fast allen Religionen, und daraus schließe ich, daß Seele und Körper nicht einander gleich, sondern in ihrem Wesen grundsätzlich verschieden sind. Sie haben allerdings die einmalige Fähigkeit, sich in einer Form, die wir Menschen „das Leben" nennen, gegenseitig zu ergänzen. Bedenken wir das Verhältnis zwischen Seele und Körper und – z. B. anhand der außerkörperlichen Erfahrung – die Überlegenheit der Seele über den kraftlosen Körper, so erscheint der Glaube an das Überleben der Seele nicht nur möglicherweise, sondern sogar wahrscheinlicherweise richtig. Bewiesen ist es freilich nicht. Mit dieser für manchen Leser vielleicht wenig ergiebigen Schlußfolgerung möchte ich dieses Kapitel beenden und mich dem Thema der Reinkarnation (Wiedergeburt) zuwenden.

6. Reinkarnation und Karma

Der Reinkarnationsgedanke

„Wie ein Mensch seine alten Kleider abstreift und in neue hineinschlüpft, so verläßt auch die Seele den alten, erschöpften Körper und begibt sich in einen neuen; denn was geboren ist, muß sterben, und was gestorben ist, muß wiedergeboren werden, da alle Gestalt und alle Gebilde aus mir kommen und wieder in mich zurückkehren."

Das ist der – schon in der *Bhagavadgita* ausgesprochene – Grundgedanke der Reinkarnation (Synonyme: Palingenesis [griech. für Wiederwerden], Metemsomatosis [griech. für Wiederverkörperung], Seelenwanderung u. a.). Der Gedanke war erstaunlicherweise auch schon einigen Stämmen der Naturvölker, besonders in Afrika, geläufig; als ausgewogene Idee tauchte die Reinkarnation aber erst in der indischen Religion auf, deren unerschütterlicher Bestandteil er bis in die heutige Zeit geblieben ist.

> In der *Bhagavadgita* heißt es: „Die Seele ist wie eine goldene Schnur, an der wie Perlen die verschiedenen Leben nacheinander aufgereiht sind; nach vielen Inkarnationen [d. h. Menschwerdungen] kommt die weise Seele schließlich zu mir und weiß dann, daß ich das oberste Prinzip allen Lebens bin."
>
> Maharishi drückte sich für uns zeitgemäßer aus und nimmt Bezug auf den atmanischen Bereich: „Atman ist wie die Leinwand im Film; die Bilder [die einzelnen Leben] erscheinen darauf und verschwinden wieder, die Leinwand aber bleibt."

Auch Buddha bekannte sich zur Reinkarnation und verkündete sie, allerdings in einer für seine Lehre eigenen Fassung. Ihm zufolge wird nicht die unsterbliche Seele wiedergeboren, sondern wiederverkörpern sich die Bereiche, aus denen der Mensch besteht, nämlich seine Körperlichkeit, sein Fühlen, seine Wahrnehmungs- und Erkenntnisfähigkeit und das schöpferische Karma-Potential. Jeder dieser Bereiche kann nur im Verbund mit den anderen existieren und geht zugrunde, wenn er von den anderen getrennt wird. Wenn ein Mensch nun stirbt, wird diese Verbindung der Bereiche untereinander gelöst, wodurch das Individualbewußtsein ausgelöscht wird. Gerade wegen dieser Verbindung der Bereiche untereinander vereinen sie sich aber sehr bald danach wieder, und zwar in einer neuen Verkörperung.

Buddhas Gedankengänge scheinen Gott und die unsterbliche Seele einfach auszuklammern (seine Beziehung zu Gott bzw. einem obersten Prinzip wurde bereits in einem früheren Kapitel erörtert). Wir können nur spekulieren, wie er zu diesen Fragen stand. Ebensowenig wissen wir über seine Auffassung bezüglich der menschlichen Psyche. Wir können aber festhalten, daß er weder Hinweise auf den paranormalen Bereich noch den eines besonderen, „wiederverkörperbaren" Gedächtnisses in seiner Lehre verwendete, sondern nur eine Verbindung der von ihm erwähnten fünf Grundbereiche als Ausgangspunkt seiner Gedanken zur Reinkarnation in den Raum stellte. Wir müssen uns jetzt fragen, woher im Grunde die Verbindung der Bereiche untereinander stammt und warum diese Verbindung nach dem Tod erst gelöst und dann plötzlich wieder zusammengefügt wird. Als Antwort drängt sich die Überlegung auf, daß hinter alledem eine diesen Grundbereichen übergeordnete Entität stehen muß, die sie fortwährend „zusammenhält". Buddha, meine ich, kann nicht die Existenz der Seele verneint und sich gleichzeitig zu den Erfahrungen im Nirwana bekannt haben. Denn welcher Bereich des Menschen ist wohl hauptsächlich am Nirwana beteiligt – wenn nicht die im atmanischen Bereich aufblühende Seele?

Viele Indologen glauben daher, daß der ursprüngliche Buddhismus nicht gegen die Existenz einer Seele (die für die Verbindung zwischen den fünf Grundbereichen sorgt) gewesen sei. Auch viele indische Heilige, z. B. Maharishi, haben ausdrücklich betont, daß Buddha nicht die Existenz der unsterblichen, sondern nur die der „kleinen, individuellen" Seele bestritten habe.

Interessant ist in diesem Zusammenhang die Frage, inwieweit das Ich eines Lebenden durch die Reinkarnationen hindurch erhalten bleibt und damit auf den neuen „Träger" weitergegeben wird. Die Inder meinen dazu, daß im Ablauf der Reinkarnationen nicht derselbe Mensch „wiederholt" werde. Diese Aussage leuchtet ein, da unser Ich eben auch von körperlichen Faktoren abhängt (Konstitution, Erbmasse, körperliche Erfahrungen) und daher ein neuer Körper neue Voraussetzungen schafft und neue Erfahrungen mit sich bringt (man stelle sich beispielsweise die Seele einer Frau im Körper eines Mannes reinkarniert vor). Das bestehende Ich wird durch die Reinkarnation aber auch nicht völlig ausgelöscht, da es ja nicht allein vom Körperlichen abhängt, sondern auch das Unterbewußtsein und überhaupt die Tiefenschichten der Psyche umgreift.

„Der Körper und der Geist machen viele Veränderungen durch", so Vivekananda, „doch das eigentliche Ich bleibt im Schlaf wie im Wachzustand, in der Jugend wie im Alter unverändert. Es bildet die gemeinsame Grundlage aller Reinkarnationen und zieht sich als roter Faden durch alle Leben hindurch. Das Gesetz vom Karma ist mit ihm verknüpft. Dieses Gesetz wäre sinnlos, wenn die Identität des Ich verlorenginge. Solange das Ich stark vom Körperlichen her durchdrungen wird, bleibt es vom atmanischen Bereich losgelöst, es nähert sich ihm aber im Verlauf der Reinkarnationen, bis es – geläutert und strahlend – mit ihm verschmilzt. In diesem Moment wird die Individualität zur Universalität."

Wodurch wird aber bestimmt, wie eine zukünftige Reinkarnation ausfällt? Etwa durch den atmanischen Bereich – oder durch die nach göttlichem Gesetz handelnden Engel? Auf diese Frage weiß der menschliche Verstand keine Antwort.

In den Mythologien vieler Völker ist von den drei Schicksalen die Rede. Das erste soll dem Kind Stärke und Gesundheit verleihen, das zweite Vermögen und gesellschaftliche Anerkennung und das dritte Glück. Bei genauerem Hinsehen entpuppen sich diese Schicksale als der biologische, der soziologische und der psychologische Werdegang des Menschen. Damit ist aber noch nichts über die Instanz ausgesagt, die den Inhalt der „Schicksale" bestimmt.

In der indischen Philosophie ist man der Ansicht, daß die Seele von mehreren Körperhüllen umgeben ist; die innerste ist dabei die feinste (und am wenigsten materieller Art), die äußerste dagegen die gröbste, die Haut (man nimmt insgesamt fünf solcher Hüllen an). Die physische stirbt mit dem Tod ab; bald danach löst sich aber auch der ätherische Leib auf, und zurück bleibt der „ursächliche Leib", in dem die Seele wohnt. Die Reinkarnation stellt nun den genau umgekehrten Vorgang dar; eine Hülle nach der anderen bildet sich wieder, und das von innen nach außen fortschreitend. Die Eigenschaften des neuen Menschen werden dabei automatisch von den Prägungen, die der „ursächliche Leib" von dem früheren Leben erhalten hat, bestimmt. Starke Leidenschaften prägen sich ihm beispielsweise sehr tief ein und kennzeichnen daher auch die Psyche des neuen Menschen.

Im Gegensatz dazu hinterlassen erfolgreich kontrollierte Wünsche und Begierden nur sehr schwache Prägungen, die dann im neuen Leben nicht mehr in Erscheinung treten.

Diese Gedanken sind zwar recht bildhaft und anschaulich, bieten aber kaum Ansatzpunkte für eine kritische Auseinandersetzung.

Wenden wir uns der Frage zu, wie viele Male die Seele wiedergeboren wird. Die Inder meinen, es seien unzählige Male. Ihr Ideal ist es, die Häufigkeit der Reinkarnationen zu verringern, weil das über allem stehende Ziel so herrlich sei, daß sich jegliche niedrigere – d. h. verkörperlichte – Lebensform ärmlich dagegen ausnehme.

Die Antwort auf die Frage, wann die Seele wiedergeboren werde, fällt unterschiedlich aus. Im südindischen Buddhismus glaubt man, es geschehe unmittelbar nach dem Tod, im nordindischen und tibetischen hingegen geht man von einem Zeitintervall zwischen Tod und Wiedergeburt aus, das die Seele dazu benütze, sich in verschiedenen Welten und Ebenen herumzubewegen.

Eine weitere Frage in diesem Rahmen lautet: Warum haben wir kein Bewußtsein über die vergangenen Leben? Etwa deswegen, weil die Psyche sonst mit unzähligen Details überlastet wäre? Das ist für die Inder keine ausreichende Erklärung. Ihnen zufolge haben wir nur ohne ein solches Bewußtsein die Möglichkeit, uns frei und unvoreingenommen entwickeln zu können. Wir können in den auf uns zukommenden Situationen aus eigenen Stücken Entscheidungen treffen und sind davon unbelastet, was in einem früheren Leben in einer ähnlichen Situation geschah.

Kommen wir aber wieder auf die Anteile der Seele zurück, die durch die Wiedergeburt weitervermittelt werden. Ihr „Sitz“ ist unbestimmbar und nach heutiger Erkenntnis weder im Wachbewußtsein noch im Unterbewußtsein, weder im paranormalen noch im atmanischen Bereich anzusiedeln. Wir können uns also weder vorstellen, „wo" die „seelischen Daten" gespeichert sind, noch wie sie an eine Wiederverkörperung unserer Seele „weitervermittelt" werden. Eine Lösung auf diese Fragen geben uns auch jene wenigen Menschen nicht, die behaupten, Erinnerungen an ein früheres Leben zu haben. (Ich beziehe mich hier nur auf glaubwürdige Aussagen bedeutender Persönlichkeiten wie Buddha, Ramakrishna, Ghandi u. a., denen angeblich Erinnerungen an frühere Leben beschieden waren.)

Der Sinn der Reinkarnation

Wie bereits aufgezeigt, endet die Reinkarnation der Seele da, wo sie sich mit Atman vereinigt und dadurch zu Gott kommt. Sie lebt dann in ewiger Seligkeit weiter.

> „Wer mich gefunden hat, wird nicht mehr wiedergeboren, wer mich, das höchste Ziel, erreicht hat, wird nie mehr zurückgehen; denn jenseits der immensen Welt von Licht und Schatten liegt ein endloses Leben, in dem die Stimmen und der Widerhall der Reinkarnationen verstummen" *(Bhagavadgita).*

Der Sinn der Reinkarnation ist demzufolge das Heranreifen der Seele zum Einswerden mit dem göttlichen Bereich. Ihre Einsicht und Lauterkeit wachsen von Leben zu Leben, alle Werte des Lebens werden erlebt und geprüft, die niedrigeren, bedürfnishaften Interessen werden allmählich schwächer, während die geistigen sich um so mehr entfalten. Die biologische Entwicklung in der Natur zielt auf eine optimale Anpassung des Organismus an die Natur; analog dazu ist sich die geistige Entwicklung des Menschen bzw. die Entwicklung der Seele über viele Reinkarnationen hinweg zu denken. Die Natur ist der Nährboden des Lebens, und das Leben ist wiederum die Grundlage zur Fortentwicklung des Geistig-Seelischen.

Das irdische Leben mit seinen Abgründen und Gefahren, auch das Böse, das Unheil sind Prüfsteine für diesen Entwicklungs- und Reifungsprozeß. Vom Abschnitt eines Lebens oder auch zweier aus gesehen, mag die Welt schlecht und feindlich erscheinen. Fassen wir aber die Reinkarnation als Entwicklungsprozeß mit den einzelnen Leben als notwendige Durchgangsstationen auf, so ist die Welt vollkommen. Nichts ist in ihr dann noch zufällig oder unangemessen; alles steht im Einklang miteinander – Entstehung und Zerstörung, Geburt und Tod, Sieg und Niederlage, das Gute und das Böse. Sie alle sind Teile einer Gleichung, der nichts hinzuzufügen und nichts wegzunehmen ist. Die materielle Seite dieser Gleichung ist den Naturwissenschaftlern einigermaßen bekannt, ihre geistige wird uns durch jene Heiligen angedeutet, denen es gelungen ist, in einen Bereich vorzudringen, der jenseits der materiellen Welt liegt.

Reinkarnation und Christentum

Das christliche Gedankengut steht dem Gedanken der Reinkarnation ziemlich fern. In der Bibel findet man nur sehr wenige Stellen, die überhaupt als Aussagen zu diesem Thema gewertet werden können. Sie sind außerdem recht vage, so daß wir bestenfalls interpretieren können, sie seien vom Gedanken der Reinkarnation getragen, auf einen eindeutigen Nachweis aber verzichten müssen.

Jesus sagte beispielsweise: „Die Zweige können von sich aus keine Früchte tragen, sondern nur in Verbindung mit dem Stamm, und ich bin dieser Stamm." Hier könnte man den Stamm als den ewigen Atman auffassen, dessen Zweige einzelne Leben darstellen. Auch sein Ausspruch: „Suchet, so werdet ihr finden, klopfet an, so wird euch aufgetan, werdet so vollkommen wie euer Vater im Himmel", deutet vielleicht den – allerdings nur impliziten – Gedanken der Reinkarnation an, ganz einfach deswegen, weil es in einem einzigen Leben schlichtweg unmöglich ist, dieses hochgesteckte Ziel zu erreichen.

Dennoch mutet es seltsam an, daß in der christlichen Lehre nur so spärliche und versteckte Hinweise zu diesem Thema enthalten sind. Vielleicht war die Lehre von der Reinkarnation zu Anfang der christlichen Bewegung eine Geheimlehre, die nur auserwählten Kreisen vorbehalten blieb? Hat man, als die Bewegung zur kirchlichen Institution wurde, vielleicht die entsprechenden Textstellen aus der Bibel herausgestrichen, um zu verhindern, daß bei den Gläubigen eine leichtfertige Haltung gegenüber dem Glauben aufkam? Etwa nach dem Motto: Was soll ich mich in diesem Leben anstrengen, wenn ich noch ein paar Leben lang Zeit dazu habe ... Vielleicht wollte man damit auch einem sinnlosen Grübeln über vergangene Leben vorbeugen. Auch indische Heilige, wie Vivekananda und Maharishi, ließen sich nur ungern auf Fragen über vergangene Leben ein. Sie meinten, man solle sich darum nicht kümmern, sondern lieber versuchen, intensiv auf die Zukunft hinzuarbeiten.

Jedenfalls geht aus den Worten Jesu hervor, daß er den Reinkarnationsgedanken nicht bekämpfte, wenn dieser auch kein offensichtlicher Bestandteil seiner Lehre war. Im übrigen läuft die christliche Vorstellung vom Purgatorium im Grunde auf den Reinkarnationsgedanken hinaus, handelt sie doch ebenfalls von der Notwendigkeit, sich von allem, was den Menschen auf dem Weg zu Gott behindert und belastet, zu reinigen und freizumachen. Das Fegefeuer ist lediglich ins Jenseits verlegt.

Menschen, die an die Reinkarnation glauben, leben unbeschwerter. Sie fürchten sich nicht so sehr vor Unheil, Krankheit und Tod, und ihre Hoffnung auf vermehrte Freude in der Zukunft wird gestärkt. Ein allgemein verbreiteter Glaube an die Reinkarnation hätte wahrscheinlich weitreichende Folgen für die gesamte Menschheit. Gegensätze könnten durch diese Anschauung abgebaut und die Beziehungen der einzelnen Gruppen, Völker und Rassen untereinander verbessert werden. Das Zusammenleben der Menschen könnte ungestörter ablaufen und einen Hauch echter neuer Menschlichkeit erhalten.

Behauptete Fälle

Aus meiner Darstellung dürfte hervorgegangen sein, daß viele vage Anhaltspunkte für die Reinkarnation der Seele sprechen. Aus diesem Grund haben sich auch viele hervorragende Denker für sie ausgesprochen. Pythagoras, Platon, D. Hume, Leibniz, Schopenhauer, Goethe, Wagner, Emmerson, W. James, Viktor Hugo, R. Thakur u. a. gehören dazu.

Dennoch müssen wir uns mit der Frage konfrontieren, ob die Seele tatsächlich wiedergeboren wird oder ob wir uns bei diesem Gedanken nicht nur einem schönen und hoffnungsvollen Traum hingeben, der in der Realität überhaupt nicht verankert ist. Auf der Grundlage der positivistischen Wissenschaft ist diese Frage sicherlich nicht zu klären. Wie steht es aber mit der Parapsychologie? Hat sie uns vielleicht ein paar verläßliche Anhaltspunkte zu bieten?

Die einschlägige Reinkarnationsliteratur nennt viele Fallbeispiele. Man hört bisweilen davon, daß ein Mensch an einen ihm unbekannten Ort kommt und sich plötzlich an Einzelheiten über Ereignisse erinnert, in die er an diesem Ort schon verwickelt gewesen zu sein scheint.

Bei seinem ersten Rom-Besuch sagte Major S. plötzlich, daß er das Haus, zu dem sie gerade kämen, sehr wohl schon kenne. Er beschrieb daraufhin das Innere dieses Hauses mit allen möglichen Einzelheiten sehr zutreffend (Moser). Oder: Ein junger Förster nahm eine Stelle im tschechischen Dorf

N. an, in das er zuvor noch nie gekommen war (er stammte aus Mähren). In Begleitung des alten Försters durchquerte er das ihm völlig unbekannte Gelände. Plötzlich rief er: „Ich kenne diese Gegend genau – bald hört der Wald auf, dann kommt eine Wiese mit einem hölzernen Steg über einen Bach. Auf der anderen Seite des Baches steht eine kleine Kapelle aus Stein; sie trägt die Inschrift 1764. Dann kommt eine Mühle ..." „Nein", warf der alte Förster ein, „die Mühle ist schon vor fünfzig Jahren abgebrannt" (Kuchynka).

Diese Phänomene mit Reinkarnation zu erklären, erschiene ganz logisch. Die Ankunft an dem betreffenden Ort löste die Erinnerung aus dem früheren Leben, in dem sich die Person bereits an diesem Ort befunden hatte, aus. Das Phänomen könnte natürlich auch mit Retrokognition (Hellsehen in die Vergangenheit) erklärt werden, wie wir noch sehen werden.

Solche „Erinnerungsphänomene" kommen nicht nur bei Erwachsenen, sondern auch besonders bei Kindern vor. Beispielsweise sagt ein kleines Mädchen plötzlich, es sei auch schon Mutter von zwei Kindern gewesen; sie, die Frau, habe mit ihrem Mann, einem Möbelschreiner, in einem bestimmten Haus gewohnt (beschreibt es mit Einzelheiten), das in einem näher benannten Dorf stehe. Außerdem gibt sie die Namen ihrer früheren Verwandten an. Solche Fälle sind vorgekommen, insbesondere bei östlichen Völkern. Seit Urzeiten wurden sie in diesen Kulturen als Bestätigung des Reinkarnationsgedankens gewertet.

Man untersucht diese Kinderaussagen, indem zunächst die Verwandten befragt werden; dann begibt man sich an den bezeichneten Ort, um ihn mit den Schilderungen des Kindes zu vergleichen. Manchmal wird auch das Kind selbst dorthin gebracht; es erkennt dann den Landstrich schon von weitem, obwohl es nie zuvor in der betreffenden Gegend gewesen war. Fremde Personen, die ihm vorgestellt werden, spricht es mit den richtigen Namen an und erklärt den Untersuchenden, welches Verwandtschafts- bzw. Bekanntschaftsverhältnis zwischem ihm und diesen Personen im früheren Leben bestanden habe.

Ich brauche derartige Fälle hier nicht ausführlicher zu besprechen, da es zu diesem Thema mittlerweile genügend ausführliche Literatur gibt. Daraus wird klar, daß trotz der oft schwierigen Untersuchungsbedingungen an der Echtheit des Phänomens kaum zu zweifeln ist.* Solche Fälle mit Reinkarnation zu erklären, scheint mir jedenfalls durchaus logisch und gerechtfertigt.

Von diesen beiden Arten von „Erinnerungsphänomenen" verschieden sind Fälle, in denen Menschen bestimmte Kenntnisse offenbaren, über die sie vorher nie verfügt haben, zum Beispiel plötzlich auftretende Fremdsprachenkenntnisse.

Im Alter von sechzehn Jahren litt Ninfa Filiberto aus Palermo an starken Krampfanfällen mit nachträglicher schlaffer Lähmung, und zwar nachdem sie begonnen hatte, eine Sprache zu sprechen, die kein Familienmitglied verstand. Von zwei englischen Touristen erfuhr die Familie, daß sich das Mädchen recht gut auf englisch mit ihnen unterhalten könne. Zwei Monate später verschwanden die Krampfanfälle und mit ihnen auch die Englischkenntnisse des Mädchens (Kuchynka).

Auch dieses Phänomen läßt sich leicht mit Reinkarnation erklären: Im Zusammenhang mit der Krankheit (die an sich

* Über derartige Fälle liegt eine gediegene Arbeit eines Spezialisten auf diesem Gebiet, des US-Professors Ian Stevenson, vor, der aus mehreren hundert von ihm untersuchten Fällen (in Indien, der Türkei, Südamerika und anderen Ländern) die zwanzig ergiebigsten in seinem 1966 erschienenen Werk *Twenty Cases Suggestive of Reincarnation* ausführlich beschrieb.

ebenfalls recht merkwürdig ist) kamen dem Mädchen Erinnerungen an ein früheres Leben, das sie im englischen Sprachraum zugebracht hatte.

Ergibt sich dadurch vielleicht auch eine Erklärung für ausgeprägte Begabungen bei bestimmten Menschen? Hat jemand ein hervorragendes Talent zum Klavierspielen, weil er schon in einem früheren Leben Pianist oder Komponist war?

Interessant sind in diesem Zusammenhang „Erinnerungen", die im hypnotischen Schlaf auftreten. Spontan oder auch auf Verlangen (was leicht einer das Material verfälschenden Suggestion gleichkäme) behaupten die Hypnotisierten, sie könnten sich an ihr vorheriges Leben erinnern, von dem sie Einzelheiten angeben können.

Der französische Forscher A. de Rochas machte erste Experimente dieser Art, konnte aber die Behauptungen der Versuchspersonen nicht verifizieren. Der Norweger J. Björken unternahm ähnliche Versuche in der Zeit vor dem Zweiten Weltkrieg. Seine Versuchspersonen gaben Einzelheiten über ihr letztes Leben an und sprachen sogar in Dialekten, die sie im Wachzustand nicht kannten, und doch war es ihm ebenfalls unmöglich, die von ihnen erhaltenen Informationen zu verifizieren.

Reinkarnation und parapsychologische Forschung

Solche Fälle deuten zweifellos auf eine Bestätigung des Reinkarnationsgedankens. In der parapsychologischen Forschung nimmt man diesbezüglich aber eine sehr kritische Haltung ein, und zwar vor allem, weil manche „Reinkarnationsphänomene" auch durch die normale Aktivität des Unterbewußtseins erklärt werden können. Beispielsweise hat jemand einen bestimmten Ort von früher her schon gekannt (durch persönlichen Besuch, durch angelesenes Wissen, durch Bilder, Filme usw.), hat dies jedoch längst schon vergessen und glaubt daher wirklich, er sähe den Ort heute zum ersten Mal. Oder es liegt ein Fall paranormalen Informationsempfangs vor. In der einschlägigen Literatur (z. B. von J. G. Pratt oder M. Ryzl) sind zahlreiche Fälle rekognitiven Hellsehens beschrieben und auch verifiziert worden. Die paranormale Leistung erscheint durch bestimmte Auslöserreize (Umgebung oder ähnliches) stimuliert.

Der Besucher eines bestimmten Ortes ist demnach wirklich nie zuvor an diesem Ort gewesen, sondern erhält seine Informationen auf hellseherischem Weg. Dasselbe gilt für das Kind, das den fremden Ort und die Verwandten aus hellseherischen Eingebungen erkennt. In dem Fall des sizilianischen Mädchens hätte die Krankheit bei ihm einfach xenoglossische Fähigkeiten ausgelöst, so daß es plötzlich englisch sprechen konnte.

Zweifellos ist es nicht einfach zu entscheiden, ob derartige Fälle auf Reinkarnation oder Retrokognition zurückzuführen sind. Da die Reinkarnationshypothese bis heute noch nicht wissenschaftlich bewiesen ist, kann man mit ihr festgestellte Phänomene keinesfalls definitiv erklären wollen, zumal dann nicht, wenn auch andere Erklärungen nicht ausgeschlossen werden können.

Viele Wissenschaftler glauben heute allerdings schon, daß die Reinkarnation oder ein ihr vergleichbarer geistiger Kreislauf nicht nur möglich, sondern wahrscheinlich ist – eine Ansicht, der ich mich ebenfalls anschließen möchte. Wenn man die Reinkarnation eindeutig beweisen könnte, so wäre übrigens auch das Überleben der Seele bewiesen; nicht aber wäre mit dem Beweis des Überlebens der Seele gleichzeitig der Beweis für die Reinkarnation geliefert. Es bliebe noch immer die – auch in der christlichen Lehre vertretene – Möglichkeit, daß die Seele eines Verstorbenen nie mehr in den Kreislauf des irdischen Lebens zurückkehrt.

Die Idee des Karmas

Das Böse zahlt sich in dieser Welt nicht aus, sagen die Inder. Die Welt ist geschaffen worden, damit der Mensch stets vollkommener werde. Das Leben ist Saat, Reifezeit und Ernte. Jede Tat findet ihren Lohn. Die Tat selbst vergeht, aber sie hinterläßt den entsprechenden Impuls zu neuen Taten. Und Tat ist nicht nur Handlung, sondern jedes Denken, Reden, Fühlen, mögen sie auch unwichtig erscheinen.

Nach indischer Lehre wird das Schicksal des Menschen nach seinem Tod, wie wir sehen, von seinem Tun (im weitesten Sinn) in einer bestimmten Daseinsform geprägt. Die Lebensführung eines Menschen bestimmt daher das Karma späterer Reinkarnationen.

Je egoistischer das Handeln eines Menschen motiviert ist, desto ungünstiger wirkt sich dies auf das Karma seiner Seele aus, und je weniger der Mensch bei seinem Handeln an den persönlichen Nutzen denkt, desto weniger wirkt sich das belastend auf die Seele und damit auch auf das Karma aus.

Nicht nur Individuen, sondern auch Völker, Rassen und die ganze Menschheit, alles Erschaffene, sind dem Karma unterworfen. Niemand und nichts kann ihm entrinnen. Unausbleiblich sind die Folgen aus früheren Handlungen, unabdingbar folgt der Aktion die Reaktion. Handlungen im vergangenen Leben bestimmen kraft ihrer gestaltenden Macht Art und Qualität des gegenwärtigen Lebens, und dieses ist wiederum bestimmend für das zukünftige. Nur Brahman, der Schöpfer, Atman, das Göttliche im Menschen, und die unsterbliche Seele unterliegen dem Karma nicht.

> In der *Bhagavadgita* steht: „Ich hänge nicht an den Taten, und mich dürstet nicht nach ihren Früchten. Die Seele ist wie der Schnitter, der den Boden, den Samen und die reife Frucht kennt, aber nicht sie, sondern die

Körperlichkeit ist es, die die Taten hervorbringt und von ihnen abhängig ist.“

Wer die Vereinigung mit dem atmanischen Bereich erlangt hat, ist ebenfalls frei vom Karma; sein irdisches Handeln ist durch die Einheit mit Atman unerheblich und daher – im Sinne der Reinkarnationslehre – folgenlos geworden. Nach Maharishi lebt ein solcher Mensch nur noch für das bis zu diesem Leben gereifte Karma und bleibt für das zukünftige Leben vom Karma unbelastet.

Das Karma des Menschen wird durch die gesamte Persönlichkeit geprägt, durch sämtliche körperlichen wie auch psychischen Determinanten. Am stärksten erfolgt die Prägung jedoch durch das Ich des Menschen, durch seine Wünsche, Begierden, Leidenschaften und alle wie immer gearteten Strebungen, die die Selbstdisziplin beeinträchtigen. Sie können uns Menschen veranlassen, unsere Bedürfnisse und Instinkte über alles andere zu setzen und dabei ethische Normen zu verletzen, gute Ratschläge zu mißachten und auf diese Weise Handlungen zu begehen, die sich später als ungünstig beziehungsweise falsch herausstellen. So gesehen, trägt unser Ich entscheidend dazu bei, was aus uns und unserem Karma wird.

Aus materialistischer Sicht könnte man das Karma einerseits mit dem Kausalitätsprinzip vergleichen: jede Handlung ist notwendigerweise durch frühere Handlungen verursacht und stellt selbst wiederum die Ursache für zukünftige Handlungen dar. Andererseits ist es auch mit dem Determinationsprinzip vergleichbar – der Spielraum unseres Handelns ist durch äußere Umstände wie auch durch unsere inneren Fähigkeiten begrenzt; daher können wir weder im physischen noch im ethischen Sinn unsere eigenen Möglichkeiten übersteigen. Unser Wille ist demzufolge nicht so frei, wie er einst gedacht war; er ist in den Bereich innerhalb der von Körper und Psyche gesetzten Grenzen gezwungen. Mit diesem von vorgegebenen Möglichkeiten eingeschränkten Willen entscheiden wir also über ebenfalls vorgegebene und nur begrenzt frei wählbare Handlungsalternativen.

> Ramakrishna drückte das so aus: „Unser Wille gleicht einem Seil, an das eine Kuh gebunden ist; die Kuh kann sich zwar bewegen, aber nur so weit, wie das Seil reicht. Für uns Menschen ist aber wichtig zu wissen, daß das Seil verlängert werden kann, wenn wir uns darum bemühen. Mit der Vereinigung mit dem atmanischen Bereich verschwindet das Seil schließlich ganz und gar."

Das heißt also: die wahre Freiheit ist nicht im körperlichen oder im psychischen, sondern im göttlichen Bereich – in Atman – zu suchen. Darin sind sich Inder und Christen wieder einig, wie aus folgenden Zitaten hervorgeht:

> „Wir können so lange nicht frei sein, wie wir an eine Form gebunden sind, denn diese muß bestimmten Gesetzen gehorchen", meinte Vivekananda, und fast genau die gleichen Worte sprach der heilige Paulus: „Der Körper gehorcht dem Gesetz, nur der Geist ist in uns frei." Auch Jesus bestätigte dies: „Nur wer vom Sohn befreit wird, wird wirklich frei sein." [Der „Sohn" ist hier gleichbedeutend mit unserem „atmanischen Bereich".] Und von Kant hören wir dasselbe: „Wir sind an unseren Körper gebunden, doch unsere Seele ist frei . . ."

Wer aus diesen Darlegungen schließt, es sei ohnedies egal, was der Mensch tut, da alles ja festgelegt und vorherbestimmt sei, begeht einen schweren Fehler; das Determinationsprinzip darf nicht mit Fatalismus gleichgesetzt werden! Es kommt nämlich ganz entscheidend darauf an, *was* wir innerhalb unserer (wenn auch begrenzten) Möglichkeiten tun. In diesem Zusammenhang möchte ich darauf hinweisen, daß wir durch unsere Fähigkeit zur Selbstkontrolle und zu höherem Streben ein wertvolles Mittel in der Hand haben, um unsere „Geschicke" zu lenken. Natürlich kennt auch diese Fähigkeit ihre Grenzen, ganz so wie alles andere im irdischen Leben.

Während das Determinationsprinzip in der Welt der Materie verankert ist, geht das Karma über diesen Bereich hinaus und stößt in höhere Dimensionen vor, welche die Zeiträume vor der Geburt und nach dem Tod umfassen. Das Determinationsprinzip mag vielleicht ausreichen, um die kausale Verknüpfung der Erfahrungen eines Lebens – von der Geburt bis zum Tod – zu erfassen, kann aber nicht erklären, warum ein Mensch gerade der einen oder anderen Kette von Verknüpfungen unterworfen ist und nicht irgendeiner anderen aus den vielen Millionen möglichen. Auf diese Frage gibt das Karma Antwort. Durch das Karma wird eben das jeweilige Leben mit seinen Licht- und Schattenseiten aus den Prägungen früheren Lebens bestimmt, und es ist zugleich die schöpferisch gestaltende Macht für das zukünftige Leben.

„Wer" lenkt das Karma?

Wie das Karma erkannt werden kann, wissen wir nicht; unsere dreidimensional begrenzten Erkenntnismöglichkeiten versagen bei dieser Frage wieder einmal völlig. Wir kennen auch die Bedeutung von Handlungen für das Karma nicht und können nicht sagen, ob sie sich jeweils für das bestehende Leben schon auswirken oder erst für das zukünftige.

Genau gleich wie bei der Reinkarnation taucht auch beim Karma die Frage auf, durch welche höhere Instanz es organisiert und gesteuert wird. Ist es Gott, ist es Atman als der göttliche Bereich in uns, oder ist es einfach ein höheres Prinzip (indem etwa die vergangenen Leben verpflichtet sind, über die zukünftigen zu entscheiden)? Daß es ein solches „höheres Prinzip“ geben muß, ergibt sich folgerichtig; über seine Beschaffenheit können wir nur mutmaßen.

Wie die Reinkarnationen einmal enden, ist auch dem Karma eine Grenze gesetzt, und zwar da, wo das Ich völlig ausgeschaltet wird. An diesem Punkt verbindet sich die Seele mit Gott, und das Karma wird hinfällig. Bis dahin muß der Mensch jedoch den langen und auch mühseligen Weg unter dem Joch des Karmas* zurücklegen. Vivekananda lehrte, daß die breite Masse der Menschen nur ganz langsam zur Vollkommenheit gelangen könne. Nur allmählich wachse das Verlangen nach Wahrheit, bis dieses geistige Streben eines Tages zum alles überragenden Wunsch werde. Ein bewußtes Beschreiten des religiösen Weges stärke dieses Streben und beschleunige dadurch den geistigen Reifeprozeß.

Sehr bemerkenswert sind in diesem Zusammenhang die Erfahrungen vieler Mystiker und Heiliger: Sie wurden beim bewußten Beschreiten des religiösen Weges vom Unheil geradezu heimgesucht, als ob sie ihr Karma in zeitlich gedrängtester Form zu spüren bekämen – vielleicht infolge einer Verringerung der Zahl der Reinkarnationen? In der christlichen Lehre finden wir übrigens den analogen Gedanken: „Wen Gott liebt, den sucht er mit dem Kreuz auf“, und (Paulus zu den Juden): „Wen Gott liebt, wen er als Gottes Sohn annimmt, den züchtigt er mit der Peitsche.“

Handeln und Geschäfte machen kann man mit dem Karma nicht. Gutes aus Berechnung zu tun, damit man dafür belohnt werde, entwertet jede gute Tat. Das Ich, das ja allmählich zurückgedrängt werden soll, würde beim Belohnen solcher Taten nur noch weiter gestärkt.

---

* Joch bedeutet (hier) zugleich Yoga: Weg des Karma-Yoga.

Haben auch Christen ein Karma?

Welche Parallelen zum Karma lassen sich im Christentum finden? Da dort kein klar umrissener Begriff (wie Karma) besteht, müssen wir uns mit der Interpretation von – nur wenigen – Bibelstellen behelfen.

> Jesus sagte: „Mit dem Maß, mit dem ihr messet, werdet auch ihr gemessen werden. Wie ihr die anderen richtet, so werdet auch ihr gerichtet werden. Tuet den anderen so, wie ihr wollt, daß sie euch tun." Diese Ermahnungen, die leider häufig nur unter dem eingeengten Blickwinkel des „Jüngsten Gerichtes" gesehen werden, decken sich inhaltlich mit dem Begriff des Karmas, wenn sie auch keinen Anhaltspunkt für den Reinkarnationsgedanken bieten. Ein anderer Ausspruch von Jesus lautet: „Nehmet euer Kreuz und folget mir." Das „Kreuz" kann als Synonym für „Karma" aufgefaßt werden. Karma *und* Reinkarnationsgedanke scheinen schließlich in folgenden Worten Jesu aufzutauchen: „Ihr werdet bis zum letzten Rest nicht davonkommen . . ."

Es wäre durchaus denkbar, daß diese Ermahnungen nicht auf den Ablauf nur eines einzigen Lebens bezogen sind, zumal der Mensch ja auch im anderen Leben erst für seine guten Taten belohnt und für begangene Untaten bestraft wird – ganz abgesehen jetzt von der Erbsünde.

Wie sehen wir in diesem Zusammenhang die „Gnade Gottes"? Sie stellt sich als wunderbare Wohltat in einer sehr ausweglosen Situation des Menschen dar. Vom Reinkarnationsgedanken her müßte sie als Eingriff in sein Karma gedeutet werden. Deswegen wenden sich die Inder entschieden gegen die christliche Auslegung der „Gnade Gottes". Gott würde sich in ihren Augen selbst demütigen, wenn er seine eigenen

Gesetze verletzte, indem er in das Karma eines Menschen eingriffe. Der Sinn solcher „Gnadenakte" sei, so Maharishi, den Entwicklungsfortgang der Reinkarnation anzutreiben und zu beschleunigen.

> Und in erstaunlicher Übereinstimmung sagte Swedenborg, der christliche Mystiker: „Niemand kommt durch plötzliche Gnade Gottes in den Himmel, die Erlösung ist kein willkürlicher Akt Gottes, sie wird dem einzelnen auf den Wegen und durch die Mittel zuteil, die Gott offenbart hat." Gegen eine das Karma ausschaltende göttliche Gnade sprechen auch folgende Worte Jesu: „Euch habe ich die geheimen Botschaften gesagt, nicht aber jenen, die außerhalb stehen, auf daß die Sehenden nicht sehen, die Hörenden nicht hören sollen und sie nicht zurückkehren und ihre Sünden ihnen nicht vergeben werden sollen" (Markus).

Drücken diese Worte nicht die Abhängigkeit des Menschen vom Karma aus, und zwar in dem Sinn, daß nur gereifte Seelen die Erlösung verdienen, nicht aber die anderen?

Das Karma als Teil des universalen Systems

Untrennbar vereint mit dem Reinkarnationsgedanken, stellt das Karma die schönste und erhabenste Auffassung der indischen Religionsphilosophie dar. Sie steht im Einklang mit dem wissenschaftlichen Standpunkt, daß alles Geschehen im Universum nach den Gesetzmäßigkeiten eines regulierenden Prinzips abläuft, womit nicht nur Geschehen im Rahmen materieller Gesetze, sondern auch der Ablauf des menschlichen Lebens gemeint ist und damit das sogenannte „Schicksal" eines jeden einzelnen wie ganzer Gruppen. In einem solchen Universum herrscht Gerechtigkeit; Gutes und Schlechtes wird vergolten. Ein eschatologisches, d. h. auf die letzten Dinge bezügliches Prinzip sorgt dafür, daß das Animalische im Menschen immer mehr in den Hintergrund rückt und jeder einzelne im Zuge seines geistigen Reifeprozesses seiner Erlösung entgegengeht.

Der Glaube, wir könnten je durch jemand anderen als durch uns selbst errettet und erlöst werden, führt bestenfalls zu einer völlig unfruchtbaren und passiven religiösen Haltung. Was uns Menschen hingegen anspornt, ist die Überzeugung, daß das Gute wie das Schlechte und auch die Erlösung im Grunde unser eigenes Werk ist, die Ernte der Arbeit an uns selbst, die Frucht unserer eigenen Läuterung. Von dieser Auffassung ausgehend, ist auch die Vorstellung von der göttlichen Strafe hinfällig. Nicht Gott ist es, der straft, sondern wir selbst bestrafen (oder belohnen) uns. Daraus folgt schließlich, daß der ursprüngliche Zweck des Lebens nicht vorherbestimmtes Leiden, nicht das Tal der Tränen ist, sondern vielmehr das geistige Wachstum anhand guter und schlechter Erfahrungen. Da der Mensch das Leiden von sich aus zu vermeiden versucht und nur zum Angenehmen tendiert, sorgt das Karma dafür, daß er in seinem geistigen Werdegang immer wieder auf Unheil und Leiden stößt, die zu seinem Schicksal gehören. Nur so kann er lernen, sich an die zur vollendeten Geistigkeit führende kosmische Entwicklung richtig anzupassen. Das Karma stimmt alle unsere Erfahrungen, gute wie schlechte, in gerechten Teilen und entsprechend unserer geistigen Reife aufeinander ab. Unsere Erfahrungen fallen darum immer so aus, wie wir sie tatsächlich verdienen (und nicht wie wir sie zu verdienen glauben). Auch ein farbloses und scheinbar bedeutungsloses Leben hat einen tiefen Sinn, und erfüllt ein ganz bestimmtes Karma. Weise Menschen sind daher voller Optimismus und Zuversicht und überlassen sich demütig strebend ihrem Karma – oder Gottes Willen – als unbestechlichem Garanten der ewigen kosmischen Gerechtigkeit, die von Gott geschaffen wurde. Gott ist das Gesetz und das Gesetz ist in ihm – heißt dann, daß Gott auch alle einzelnen karmischen Folgen für das Leben eines einzelnen Menschen bedacht und für gut befunden hat. Er bestraft den Menschen nicht und verhängt über sein Leben kein konkretes Unheil, sondern hat schon im Moment der Zeugung all das gebilligt, was im Karma dieses Menschen enthalten ist.

Die Wissenschaft schweigt sich aus

Wie stellt sich die Wissenschaft zum Karma? Hat die abendländische Wissenschaft die Lehre vom Karma aus dem religiösen Umfeld der indischen Philosophie ans Land unserer Forschung gezogen? Nein, und in dieser Hinsicht ist wohl auch nichts zu erwarten. Und wie steht es mit der Parapsychologie? Sie hat die ersten tastenden Schritte zur Erforschung der Phänomene der Reinkarnation hinter sich. Eine Karma-Forschung hat sich nicht einmal angebahnt. Da diese beiden Begriffe jedoch untrennbar miteinander verbunden sind und die Existenz höherer Dimensionen als erwiesen betrachtet werden muß, können wir aber davon ausgehen, daß sich eines Tages die moderne Forschung – wie gegenwärtig mit der Frage der Reinkarnation – auch mit diesem Problemkreis beschäftigen wird.

7. Schlußfolgerungen

Ich komme nun zum Ende meiner Überlegungen und möchte noch einmal betonen, daß sie keine philosophische oder gar theologische Abhandlung darstellen sollen; sie sind ein Versuch, in kürzest gefaßter und leicht verständlicher Art die geistigen und religiösen Grundprinzipien anhand wissenschaftlicher Fragestellungen und insbesondere im Licht der Ergebnisse der Parapsychologie zu beleuchten. Außerdem habe ich versucht, im Sinne parapsychologischen Grundsatzdenkens in Bereiche vorzustoßen, welche die noch junge Wissenschaft der Parapsychologie noch nicht erforschen konnte. Ich hoffe, kein einsichtiger Leser wird mir unbedachte und haltlose Schlußfolgerungen aus diesen Überlegungen nachsagen können.

Zusammenfassende Feststellungen

In einigen wichtigen Punkten der anstehenden Thematik habe ich Einsichten gewonnen, deren Berechtigung ich nachzuweisen versucht habe. Im folgenden seien sie zusammengefaßt:

○ Zunächst habe ich auf die Tatsache verwiesen, daß alle großen Religionen aller Zeiten und aller Kulturen in ihrem Urgrund gleich sind, d. h. auf einer allen gemeinsamen und tatsächlich existierenden geistigen Realität aufbauen.
In den Einzelheiten unterscheiden sich die Religionen natürlich, so daß die Gläubigen wie auch die dogmaanfälligen Theologen oft abgrundtiefe Unterschiede zwischen den Glaubensrichtungen zu sehen vermeinen. Meist

werden diese Unterschiede durch die verschiedenen Varianten des Zugangs zum Glauben und durch unterschiedliche Zeremonien mehr oder weniger künstlich geschaffen. An diesen Äußerlichkeiten entzünden sich dann die Gemüter. Objektiv betrachtet ringen aber alle Menschen gleichermaßen um den Weg zu jenem unzugänglichen und doch so realen Bereich, in dem sie Gott nahe sind.

○ Der Mensch verfügt im Rahmen seines Innenlebens über Fähigkeiten und Kräfte, die ihm ungeahnte Möglichkeiten eröffnen und deren Aktivitäten nicht mit Hilfe der heute anerkannten, bekannten Naturgesetze erklärt werden können; insbesondere beweist dies das Wissensgut der heute bereits gesicherten Ergebnisse der Parapsychologie.

○ Damit eröffnet sich uns die Möglichkeit, die Existenz höherer Dimensionen nicht mehr als Spekulation, sondern als Realität zu betrachten. Diese höheren Dimensionen sind jenseits unseres in der Dreidimensionalität verhafteten Vorstellungsvermögens und verstandesmäßiger Erkenntnis angesiedelt. Durch ihre unbezweifelbare Existenz wird die religiöse Vorstellung von einer „nächsten, jenseitigen Welt" weitgehend entmystifiziert und der Realität nähergebracht.

○ Die Lehren von der Unsterblichkeit der Seele, der Reinkarnation und des Karmas sind vorläufig nicht bewiesen und nicht beweisbar. Zahlreiche Untersuchungsergebnisse der parapsychologischen Forschung deuten aber darauf hin, daß auch diese uralten Vorstellungen wissenschaftlich durchaus denkbar – oder besser: wahrscheinlich – sind.

○ So weckt denn die Parapsychologie die Hoffnung in uns, daß sich vieles, was bislang nur zur Domäne des Glaubens gehört hat, Stück für Stück als Realität und damit als der menschlichen Erkenntnis zugänglich erweist. Verständlich wird jetzt auch, warum die Parapsychologie als „Brücke zwischen Wissenschaft und Glauben“ bezeichnet wurde; als verbindende Wissenschaft vermag sie manche Lücke zwischen positivistischer Wissenschaft und der an den Glauben gebundenen religiösen Anschauungen zu schließen.

- Wir mußten klar erkennen, daß es keinen wissenschaftlichen Beweis für die Existenz Gottes gibt, weil wir mit unseren Erkenntnismöglichkeiten das oberste, göttliche Prinzip nicht in den Griff bekommen können. Wir konnten uns aber vergewissern, daß es im Innern der menschlichen Seele einen Bereich gibt, der uns nicht nur zu edlem höherem Streben befähigt, sondern direkt zur göttlichen Erfahrung und damit zu Gott führt – der atmanische Bereich.
- Wir warfen die Frage auf, ob dieser atmanische Bereich Gott selbst sei oder die Göttlichkeit in uns Menschen oder ob er lediglich ein geistig hochstehender und edler Bereich unserer Psyche sei. Natürlich konnten wir diese Frage nicht verbindlich beantworten. Festzustehen scheint aber, daß dem Menschen durch diesen Bereich das Tor zu höherer, universaler Erkenntnis, zur atmanischen Dimension, geöffnet wird, wodurch die Fragen nach Gott, der Unsterblichkeit der Seele und des Weiterlebens nach dem Tod neue Aktualität und ein neues Gewicht erhalten.
- All diese hier zusammengefaßten Aspekte unseres Themas weisen schließlich überzeugend darauf hin, daß das Universum nicht nur aus Materie und Energieströmen besteht, sondern auch aus Nichtmateriellem, nämlich Geistigem, das sogar der Materie übergeordnet zu sein scheint. Daraus können wir schließen, daß die uralten

religiösen Glaubensvorstellungen nicht aus der Luft gegriffen sind und auch nicht heute zum Tod verurteilte altmodische oder naive Phantasien darstellen, sondern durchaus in der Realität verankert sind.

Bemerkungen zum Sinn des Lebens

Heißt das nun, wir sollen ein religiöses Leben führen? Sollen wir der Berufung der Heiligen folgen und versuchen, unsere innere Göttlichkeit zu verwirklichen? Soll demnach die Liebe zu Gott der Sinn unseres Lebens werden?

Wie wir zu diesen gewiß schwierigen Fragen stehen, hängt zunächst von unserem persönlichen Standpunkt und unserer ureigenen Werthierarchie ab. Viele Menschen denken nur an das nächstliegende Glück, worunter sie ein großes Vermögen, eine gehobene soziale Stellung, Ehrentitel, Ansehen, Macht, Liebe und Vergnügen verstehen. Diese Inhalte des „Glücks" sind allerdings trügerisch und keineswegs dauerhaft. Auch eine religiöse Auffassung nimmt dem Menschen das Anrecht auf Glück nicht. Die Erfahrung hat gezeigt, daß körperliche und sinnliche Freuden zumeist kurzlebig sind und daß echtes Glück nur ganz tief in unserem Inneren – jenseits der Bedürfniswelt des Ich – erreicht werden kann. Zu diesem Glück zu gelangen ist jedoch nicht einfach. Das Ich mit seiner Geltungstendenz ist dabei ein großes Hindernis; es lenkt ab von dem Blick auf das Schöne, Wahre und Gute – Werte, mit denen wir zwar ständig in irgendeiner Form konfrontiert werden, die wir aber oft nicht erkennen können. In diesem Sinne gebietet uns religiöse Weisheit, daß wir uns den seichten Niederungen des Lebensspiels entziehen, um ins Zentrum unseres Wesens einzutauchen, daß wir uns also von unseren weltlichen Ketten befreien und wirklich wir selbst werden. Dies könnte man als Sinn und Ziel des Lebens bezeichnen.

Aus der Sicht der indischen Religionsphilosophie besteht der Sinn des Lebens in der Erfüllung des Karmas. Eine einfache, aber bestechende Antwort voller Hintersinn! Die Inder meinen damit, daß jeder Mensch nur zu diesem Zweck geboren sei, wobei es keine Rolle spiele, welche konkreten Inhalte sein jeweiliges Karma habe, welches „Schicksal" ihn also erwartet, denn in jedem Fall stellt es einen Entwicklungsschritt auf dem von Karma und Reinkarnation bestimmten Weg der Seele zu Gott dar. Daher bringt das Karma für den Betreffenden oft nur wenig „Glück" im oberflächlichen Sinn. Aber auch ein scheinbar nutzloses Leben hat einen tiefen Sinn, wenn wir bedenken, daß es ein Karma erfüllt und die Voraussetzungen für ein neues schafft.

Von der Reinkarnationslehre her besteht der Sinn des Lebens darin, mit jedem neuen Leben seelisch zu reifen und unser Leben geistig anzureichern. Indem wir so zu höheren Ideen und Einsichten gelangen, machen wir Fortschritte auf unserem Weg zum göttlichen Bereich und damit zu Gott. Ihn zu erreichen ist Ziel unserer Seele und der Sinn des Lebens. Im Leben ist nicht wichtig, *was* wir erfahren (wir werden ja unausweichlich mit unserem Karma konfrontiert), sondern *wie* wir es erfahren und verarbeiten. Indem wir uns auf unseren inneren geistigen Ruhepol konzentrieren, wird alle Aufregung und Beunruhigung des Alltagslebens unwichtig, und wir schaffen in uns einen Zustand des Friedens, der Harmonie und der Freude.

Wenn wir diesen religiösen Empfehlungen folgen, können wir für uns nur gewinnen. Eine religiöse Lebensweise schafft nicht nur Frieden im Sinne innerer Entspanntheit und Ruhe, sondern bereichert zudem das Bewußtsein mit Werten, die den Unzuverlässigkeiten des alltäglichen Lebens überlegen sind. Die Last des Lebens wird dadurch leichter, und die – geistigen – Freuden des Lebens stehen uns offen. Den schlimmen, unheilvollen Seiten des Lebens stehen wir dann standhafter gegenüber und lassen uns von ihnen nicht mehr umwerfen, besitzen also einen festen Halt und ein echtes Heilmittel gegen Unglück, Verzweiflung und Schwermut. So gesehen ist die Religion ein hervorragendes, womöglich das optimale Mittel für unsere geistige Hygiene. Erfahrungen scheinen dies nur zu bestätigen. Durch eine religiöse Lebensweise versorgen wir uns selbst ständig mit freudiger Zuversicht und innerer Sicherheit.

Gerade in unserer heutigen Zeit ist innerer Halt besonders wichtig. Die Befreiung aus traditionellen Fesseln (ich denke an die Jugend, die Frauen, vormals unterdrückte Rassen, Völker und Klassen) ist nicht nur segensreich; oftmals hinterläßt sie ein inneres Vakuum bei den Betreffenden, so daß sie nicht wissen, wie sie mit der neugewonnenen Freiheit sinnvoll umgehen sollen. Andererseits leiden die Menschen an Überreizungserscheinungen, die durch das überbordende Konsumangebot, den Leistungsdruck und oberflächliches Glücksstreben hervorgerufen werden. An ihnen wird deutlich, daß die technische Entwicklung und der sogenannte Fortschritt das innere Wachstum des Menschen längst überholt haben und ihn ratlos vor seinen eigenen monströsen Errungenschaften stehen lassen. Gefangen in dem technisch hochentwickelten Käfig, den er sich selbst gebaut hat, melden sich in ihm plötzlich irrationale Ängste (z. B. vor einem alles zerstörenden Atomkrieg). Die perfekt aufgebaute Welt des Vergnügens wirkt sich genausowenig segensreich aus wie die nicht weniger perfekte der Technik, denn rein mechanische (und damit sinnlose) „Vergnügen" wie Sex, Alkohol und Rauschgift wirken zerstörerisch und rufen Neurosen, Infarkte, Selbstmorde und Kriminalität auf den Plan.

Die Verfechter der materialistischen Weltanschauung haben der Religion vorgeworfen, sie stelle für das Gemeinwesen der Menschen eine Gefahr dar, sie sei „Opium fürs Volk“. Die Religion mache den Menschen unterwürfig und ausbeutungsfähig; indem ein jeder sich nur der selbstgefälligen Anschauung seiner Gottesfiktion widme, werde das Interesse am Mitmenschen und an der Gemeinschaft, an der Pflichterfüllung und Arbeit vernachlässigt.

Dieser Auffassung können wir, von unseren Überlegungen ausgehend, nicht beipflichten. Wir haben erkannt, daß echtes religiöses Streben, wie das Bemühen um den Zugang zum atmanischen Bereich – oder Gott –, höchste geistige Aktivität erfordert. Nach der Lehre – und Forderung – aller großen Religionen führt diese Aktivität zu einer tiefen Liebe nicht nur zu Gott, sondern auch zu den Mitmenschen.

> „Wer Freude und Leid des anderen so wie seine eigene Freude und sein eigenes Leid verspürt, ist auf der höchsten Stufe der menschlichen Entwicklung angelangt“, heißt es in der *Bhagavadgita,* und Ramakrishna sagt: „Die Religion darf nicht nur zur persönlichen Glückseligkeit dienen; das Glück besteht vielmehr darin, daß wir anderen Menschen dienen und Freude bringen können; denn je mehr wir von der Liebe zu unseren Mitmenschen erfüllt sind, desto näher sind wir auch Gott.“ Vivekananda lehnte es immer ab, seine Schüler ins Samadhi zu versenken. Er war der Ansicht, sie sollten besser anderen Menschen dienen und sich ansehen, wieviel Elend auf der Erde herrscht. Zudem fand er es überflüssig, den Armen von Gott zu predigen und ihnen dabei nicht aus ihrem Elend zu helfen. Auch Buddha erklärte seinen Mönchen, daß es mit dem bloßen Wissen nicht getan sei, um erleuchtet zu werden, sondern daß die Seele unbedingt mit Liebe gegenüber allem Lebenden erfüllt werden müsse.
>
> Jesus sagte schließlich, daß wir sogar unsere Feinde,

> nicht nur die Mitmenschen, lieben und ihnen Gutes tun sollen. Und ein christlicher Heiliger, Wilhelm Ruysbroeck, kennzeichnete die Stellung des Heiligen zwischen Gott und den Mitmenschen wie folgt: „Selbst die schönste Ekstase müssen wir verlassen, um unsere frierenden Mitmenschen zu erwärmen; im Dienste an Gott und an den Mitmenschen bewegt sich der Heilige hin und her wie ein Pendel.“

Über die praktische Hilfe, die berühmte Heilige anderen Menschen in selbstloser Weise haben angedeihen lassen, dürfte aus der Geschichte genügend bekannt sein; das enthebt sie dem Verdacht, sie hätten nur geistig oder nur mit Worten helfen wollen. Übrigens ist die Arbeit durchaus ein religiöser Wert und ein Gebot: „Ora et labora“ – Bete und arbeite! Wirklich religiöse Menschen verlieren sich niemals in trägem Schmarotzertum, sondern helfen mit am Aufbau der menschlichen Gesellschaft und einer gerechteren, humaneren Ordnung. Auch in der *Bhagavadgita* wird der Mensch dazu angehalten, seine Pflichten gegenüber den Mitmenschen zu erfüllen und an der Verbesserung der Welt bewußt mitzuarbeiten; jeder Mensch müsse sich über sein Ich erheben und zu einer altruistischen Lebensweise gelangen.

So mahnen die Religionen zwar den Menschen zur Arbeit und zur Erfüllung seiner Pflichten gegenüber der menschlichen Gemeinschaft, doch sehen sie in der Arbeit – besonders in ihren Früchten – nicht das höchste Gut.

> Im religiösen Epos *Yoga-Vashista* heißt es: „Sei aktiv in deiner täglichen Arbeit und tue sie fleißig und begeistert, hänge aber nicht dein Herz an sie.“ Dies ist sicher keine Aufforderung zur Faulheit oder Gleichgültigkeit.

Zweifellos kann auch ein Mensch, der in seinem Inneren zum Göttlichen tendiert, seine Arbeit genau und bestens verrichten; sein religiöser Eifer steht ihm dabei nicht im Weg, genauso wie die Arbeit seinen religiösen Eifer nicht einschränkt. Die Erfahrung zeigt zudem, daß religiöse Menschen gewissenhafter und ehrlicher arbeiten als andere. Faulheit und Gleichgültigkeit sind dagegen Haltungen, die sich weder mit religiösen noch mit sozialen Einstellungen in Einklang bringen lassen.

Religiosität verdient einen vorrangigen Platz in unserem Innenleben. Nur sie kann uns davor bewahren, daß unser Ich von uns zu wichtig genommen wird, daß wir uns in irgendeiner unserer alltäglichen Aktivitäten verlieren und dabei Gott vergessen. Der Mensch muß zwar gegen das Unheil und das Böse kämpfen, das soll auf der horizontalen Ebene seines Daseins geschehen; doch muß er sich genauso in die Unermeßlichkeit seiner Seele und damit – auf der vertikalen Ebene seines Daseins – hinauf zu Gott begeben.

Wenn man sich vorstellt, daß viele Menschen von echter Religiosität – der Liebe zu Gott und echtem Wohlwollen gegenüber den Mitmenschen – erfüllt wären, so wäre unsere Gesellschaft auf einmal ethischer Reinheit und uneigennütziger Aktivitäten teilhaftig – eine faszinierende Vorstellung! Platon mußte sich dies vorgestellt haben, als er sagte: „Wenn ihr etwas für euch tut, so werdet ihr nicht nur euch selbst damit helfen, sondern auch der ganzen menschlichen Gemeinschaft."

Ich hoffe, daß ich mit meinen Erörterungen deutlich gemacht habe, was religiöses Bemühen heißt, in welcher Form es ins Alltagsleben integrierbar ist und welchen Stellenwert es gegenüber anderen Bereichen des Lebens einnimmt. Ich habe mich bemüht, meine Überlegungen zu grundsätzlichen religiösen Fragen den Ergebnissen der Wissenschaft gegenüberzustellen, da dies dem rationalen und ethischen Anspruch unserer heutigen Zeit entspricht, in der es bei der

Erörterung religiöser Fragen nicht mehr nur mit Glaubensvorstellungen getan ist. Ein Mensch unserer Zeit ist beim Aufbau seiner Einstellungen auf die Ergebnisse und Erkenntnisse der Wissenschaft einfach angewiesen, und diesem Umstand versuche ich Rechnung zu tragen. Nur auf diese Weise kann es ihm übrigens gelingen, Wunschvorstellungen, anthropomorphe Naivitäten und abergläubische Haltungen von vornherein zu vermeiden.

> „Die Religion der Zukunft ist eine kosmische Religion", schrieb Einstein, „für sie wird der personifizierte Gott überholt sein, und sie wird sich von Dogmen und bindenden theologischen Auslegungen freihalten. Sie wird die materielle gleichermaßen wie die geistige Welt umgreifen und auf religiösen Gefühlen gründen, die der Erfahrung von Natur und Geistigkeit als sinnvoller Einheit entspringen."

Damit sind wir am Ende dieses Buches. Meine Überlegungen mögen manchen Leser überrascht haben; der orthodoxe Gläubige findet manches vielleicht zu rationalistisch, um nicht zu sagen zu materialistisch, der Positivist vielleicht manches zu idealistisch. Dennoch hoffe ich, daß die Mehrzahl der Leser die mitunter nicht ganz einfachen Gedankengänge nützlich gefunden hat. Wenn sie auch nicht zur Lösung aller anstehenden Fragen und Probleme beitragen (wie könnten sie das auch?), so wäre schon viel gewonnen, wenn dieses Buch dem einen oder anderen Leser zu einigen neuen Einsichten und eigenen Anregungen verholfen hätte.

Die aktuelle Reihe unserer populären Sachbücher

in Balacron mit Goldprägung und cellophaniertem, farbigem Schutzumschlag

Lebenshilfe · Wissenshilfe · Schicksalshilfe

Dr. phil. Joseph Murphy **DIE MACHT IHRES UNTERBEWUSSTSEINS**

Unser Unterbewußtsein lenkt und leitet uns, ob wir wollen oder nicht. Dieses leichtverständliche Buch des dreifachen Doktors zeigt, wie wir die unermeßlichen Kräfte des Unterbewußtseins nach unserem Willen und für unsere Ziele nutzen und für uns schöpferisch einsetzen können. 245 Seiten, Best.-Nr. 1027.

Dr. rer. nat. Milan Ryzl **PARAPSYCHOLOGIE**

Dr. Ryzl liefert aufgrund überprüfbarer Experimente Beweise, daß es eine außersinnliche Wahrnehmung (ASW) — Hellsehen, Telepathie, Präkognition — und die psychische Beeinflussung körperlich-materieller Abläufe (Psychokinese) gibt. Ein faszinierendes Standardwerk der Parapsychologie. 240 Seiten, Best.-Nr. 1069.

Dr. rer. nat. Milan Ryzl **ASW-TRAINING ZUR AKTIVIERUNG DES SECHSTEN SINNES**

Dr. Ryzls brillante Einführung in Wesen und Phänomene der ASW (außersinnliche Wahrnehmung) und PK (Psychokinese) mit einem regelrechten Übungsprogramm zur Weckung und Entwicklung der in jedem Menschen schlummernden psychischen Gaben. Ein Kursus zu lohnendem Selbststudium. 240 Seiten, 12 Abbildungen, Best.-Nr. 1105.

Paul Uccusic **PSI-RESÜMEE**

Ein Buch, das bis jetzt fehlte: der bekannte Publizist präsentiert hier eine Bestandsaufnahme der Forschungen jenseits von Materie, Raum und Zeit nach dem neuesten Stand der Parapsychologie und Paraphysik. Mit zahlreichen Interviews der berühmtesten Forscher in aller Welt, Sachregister und umfangreichem Literaturverzeichnis. 312 Seiten, 37 Abbildungen, Best.-Nr. 1135.

Dr. phil. Louisa E. Rhine **PSYCHOKINESE — MACHT DES GEISTES ÜBER DIE MATERIE**

Die berühmte Wissenschaftlerin beweist aufgrund bestechenden Materials der Duke-Universität, daß es die Beeinflussung körperlicher bzw. materieller Abläufe kraft reinen Geistes gibt. Das umfassendste Handbuch auf diesem Gebiet — „faszinierend und zwingend" (Am. Journal of Psychiatry). Die Konsequenzen sind immens. 280 Seiten, 6 Abbildungen, Best.-Nr. 1165.

Kurt Tepperwein **DIE HOHE SCHULE DER HYPNOSE**

Der Autor, Praktiker, Hypnotherapeut, zeigt die wirksamen Techniken der Fremd- und Selbsthypnose, die von größtem Wert sind. „Er weist Schritt für Schritt in die Hypnose ein; es bedarf danach kaum noch praktischer Unterweisung, um Hypnose helfend anzuwenden" (Univ.-Prof. Dr. med. H. Jansen). 280 Seiten, 20 Abbildungen, Best.-Nr. 1159.

Jess Stearn **DER SCHLAFENDE PROPHET — PROPHEZEIUNGEN IN TRANCE 1911 — 1998**

Manche der in Trance diktierten Prognosen des parapsychologischen Phänomens Edgar Cayce sind inzwischen bereits eingetroffen: mehr als zwei Jahrzehnte einer atemberaubenden und von Wissenschaftlern unter die Lupe genommenen Zukunftsschau liegen noch vor Ihnen. 301 Seiten, Best.-Nr. 1041.

ARISTON VERLAG · GENF

CH-1225 GENF · RUE PEILLONNEX 39 · TEL. 022/48 12 62